世界大变局
与新时代中国外交

苏　格/主编

世界知识出版社

图书在版编目（CIP）数据

世界大变局与新时代中国外交 / 苏格主编. -- 北京：世界知识出版社，2018.7
ISBN 978-7-5012-5823-9

Ⅰ. ①世… Ⅱ. ①苏… Ⅲ. ①外交-研究-中国 Ⅳ. ①D82

中国版本图书馆CIP数据核字（2018）第193382号

书　　名	世界大变局与新时代中国外交 Shijie Dabianju yu Xinshidai Zhongguowaijiao
主　　编	苏　格
责任编辑	范景峰
责任出版	王勇刚
责任校对	马莉娜
出版发行	世界知识出版社
地址邮编	北京市东城区干面胡同51号（100010）
网　　址	www.ishizhi.cn
电　　话	010-65265923（发行）　010-85119023（邮购）
经　　销	新华书店
印　　刷	北京虎彩文化传播有限公司
开本印张	165×240毫米　1/16　23印张
字　　数	424千字
版次印次	2018年10月第1版　2018年10月第1次印刷
标准书号	ISBN 978-7-5012-5823-9
定　　价	85.00元

序 言

乱中有变，变中有治

——2017年国际形势与中国外交

中国太平洋经济合作全国委员会会长　苏 格

2017年世界风云变幻，国际格局和力量对比历经发展演变的重要关头，和平、发展、合作、共赢仍为不可阻挡的时代潮流。国际形势中不稳定、不确定因素增多，新问题、新挑战频现。乱象中存在多种变与不变，变化中又显现出某些规律及走向大治的趋势。与此同时，中国共产党第十九次全国代表大会胜利召开，在习近平新时代中国特色社会主义思想指引下，中国特色大国外交继往开来，再次踏上新的历史征程。

一、乱象丛生，国际形势跌宕起伏

美国内外政策乱象频现。在国内，特朗普政府决策程序混乱，面临朝野党派多重掣肘，加之政府官员缺位较多，相互协调不畅。美国国内医改、减税、控枪、移民、就业等多重问题造成美社会巨大的分裂。美俄之间仍有冷战对峙的历史惯性和地缘博弈的多重矛盾，关系僵局似难轻易打破。"通俄门"仍在不断发酵：国家安全事务助理弗林上任伊始便被迫辞职，后不得不认罪；联邦调查局（FBI）局长科米被总统解职。对国外，在"美国优先"理念支配下，美在国际贸易中推行单边主义和贸易保护主义；多次任性"退群"不仅使自身信誉扫地，也给世界不断添乱。美国内"军工联合体"纵横捭阖，促使美加快"印太战略”调整，令地区安全原有平衡生乱。岁末，美发表国家安全战略报告，视中国和俄罗斯为“战略竞争对手”，称中俄是两个意图侵蚀美国安全和繁荣的“修正主义国家”，正在挑战美国的实力、影响力和利益。报告提及中国33次，指责中国“扩张自己实力”，并寻求“取代”美国在亚洲的地位，但同时表示美国需要与中国、俄罗斯开展合作。

欧洲乱象虽有变化，但势头不减。欧洲政治生态受民粹主义、恐怖袭击和难民问题等挑战，一体化进程遭遇重挫。英国脱欧影响持续发酵，英保守党大选失利后，脱欧谈判困难加剧。围绕“脱欧费”、爱尔兰边界、双方公民权利等三大核心议题，英欧争执不下，直至岁末终在谈判中取得阶段性成果。上述三大议题达成一致，标志着脱欧谈判第一阶段基本结束。但来年第二阶段谈判，双方将继续讨论过渡期、英国与欧盟关系等问题，贸易与安全议题将会是“难啃的硬骨头”。德国基民盟（CDU）虽胜选，但默克尔寻求与自由民主党（FDP）和绿党（Greens）组建三方联合政府受挫，最终只能同意与社会民主党（SPD）组建“大联合政府”，以打破政治僵局。默克尔为谋求第四任期时所遇到的困难，损伤了欧盟原有的自信。此外，欧洲与美国矛盾上升，在贸易和气候变化等全球治理问题上分歧加深。

朝鲜半岛局势复杂敏感，朝核问题持续升温。朝鲜不断加快核导开发和洲际弹道导弹试射。美日、美韩军演不断，强化“极限施压”，强推单边制裁。9月，朝鲜进行第六次核试验并引爆氢弹。11月20日，特朗普宣布将朝鲜重新列入“支持恐怖主义国家”名单。11月29日，朝鲜宣称成功试射射程可覆盖美国本土的洲际弹道。12月初，美韩举行“警惕王牌”联合军演。半岛局势跌宕起伏，再度趋于紧张。中国始终坚持半岛无核化目标，坚持维护半岛和平稳定并通过对话谈判解决问题的正义立场，致力推动“双轨并行”思路和“双暂停”倡议，劝和促谈，推促半岛局势缓和降温。12月22日，联合国安理会一致通过第2397号决议，决定对朝鲜实施更严厉的制裁措施。

在中东地区，历来民族、宗教和地缘政治矛盾交织，地区形势旧乱未了，又添新乱。反恐获阶段性胜利后，美俄在中东博弈激烈，合作面收窄，斗争面走强，并引起地区国家关系分化组合加剧。伊朗拉近与俄罗斯距离，同美国关系进一步恶化；美与沙特阿拉伯同盟关系强化，沙特国王一改旧规立新王储，反腐风暴冲击政坛。卡塔尔断交危机搅乱中东局势；伊拉克库区独立公投搅动地区政治安全；叙利亚问题进程依旧复杂多变。埃及清真寺血腥恐袭令世人震惊，彰显反恐形势依然严峻。12月6日，特朗普突然宣布承认耶路撒冷为以色列首都，并将启动美国驻以色列大使馆从特拉维夫迁往耶路撒冷的进程。此举不仅破坏了中东地区微弱安全平衡，且可能引发地区“政治地震”。巴勒斯坦方面认为，此决定是对各方和平努力的“蓄意破坏”。12月21日，联合国大会以128票赞成、9票反对、35票弃权的结果通过决议，认定任何宣称改变耶路撒冷地位的决定和行动“无效”。

在非洲，津巴布韦发生政治风波，最终穆加贝辞职，持续一段时间的政治动荡暂告平息；肯尼亚出现选举波折，现任总统肯雅塔重选连任；南非总统祖马大幅调整内阁，反对党在议会推动不信任案促其下台未果，但非国大的执政地位已显动摇。在拉美，巴西总统特梅尔遭起诉，政治危机加剧；委内瑞拉总统马杜罗对政局的掌控力有所增强，但仍面临发展经济方面的较大压力，美委关系进一步恶化。

二、变与不变，世界格局若干走势

当前，国际体系处于重要转型期和深刻变革期，当今世界一些带有根本性和趋势性的问题正发生重大变化。

一是国际格局面临大发展、大变革、大调整，国际力量对比持续“东升西降”。新旧格局交替过程中，总会有一些国家的地位相对下降，另一些国家的地位相对上升。过去数个世纪，欧洲和美国一直是世界的中心，主导国际政治事务。但现在美欧情况今非昔比：较大的“乱象”出现在唯一的超级大国——美国，发生在世界的“城市”——欧洲。

东亚经济一体化势头在增长，亚太地区的重要性不断上升。随着国际关系重心从大西洋向太平洋转移，欧美心态上自然表现出一定的失落和焦虑，“单极”与“多极”斗争也因此不断持续，且可能有所加剧。

二是经济全球化与区域一体化的走向发生重大变化。国际金融危机加快新兴经济体的崛起，是全球化进程中的一个重要分水岭。特别是新兴大国虽然也受到金融危机的冲击，但总体上经济增长速度要快于发达国家。就全球国内生产总值(GDP)比重而言，新兴大国与传统大国一升一降的趋势明显。而发展中国家和新兴经济体群体性崛起，正引导全球政治经济力量对比步入从量变到质变的转折进程，促使全球投资、贸易格局和经济增长方式发生重大变化。

三是国际经济体系改革取得突破性进展。传统的国际经济体系在国际金融危机中暴露诸多弊端之后，引发经济金融领域率先发生巨变并获得突破，导致国际体系深刻变革并步入转型期。最为明显的例子就是在困境中，各国同舟共济、共克时艰，促使二十国集团(G20)峰会在危机中应运而生，并在世界经济体系中不断发挥重要作用。尤需指明的是，G20峰会机制自创建以来，反复强调并达成重要共识的政策理念，就是坚持推动全球化和经济一体化、促进贸易和投资增长，反对贸易和投资保护主义。

四是国际社会面临和平赤字、发展赤字、全球治理赤字所带来的严峻挑战和艰巨任务。在“民粹主义”等逆流阻挠下，美国等发达国家参与全球治理体系改革的态度趋向消极，意愿缺失。而中国等发展中国家对全球化和全球治理予以积极推动，并持续发挥建设性作用。在国际事务中，美国影响力相对下降，欧盟、东盟等区域组织和一些区域大国作用则相对上升。

当前国际格局正处在一个加快演变的历史进程之中，不确定性更趋凸显。但也应看到，在复杂多变的国际形势中，也有若干“没有变”：和平、发展、合作、共赢依然是时代潮流，且趋势越加强劲；世界多极化、经济全球化、社会信息化、文化多样化和科技创新不断深入推进；

世界各国经济继续呈现利益交汇、相互依存的态势；国际力量对比持续发生重要变化，新兴市场国家和发展中国家步入发展快车道，全球范围逐渐形成多个发展中心，但全球总体力量平衡仍然处于有利于保持世界和平与发展的态势。

“全球同此凉热”。全球性挑战不断增多且紧迫性突出，需要国际社会通力合作应对。恐怖主义、气候变化、能源、粮食、低碳经济与绿色发展和公共卫生安全等各类全球性和热点问题，引发国际社会密集的沟通，引起世界大国深刻反思，牵动大国关系并促其联动性增强。各方加强协调与合作，普遍调整内外政策、调整各自的发展战略、抢抓未来发展的战略制高点。世界各主要力量持续进行战略互动：大国间有矛盾、有斗争，但同时又有合作、有协调；新兴大国在努力保持自身经济增长的同时，联合自强势头也在增强。

世界经济2017年有望实现3.6%的增长，全球贸易维持4%左右的增幅。主要发达经济体中，美国经济发展呈复苏态势。有预测认为美国经济稳健复苏，增速可达2.4%。特朗普推特发文称：“因税改而造成的短期支出将带来重大长期影响，包括增加大量就业。”税改对美国经济外部竞争力将产生何等影响，美国如何继续加息和缩减资产负债表进程，均值得我们密切关注，以谋划自己“降杠杆，控风险”的措施。当然美国国内政治极化会对经济形成掣肘，劳动生产率下降、债台高筑、人口老龄化等结构性问题也积重难返。欧洲市场信心明显增强，但英国脱欧、政局欠稳等不确定因素影响经济稳定增长；日本经济增长较为温和，但制造业丑闻持续发酵引起的伤害短期难以平息。主要新兴经济体中巴西和俄罗斯摆脱负增长；东亚经济呈现复苏势头。

乱局之中，世道在变，人心“思治”，这是规律。虽然各国政体、发展阶段和文化传统不一，但人人都希望能有一个安定的世界，都希望拥有一个美好的家园。求稳定、谋发展，是国际社会最大公约数。

世界格局“变”与“不变”相互交织。国际力量对比的基本形态是：美国将衰未衰，仍然是世界唯一超级大国。“东升西降”中，世界政治经济中心向亚太转移。但“一超多强”仍是当今国际格局的基本特征。与此同时，中国将强待强。待中国不断强大，将牵动国际力量对比平衡之版图不断变化。

许多新变化前所未有，不少新问题出人意料，但也在情理之中，任何大的变革和转型背后都有其内生动力和必然规律。一些局部地区变化骤然，但风险仍在可控范围之中。

三、“乱中求治”：全球治理中国方案

2017年，是中国外交承前启后、继往开来的一年。中国外交积极创新，不断开拓进取，在多领域取得重要突破和进展，议程设置权、规则制定权和国际话语权显著增强，国际影响力不断上升。在变化的世界格局中，中国外交需冷静观察、探明规律、看清趋势，方可把握先机、占据主动、引领变革。

一是推动大国关系稳定发展，盘活外交全局。特朗普总统上任后不久，中美元首即举行海湖庄园会晤，实现了中美关系的平稳过渡和良好开局。中共十九大闭幕不久，特朗普总统对华进行国事访问，双方就深化各领域合作达成一系列重要共识。合作是中美关系唯一正确的选择，健康稳定的中美关系符合两国、亚太地区和全世界的利益。中俄全面战略协作伙伴关系在双方共同努力下保持高水平运行。2017年，习近平主席与普京总统实现互访，举行了五次会晤，在全球和地区重大问题上紧密协作，促中俄战略协作不断迈上新台阶。中欧四大伙伴关系建设取得新的进展，中欧关系的战略内涵获得进一步丰富和拓展。

二是促进并维护周边形势稳定和地区合作势头。党的十九大后，中共中央总书记、国家主席习近平成功出访越南和老挝；中菲关系展现稳定发展的势头；中国同柬埔寨、巴基斯坦、哈萨克斯坦、塔吉克斯坦等传统友好国家的关系得以深化。中韩双方就阶段性处理“萨德”

问题达成一致，两国关系出现转圜。中日关系亦有改善迹象，中方重视日方谋求改善对华关系的举措，欢迎日方参与“一带一路”建设。中国还“有理有利有节”地处理了印度边防部队越界进入中国洞朗地区事件。中国同东盟国家建立信任取得新进展；作为负责任的大国，中国还积极斡旋周边热点问题，在朝核问题、阿富汗与巴基斯坦双边关系和缅甸若开邦等问题上发挥了重要作用。

三是为全球化进程指引了方向。2017年初，习近平主席出席达沃斯世界经济论坛年会并发表重要演讲。面对世界经济的低迷不振和逆全球化思潮，习近平主席高屋建瓴地指出：困扰世界的很多问题并不是经济全球化造成的，贸易保护主义绝非出路。习近平主席为世界经济把脉开方，提出推动世界经济增长和全球化再平衡的中国方案，呼吁联手打造创新驱动的增长模式、开放共赢的合作模式、公正合理的治理模式、平衡普惠的发展模式。

四是为全球治理不断做出贡献。“一带一路”建设正由倡议上升为国际共识，从方案汇聚为国际行动，从愿景转变为现实。5月，首届“一带一路”国际合作高峰论坛在北京胜利举办。29位外国国家元首和政府首脑齐聚北京，130多个国家的高级代表和70多个国际组织的负责人踊跃参会。习近平主席提出建设和平之路、繁荣之路、开放之路、创新之路、文明之路的目标。共建“一带一路”呈现出强大的生机活力，成为当今世界最受欢迎的国际公共产品，使中国梦与世界梦越来越紧密地联系在一起，不断为构建人类命运共同体注入强劲和持久动力。

五是在多边外交上取得重要成就。在越南岘港APEC领导人会议上，习近平主席发表推动亚太经济一体化的重要讲话。习近平主席出席上海合作组织扩员后首次峰会，强调应不忘初心，确保上合组织沿着正确方向发展。中国—东盟关系迈向更高水平，澜湄合作取得重要早期收获。在厦门举行的金砖国家领导人会晤不仅取得圆满成功，还开创了“金砖+”合作新模式，举行新兴市场国家与发展中国家对话会，构建了具有全球影响的南南合作新平台，开启了金砖合作第二个“金色十年”。

还应看到，新时代中国特色大国外交正经历若干转变。战略使命的转变：中国梦与构建人类命运共同体的世界梦紧密相连；战略任务的转变：全面参与并引领全球治理；政策方针的转变：积极作为，创造机遇，主动塑造外部环境。政治安全方面，中国主张和平共处，相互尊重，避免对抗。经济上，中国主张同舟共济，合作共赢，坚持包容和互联互通。全球治理问题上，中国提倡“共商、共建、共享”理念，推进全球治理体制变革。中国特色大国外交的内涵和外延不断拓展，坚定维护国家主权安全，积极服务国内开放发展，同时不断增强海外利益保护能力。

“大道之行，天下为公”。习近平总书记在十九大报告中指出：中国特色大国外交要推动构建新型国际关系，推动构建人类命运共同体。两个“推动构建”为新时代中国特色大国外交指明了方向。推动构建“相互尊重，公平正义，合作共赢”的新型国际关系，其实质就是寻求处理国与国之间关系的新路；推动构建人类命运共同体，旨在回答人类与世界向何处去这一重大哲学和历史命题。构建人类命运共同体的“五位一体”构想包括：建设持久和平、普遍安全、共同繁荣、开放包容、清洁美丽的世界。其核心在于各国人民齐心协力，从政治关系、安全格局、经济发展、文明互鉴、生态建设等方面着手，共创人类的美好未来。

“长风破浪会有时，直挂云帆济沧海”。中国发展继续处于重要战略期。中国的不断发展壮大，是我们最大的内生机遇。国际体系的重组与调整，是我们重要的外生机遇。中国综合国力不断增长，在全球治理中对国际秩序的塑造力会持续增强。“木秀于林，风必摧之”，中国前行道路上难免遇到艰难险阻。我们须知己知彼，居安思危，谨慎行事，规避风险，稳中求进。展望未来，在变革调整的世界中，中国特色大国外交定会为中华民族伟大复兴和人类命运前途不断做出应有的贡献。

目　录

第一章　总　论

第二章　国际与地区形势新变化

第三章　主要国家内外政策

第四章 世界经济

第五章 中国外交

第一章　总　论

进入新时代的中国外交：开启新航程，展现新气象*

中华人民共和国外交部部长　王　毅

2017年，不论对世界还是中国，都是具有特殊和重要意义的一年。

对世界而言，国际格局和力量对比正处于发展演变的重要关头，各种不稳定、不确定因素日益增多，诸多新问题、新挑战层出不穷。人类社会再一次走到历史的十字路口，是开放还是封闭，是合作还是对抗，是共赢还是零和？对这些问题，各方都在认真思索。在此过程当中，大国做出什么样的选择，将会牵动世界的未来发展，也攸关人类的前途命运。

就中国来说，党的十八大以来，在以习近平同志为核心的党中央领导下，中国的各项事业都取得历史性成就，发生历史性变革。中共十九大胜利召开，确立了习近平新时代中国特色社会主义思想，开启了中国特色社会主义事业的新征程，同时也明确了进入新时代的中国外交应当努力的方向和目标，对困扰世界的重大问题提出了中国答案，那就是，高举和平、发展、合作、共赢旗帜，推动构建新型国际关系，推动构建人类命运共同体。可以说，2017年，既是中国外交的回顾总结之年，又是开启新篇之年。

一年来，我们在党中央坚强领导下，认真贯彻过去5年来习近平总书记提出的一系列新思想、新理念、新举措，推动中国外交继续积极

---

* 本文为外交部长王毅2017年12月9日在国际形势与中国外交研讨会开幕式上的演讲，收入本刊前文字略有改动。

创新，开拓进取，又取得不少重要突破和进展。归纳起来，主要有以下五个方面：

一是描绘了共建“一带一路”的世纪蓝图

习近平主席提出“一带一路”重大倡议四年多来，“一带一路”建设从理念转化为行动、从愿景转变为现实，不断释放合作共赢的红利，不断汇聚吸引力、凝聚力，世界上越来越多国家把期待的目光投向了中国，把合作的希望寄托于“一带一路”。

2017年5月，习主席在北京成功主持首届“一带一路”国际合作高峰论坛。世界各国热情高涨，纷纷要求与会，出现一席难求的盛况。29位外国国家元首和首脑齐聚北京，140多个国家的高级代表和70多个国际组织的负责人踊跃参会，成为中国首倡主办、层级最高、规模最大的多边外交活动，形成世界各国合力推进“一带一路”建设的全球共识。

这次论坛上，习主席提出建设和平之路、繁荣之路、开放之路、创新之路、文明之路的目标，规划了“一带一路”未来合作的路径，展示了共同发展繁荣的前景。论坛以行动为导向、以项目为落脚点，达成5大类、76大项、270多项合作成果，推动一系列重大合作项目落地，编织起以亚欧大陆为中心，辐射全球各大陆、连接世界各大洋的互利合作网络，构建起发展战略对接、各自优势互补、彼此互联互通、包容开放发展的国际合作平台。

“一带一路”之所以成为当今世界最受欢迎的国际公共产品，关键在于抓住发展赤字、治理赤字两大矛盾，针对经济增长乏力、合作动力不足双重困境，顺应各国要求加快发展的愿望，坚持共商、共建、共享的理念，从全球更大范围整合经济要素和发展资源，从而为破解发展难题、完善经济治理、实现可持续发展、推动全球化再平衡开辟了新的路径。

到目前为止，我们已经同80个国家和组织签署“一带一路”合作协议，同30多个国家开展了机制化产能合作，在沿线24个国家推进建设75个境外经贸合作区，中国企业对沿线国家投资累计超过500亿美元，创造了近20万个就业岗位。以首届“一带一路”国际合作高峰论坛为契机，共建“一带一路”正在全面展开，日益呈现出强大的生机活力，不仅对全球发展产生积极和深远影响，也将为构建人类命运共同体注入强劲和持久动力。

二是发出了引领全球化方向的时代强音

面对世界经济低迷不振，复苏艰难，面对国际局势动荡不安，纷争不断，政治家的判断力、领导力和行动力比黄金还要宝贵。习主席年初达沃斯之行，为世界各国提振了信心，给全球化进程指明了方向。

习主席在世界经济论坛年会发表重要演讲，指出人类文明进步历程从来没有平坦的大道可走，再大的困难都不可能阻挡人类前行的步伐。遇到困难，不要埋怨自己，不要指责他人，而是要一起来战胜困难。指出困扰世界的很多问题并不是经济全球化造成的，开全球化的历史倒车行不通，就像世界经济的大海，不可能退回到孤立的小湖泊、小河流。强调要坚定不移发展开放型世界经济，搞保护主义如同把自己关进黑屋子，隔绝了阳光和空气。习主席还提出了推动世界经济增长和全球化再平衡的中国方案，呼吁联手打造创新驱动的增长模式、开放共赢的合作模式、公正合理的治理模式、平衡普惠的发展模式。

习主席访问联合国日内瓦总部，是进入新世纪以来我国领导人首次到访这一多边国际组织，也是继习主席出席联合国成立70周年系列峰会后又一个重大外交行动，进一步发出中国全力支持联合国，全力支持多边主义的明确信号。习主席登上万国宫讲坛，系统阐述了共同构建人类命运共同体这一重大国际倡议，为解决人类社会面临的种种全球性挑战提出了中国方案，使中国理念上升为国际共识。

从达沃斯到日内瓦，从汉堡到岘港，习主席在一系列国际场合发表重要演讲，提出鲜明主张，为世界经济把脉开方，为全球治理贡献力量。中国正在成为国际体系变革最为积极的因素，正在成为完善全球治理最为活跃的动力，中国梦与世界梦越来越紧密地联系在一起。

三是在稳定大国关系方面发挥了中流砥柱作用

中美关系不仅攸关两国福祉，而且牵动整个世界。中美打开交往大门45年，一路走来，有鲜花也有荆棘，有风雨更有彩虹。中美从相互隔绝发展到互为重要合作伙伴，关键在于双方从人民根本利益出发，从两国关系大局出发，把握好前进的正确方向。

两国元首的引领，历来都是推动中美关系向前发展的关键所在。一年来，习主席与特朗普总统举行3次会晤，多次通话通信，为世界上这对最复杂、最重要的双边关系发挥了战略稳定作用。特朗普总统上任后不久，中美元首就举行海湖庄园会晤，确立了涵盖中美关系各个领域的4个高级别对话机制，商定了主要方向的合作规划，实现了中美关系的平稳过渡和良好开局。中共十九大闭幕不久，特朗普总统对华进行国事访问，双方同意在互利互惠基础上拓展广泛领域合作，在相互尊重基础上妥善管控分歧，访问取得了实实在在成果，就深化各领域合作达成一系列重要共识，美方表示期待建立起更为强劲有力的美中关系。

中美两国作为世界前两大经济体，彼此良性互动，致力合作共赢，是向国际社会发出的积极信号，也将为各方带来正面预期，不仅对中美双方有利，符合两国人民利益，也会受到国际社会的普遍欢迎。当然，中美关系从来都难以一帆风顺，始终是在克服各种困难和干扰中向前发展。两国社会制度不同，历史文化各异。中国无意改变美国，也不想取代美国；美国无法左右中国，更不可能阻止中国的发展。随着两国各领域合作全面铺开，各层次交往日益密切，中美彼此的利益越来越相互交融，共同利益已经远远超越分歧。合作则共赢，对抗必双输，这是任何有战略眼光和清醒头脑的人都会认同的客观事实，也是一个不以人的意志为转移的必然趋势。为此，中美之间需要进一步相互适应。中国愿意在相互尊重基础上，与作为超级大国的美国和平共处；美国也需要了解和接受一个走符合自身国情发展道路、坚持中国特色社会主义的中国。中美交往当然要遵守规则，这个规则就是公认的国际法和国际关系基本准则，就是联合国宪章的宗旨和原则，就是中美共同签署的三个联合公报。对中美两国而言，零和博弈、寻求对抗的陈旧思维已不可取，求同存异、合作共赢才是开辟未来的正道。

中俄两国互为最大的邻国，中俄关系经历了国际风云的检验，日益显示其坚韧性和稳定性，呈现出历史的厚重感和穿透力。中俄全面战略协作伙伴关系在双方努力下保持高水平运行。习近平主席与普京总统年内实现了互访，举行5次会晤，密集沟通对表，在关乎全球战略稳定的重大问题上始终紧密协作，在关乎欧亚地区振兴的发展战略上加强深度对接，引领中俄战略协作向着更高水平、更宽领域、更深层次不断迈进，中俄关系已经成为当今世界维护和平安宁、主持公平正义、倡导合作共赢的重要基石。

中欧四大伙伴关系建设不断取得新的进展。习主席成功访问德国、瑞士、芬兰，在汉堡同法国新任总统马克龙以及英国首相梅举行会晤，保持和加强战略沟通。李克强总理出席中国—欧盟领导人年度会晤，与中东欧16国领导人共同推进跨区域合作平台建设。面对欧洲内部聚集的各种不稳定因素，中国对欧政策稳如泰山，始终如一。我们将继续从全球格局和世界大势看待和推进中欧关系，坚定支持欧洲一体化进程，乐见欧盟的团结与发展，坚持在相互尊重基础上管控和处理分歧。同时，通过扩大相互利益汇合点，打造区域合作增长点，进一步丰富和拓展中欧关系的战略内涵。

四是维护了周边形势稳定和地区合作势头

中国人常讲，远亲不如近邻。我们同邻国关系理应好上加好，亲上加亲。党的十九大后，习近平总书记、国家主席首次出访就选择了越南和老挝这两个山水相连的社会主义邻国，传统友谊焕发生机，务实合作深化拓展，并向国际社会传递出中国推动构建周边命运共同体的明确信号。一年来，习主席两次会见杜特尔特总统，李总理成功访问菲律宾，中菲关系展现稳定发展的前景。我们结交新朋友，更不忘老朋友，同柬埔寨、巴基斯坦、哈萨克斯坦、塔吉克斯坦等传统友好国家深化了彼此互信，巩固了相互支持。

一段时间以来，中韩关系因“萨德”问题遭遇寒流。文在寅总统就任后，选择了对华友好合作，对外作出了不考虑追加萨德系统、不加入美国反导体系、不发展韩美日三方军事同盟的重要表态，双方就阶段性处理“萨德”问题达成一致，文在寅总统应习主席邀请对华进行首次国事访问。中方愿同韩方共同努力，以中韩建交25周年为契机，珍惜迄今合作成果，增进相互了解信任，有效管控矛盾分歧，深化务实互利合作，推动中韩关系健康发展，共同致力于朝鲜半岛的和平稳定。

2017年是中日邦交正常化45周年，45年的经验教训足以使人们认识到中日关系的症结所在和健康发展的至关重要。中方重视日方这段时间采取的改善对华关系举措，欢迎日方参与“一带一路”建设。希望日方不犹豫、不后退、不反复，多做有助于增信释疑的事情，多出有利于良性互动的主意，只要持续向前走，光明就在前头。我们愿与日方相向而行，推动中日关系早日回到正常发展轨道，使中日友好重新成为两国交往的主流。

中印同为发展中大国，战略契合点远远大于具体分歧，合作需要明显超越局部摩擦。我们一贯重视作为两大邻国和两大文明古国的睦邻友好，同时坚定维护自身的主权权益与领土完整。我们有理、有利、有节处理了印度边防部队越界进入中国洞朗地区事件，通过外交手段使印方撤回装备和人员，既体现了对中印关系的珍惜和重视，也彰显了维护地区和平稳定的诚意与担当。我们相信，只要双方深入开展战略沟通，及时消除战略疑虑，中印合作的战略价值就会更清晰地呈现在人们面前，中印就能实现两国领导人期待的“龙象共舞”和“1+1=11”的前景。

中蒙关系前一段经历了一些曲折。蒙古人民党新政府成立以来，更加重视发展对华关系。上个星期，蒙古新任外长首次访华，强调蒙古把中国置于对外政策的优先战略位置，重申蒙古坚定奉行一个中国政策，尊重中国在涉藏、涉疆以及台湾问题上的核心利益，中方对此予以充分肯定。蒙方意识到保持自身政策稳定的重要性，希把蒙中关系打造成邻国交往的典范，我们对此表示欢迎，愿与蒙方为此作出共同努力。

中国历来是周边区域合作的引领者，地区和平发展的守望者。在岘港，面对亚太经济合作新形势新挑战，习主席在APEC领导人会议上坚持建设开放型经济体系，呼吁推进亚太自贸区进程，推动亚太经济一体化取得新的进展。在阿斯塔纳，习主席出席上海合作组织扩员后首次峰会，强调应不忘初心，弘扬“上海精神”。同时，与时俱进，开创地区合作新局面，确保上合组织沿着正确方向向前发展。在马尼拉，李总理出席东亚合作领导人系列会议，推动中国—东盟关系从成长期迈向更高质量和更高水平的成熟期，呼吁加快东亚经济共同体建设进程。我们还积极推动澜湄合作这一中国首倡的次区域合作，弘扬“同饮一江水，命运紧相连”的澜湄主题，培育“平等相待、真诚互助、亲如一家”的澜湄文化，以推土机精神，开展接地气合作，突出务实高效，聚焦民生改善。启动一年多来，已取得可观早期收获，澜湄合作专项基金全面运行，创造了“天天有进展，月月有成果”的澜湄效率。

中国在南海问题上的立场为历届中国政府所坚持，既体现了中国在政策上的连续性，又展示了我们维护主权的坚定性。南海沿岸诸国都是中国的邻国，我们始终希望南海成为和平之海、友谊之海、合作之海。一年来，我们积极推动南海局势降温趋缓，同东盟国家恢复并巩固了通过当事国对话协商和平解决争议的共识，推进了地区国家共同制定南海规则的进程。在提前达成“南海行为准则”框架基础上，已正式宣布启动“准则”实质性案文的具体磋商。

中国同东盟国家建立的信任弥足珍贵，稳定南海局势的成果来之不易。个别域外国家似乎对南海风平浪静并不舒服，还想伺机兴风作浪。但“青山遮不住，毕竟东流去”，中国和东盟国家完全有能力，也有智慧共同维护好南海地区的和平稳定。

作为国际社会重要一员，中国积极斡旋周边地区的热点问题。在半岛核问题上，我们从维护国际核不扩散体系，维护朝鲜半岛和平稳定出发，始终坚持实现半岛无核化目标，坚持通过对话谈判解决问题。为此，我们全面落实联合国安理会各项涉朝决议，一方面以实际行动阻遏朝鲜的核导开发进程，一方面提出旨在为恢复对话谈判创造条件的“双暂停”倡议。中国坚持客观公正立场，秉持负责任的态度，为执行决议、劝和促谈、维稳防乱履行了应尽的国际义务，发挥了自身的独特作用。我们在阿富汗和巴基斯坦之间进行穿梭外交，推动双方同意建立双边危机管控机制，为阿富汗国内政治和解与重建、改善阿巴双边关系作出了贡献。我们对缅甸和孟加拉国展开斡旋努力，提出了解决缅甸若开邦问题的“三步走”设想，得到缅孟两国积极响应，为双方坐下来达成初步共识、签署相关协议发挥了作用。

五是开启了金砖合作第二个“金色十年”

在习主席亲自主持下，通过金砖五国共同努力，金砖机制顶住各种唱衰的论调，在厦门举行的领导人会晤取得圆满成功。厦门会晤决定，发展更紧密、更广泛、更全面的金砖战略伙伴关系，打造金砖合作经贸财金、政治安全、人文交流“三轮驱动”升级版，不仅为金砖国家合作开辟了更加光明的未来，而且提振了国际社会对新兴市场国家发展前景的正面预期，在金砖合作进程中具有标志性意义。

厦门会晤还开创了“金砖+”合作新模式，举行新兴市场国家与发展中国家对话会，首次从全球范围邀请埃及等5个具有代表性的新兴市场国家和发展中国家领导人出席，聚焦落实2030年可持续发展议程，深化了与非洲、拉美、中东、欧亚国家的务实合作，构建了具有全球影响的南南合作新平台。

除了这五大方面主要成果，我们坚定维护国家主权安全，积极服务国内开放发展，加快海外利益保护能力建设，不断创新公共外交方式，启动推进对外工作机制体制改革，中国外交的内涵和外延不断拓展。

十八大以来，中国外交之所以能够全方位展开，取得开创性成果，最重要的一个原因就是习近平总书记对外交工作的正确领导和亲力亲为。五年来，习总书记洞察世界大势，站立时代潮头，在外交领域提出了一系列新理念、新举措和新战略，引领着中国外交不断前行；习总书记不辞辛劳，密集的元首外交维护了国家利益，提升了国际地位，树立起大国形象，展现出领袖风范。

党的十九大胜利召开，为中国外交指明了方向。习总书记在十九大报告中，明确提出我们要推动构建新型国际关系、推动构建人类命运共同体。这“两个构建”概括了中国外交今后努力的总目标。

“两个构建”，源自五千年中华文化天下为公的优良传统，源自60多年来新中国和平外交的核心价值，也源自中国共产党人把中国与各国人民福祉融为一体的世界情怀。

构建新型国际关系，是要走出一条国与国交往的新路。其核心内涵，一是相互尊重，主张国家不分大小、强弱、贫富一律平等，不同制度、宗教、文明一视同仁。二是公平正义，强调反对弱肉强食的丛林法则，维护世界各国尤其是发展中国家的正当合法权益。三是合作共赢，呼吁超越零和博弈、赢者通吃的旧思维，倡导共谋发展、互利互惠的新思路。

构建人类命运共同体，是要拿出解决各种全球性难题的方案。不管什么国家，哪个民族，大家都生活在同一个星球上，可谓风雨同舟、命运与共，应当把这个世界建设成和睦的大家庭，把各国人民对美好生活的向往变成现实。具体而言就是推动建设“五个世界”，包括持久和平的世界、普遍安全的世界、共同繁荣的世界、开放包容的世界、清洁美丽的世界。这五个世界既是我国“五位一体”总体布局在国际层面的延伸，也顺应了人类发展进步潮流，符合世界各国的共同愿望。

2018年，是贯彻落实十九大精神的开局之年，随着中国特色社会主义进入新时代，中国外交也需要呈现新气象，展示新作为，体现新担当。

我们将践行十九大作出的战略规划部署，不断开创中国特色大国外交新局面。十九大报告关于外交部分的开篇就指出，“中国共产党是为中国人民谋幸福的政党，也是为人类进步事业而奋斗的政党，中国共产党始终把为人类作出新的更大的贡献作为自己的使命”。作为当今世界最大的发展中国家，中国仍然要把自身发展作为执政兴国的第一要务。13亿多中国人整体实现现代化，将是一幅波澜壮阔的历史画卷，本身就是中华民族对人类文明进步作出的最大贡献。中国外交必须首先为全面建成小康社会和实现“两个一百年”奋斗目标营造更良好的外部环境，提供更坚实的外部助力。与此同时，作为联合国安理会常任理事国，中国也应当在自身发展的过程中心系全球，兼济世界，为维护世界和平承担应尽的国际责任，为促进共同发展发挥应有的大国作用。进入新时代的中国外交，应当有更加远大的目光，更加恢宏的格局，更加开阔的胸襟，更加从容的气度，更多从全世界、全人类整体利益的角度思考问题，积极作为。

面对世界的大发展、大变革和大调整，我们将继续高举和平、发展、合作、共赢的旗帜，在和平共处五项原则基础上发展同各国友好合作。我们将坚定捍卫以联合国为核心的当代国际体系，维护和拓展广大发展中国家的正当权益。我们将秉持共商、共建、共享的全球治理观，推动国际政治经济秩序朝着更加公正合理的方向发展。我们将坚持大小国家一律平等，和平解决国际争端，推进国际关系的民主化和法治化。我们将发挥好负责任大国作用，始终坚定不移地做世界和平的建设者、全球发展的贡献者、国际秩序的维护者。

一、拓展全球伙伴关系网络，推动构建新型国际关系。近年来，中国顺应历史潮流，提出并建设对话而不对抗，结伴而不结盟的伙伴关系。习近平总书记明确指出，志同道合是伙伴，求同存异也是伙伴。在这一开放包容理念的指引下，我们已同100多个国家建立起伙伴关系。这些国家彼此之间各有不同，伙伴关系的名称和形式也不尽一致，但其实质内涵都是平等相待，互利共赢，都超越了社会制度和发展阶段的差异。中国的这一重要实践，为各国之间探索相处之道提供了新的选择，受到各方的普遍欢迎和认可。下一步，我们将进一步扩大同各国利益的汇合点，不断提升伙伴关系的含金量，为构建新型国际关系创造条件，增添动力。

构建新型国际关系，大国是关键。我们将继续加强同俄罗斯、美国、欧洲等主要大国和国家集团的协调合作，构建总体稳定、均衡发展的大国关系框架，维护全球和平安宁，促进世界和谐发展。

二、从周边和发展中国家着手，推进人类命运共同体建设。我们与周边国家山水相连、唇齿相依，历来是和平与发展的同路人，具有成为命运共同体的天然条件。习主席提出构建命运共同体倡议，首先就是立足周边，面向发展中国家。我们将从周边起步，以发展中国家为依托，稳步推进命运共同体建设。

我们将按照亲诚惠容理念和与邻为善、以邻为伴周边外交方针深化同周边国家关系。抓住2018年中国—东盟建立战略伙伴关系15周年等重要节点，通过制定“中国—东盟战略伙伴关系2030年愿景”，深化同周边国家的互利合作，帮助友好国家提高自主发展能力。我们将办好博鳌亚洲论坛、上合组织青岛峰会两大面向周边的主场外交，凝聚守望相助的地区共识，增添区域合作的发展动力。我们将坚持落实《宣言》和“准则”磋商“双轮驱动”，同域内国家一道，维护南海稳定，推动海上合作。我们还将同地区各国继续推动RCEP有关商谈进程，争取早日签署，为亚太合作开辟新的前景。

我们将秉持正确义利观和真实亲诚理念加强同发展中国家团结合作，继续用好中非、中拉、中阿之间业已建立的机制性合作平台。2018年中国外交的一件大事，就是主办好新一届中非合作论坛这一盛会。我们愿同非洲的兄弟姐妹共商未来发展大计，就中非合作推出新举措，打造新亮点，迈上新台阶。尤其是响应广大非洲国家的愿望，把“一带一路”倡议与非洲2063年议程更紧密相互对接，让共建“一带一路”成为引领中非全方位合作新的强劲动力。我们还将同拉美、阿拉伯国家举行中拉论坛、中阿合作论坛的部长级会议，为中拉、中阿合作注入新的内涵。

三、全面推进“一带一路”建设，通过互利合作造福世界各国。习主席在“一带一路”国际合作高峰论坛发表的重要讲话，擘画了共建“一带一路”的宏伟蓝图。我们愿同各方一起，脚踏实地加油干，实施好首届高峰论坛的270项成果，建设好论坛的后续机制，开好重点领域部长级会议，为2019年举办第二届高峰论坛做好准备。我们愿把政策沟通、设施联通、贸易畅通、资金融通、民心相通落到实处，同更多国家达成共建“一带一路”的共识，以骨干通道和关键节点上的大项目为重点，取得更多惠及民生的早期收获。从中巴经济走廊到中老、中缅经济走廊，从比雷埃夫斯港到皎漂港，从亚洲的中老、中泰铁路到非洲、欧洲乃至拉丁美洲的铁路项目，我们将实现“一带一路”建设动力转换、提质升级。切实贯彻落实好共商、共建、共享理念，充分发挥这一国际公共产品的辐射和带动功能。

此外，习主席已经在“一带一路”国际合作高峰论坛上宣布，2018年中国将在上海举办首届中国国际进口博览会，这将是全世界第一个专门为进口举办的博览会，向世界表明中国愿意打开自己的市场，让各国分享中国的发展机遇。

四、积极探索中国特色热点问题解决之道，为世界稳定发挥更大建设性作用。中国愿意参与热点问题的和平解决，积极探索具有中国特色的建设性介入方式。我们将继续倡导并践行“解决热点问题三原则”，即：坚持不干涉内政，反对强加于人；坚持客观公道，反对谋取私利；坚持政治解决，反对使用武力。这些原则经历了实践检验，取得了积极成效，得到越来越多国家的认同。

当前，朝鲜半岛形势仍然深陷示强与对抗的恶性循环，前景不容乐观。但同时也要看到，和平的希望仍未湮灭，谈判的前景依然存在，动武的选择绝不可接受。我们认为，下一步各方还是应当认真考虑中方提出的“双暂停”倡议，先走出缓和局势的第一步，至少先把半岛局势从目前的“对抗黑洞”中拉出来，为重启对话谈判创造必要的条件和氛围。

在半岛核问题上，中方做了比各方都要多的努力，承受了比各方都要大的代价。我们始终认为，各方在处理这一问题上应当有一个共同的遵循，那就是必须遵循联合国安理会有关决议的规定和精神。安理会决议代表着国际社会的共同意志，是各成员方都需要遵守的国际责任，中方也将予以严格执行。如果谁提出不符合安理会决议的要求，实施安理会决议以外的举措，甚至采取单方面的行动，势必破坏安理会的团结，损害别国的正当权益，我们也决不会赞同和接受。

当前，中东局势再起波折。中国一向坚定支持巴勒斯坦人民恢复民族合法权利，支持建立以1967年边界为基础、以东耶路撒冷为首都、拥有完全主权的、独立的巴勒斯坦国。耶路撒冷的地位必须依据联合国决议通过对话谈判确定，“两国方案”仍是从根本上解决巴勒斯坦问题的可行途径。我们呼吁各方都保持谨慎克制，避免为挑战丛生的中东局势制造新的动荡。我们将落实好习主席提出的解决巴勒斯坦问题“四点主张”，争取年内在北京举行巴以和平人士研讨会，为推动解决巴以问题继续发挥建设性作用。叙利亚问题有望转入政治解决的新阶段，我们支持通过对话谈判达成未来政治安排，支持通过合力反恐维护地区稳定，支持通过和平重建实现长治久安。

我们将继续加大对阿富汗问题的关注与投入。中国、阿富汗和巴基斯坦三国外长将在北京举行首次三方外长会，就阿富汗和平、和解、重建，改善阿巴关系，开展中阿巴三方合作等展开探讨，争取达成更多共识，取得可视成果。我们还将继续发挥斡旋作用，推动缅甸若开邦问题逐步得到妥善解决。

五、进一步贴近国情和人民需求，加大服务国内发展和保护海外利益的力度。2017年，外交部先后在蓝厅举办了五场全球推介活动，支持云南、安徽、吉林、内蒙古、江西等5个中西部省区提升全球知名度，打造国际新名片，产生了积极成效。我们还成功举办多场外交外事知识进高校和进党校等活动，增进了社会各界对国际形势和外交政策的理解认知。

我们将不断探索新思路、新方式，更好为国内发展服好务。2018年，外交部将以“新时代的中国”为主题，办好更多地方省区市全球推介，全力服务京津冀协同发展、雄安新区规划建设、2022年，冬奥会等战略部署，为各地扩大对外开放搭建高层次平台。我们还将发挥外交部和驻外使领馆信息资源优势，为国内改革发展提供“定制信息服务”。

打造海外民生工程永远在路上。我们将不断加强能力和机制建设，坚持以人民为中心，深化领事工作改革，完善12308微信版等领事信息平台，让外交领事服务更接地气，更有人气。我们将适应海外利益不断延伸的新形势，适应人员和企业“走出去”的新特点，加大推动中外人员往来便利化。我们还将进一步完善领事保护机制、体制，探索构建海外中国平安体系，编织中国公民和企业在海外的可靠安全网络。

“潮起宜踏浪，风正可扬帆。”今天的世界，正在经历前所未有的变革调整；今天的中国，即将迎来民族复兴的最终胜利。在这样一个伟大的时代，我们将在以习近平同志为核心的党中央领导下，牢记使命，不负重托，不断推动中国特色大国外交取得新突破，迈上新台阶。

第二章　国际与地区形势新变化

中东形势新特点

中国国际问题研究基金会战略研究中心主任　安惠侯

2017年，中东局势发生重大变化。局部动荡和战乱不断，但烈度可控，总体局势趋稳。该地区经济平均增速预计为4%，高于全球3.5%的增速，但低于新兴市场和发展中国家4.6%的平均增速。

一、俄、美博弈加剧

俄、美中东博弈，既有争斗，也有沟通，俄影响在扩大，美主导作用在削弱，但美仍有影响，更不会放弃中东。

俄罗斯出兵叙利亚打击“伊斯兰国”两年多，叙局势发生根本性变化。政府军转危为安，转守为攻，控制了大部分国土和民众，拥有政治和军事上的优势。在其他武装力量的参与下，叙政府军击溃“伊斯兰国”。2017年12月11日，普京到访俄驻叙赫梅米姆空军基地，宣布：“两年来俄罗斯武装力量与叙利亚军队一起，击败了最危险的国际恐怖分子，接下来，俄罗斯重要军事力量开始撤回其常驻地。”据悉，俄军将在叙保留赫梅米姆空军基地和塔尔图斯海军基地。普京强调，如果恐怖势力再次抬头，俄罗斯将对他们实施前所未有的打击。

2017年1月23日，俄罗斯联手土耳其和伊朗，在哈萨克斯坦首都阿斯塔纳召开了叙利亚问题和会，叙政府代表和反对派代表出席，美国驻哈萨克斯坦大使及联合国秘书长叙利亚问题特使作为观察员出席。5月4日，在第四轮会议上，俄、土、伊签署了在叙建立“冲突降级区”的备忘录，决定在叙北部地区（居民100多万，反对派武装14500人）、中部地区（居民18万，反对派武装3000人）、南部地区（与约旦交界地区，人口80万，反对派武装15000人），以及大马士革东部郊区（人口69万，反对派武装9000人）建立四个“冲突降级区”，俄、土、伊为担保国，要求政府军和反对派武装在这些区域内停止冲突，以便人道主义救援顺利抵达以及难民返回家园。“冲突降级区”缓和了政府与反对派武装间的关系，为政治进程创造了良好气氛；同时，也划定了反对派武装的势力范围，为政治进程增加复杂因素。

11月22日，俄、土、伊三国总统在索契签署联合声明，强调盘踞叙利亚的极端组织“伊斯兰国”“征服阵线”基本被消灭，阿斯塔纳和谈及其成果是促进叙和平与稳定的有效工具。“冲突降级区”显著降低暴力程度，缓解人道危机，减少难民流动，并为难民安全返回家园创造了条件。叙问题政治解决需要在叙利亚人主导的政治进程以及举行自由、公正选举的条件下进行。俄、土、伊三国将予以协助。一切涉及叙危机的政治提议都不能破坏叙主权、独立、团结与领土完整。三国呼吁叙政府、反对派以及叙国内各界代表在尊重上述原则的基础上参加在索契举行的叙利亚全国对话大会。

俄罗斯在叙战场上和政治进程方面都发挥重要作用，但特别注意在关键时刻与美国沟通。11月11日，在越南岘港举行的亚太经合组织（APEC）峰会上，普京与特朗普并没有正式会晤，但两国发表了关于叙利亚问题的联合声明。俄、土、伊三国索契会晤前，普京与特朗普电话交谈一小时。这表明俄罗斯虽然在叙军事和政治方面占有优势，但仍不能忽视美国的地位和作用。俄美争斗的一面也很突出，两国以幼发拉底河为界，划分了各自的责任区。12月14日两国战机在这一地区上空惊险对峙40分钟。俄罗斯因在叙问题上的成功，在中东地区的影响明显扩大，地区国家对俄态度也发生变化。土耳其态度变化最大。一直视俄为敌对国的沙特态度也发生重大变化。10月5日沙特国王访问俄罗斯。这是自沙特建国以来，国王首次访俄。双方确定在诸多领域开展合作，并达成30亿美元的军火交易。此访具有标志性意义：尽管当下与美结盟仍是沙特外交重心所在，但中东格局在变，从维护自身利益出发，沙特需要与俄发展关系。埃及与俄关系明显加强，不仅经贸合作扩大，两国还达成战机可以使用对方基地的协议。

俄罗斯在中东地区的影响还在增强，但俄经济实力有限，主要是在政治和安全方面发挥一些作用，对急切谋求发展的一些阿拉伯国家，它难以在经济方面提供切实的帮助。即使在政治和安全方面，当下俄罗斯也无力取代美国，对中东事务发挥主导作用。

特朗普上台后，迄今没有完整明确的外交政策，中东政策也不清晰。客观上看，中东地区在美全球战略中的地位下降。美已经成为能源出口国，不再依赖中东能源。美认为对其全球霸权的挑战主要来自中国和俄罗斯。特朗普认为，以前美在中东发动战争，对一些国家搞政权更迭，成本很高，收益甚微，得不偿失。但美不会放弃中东。因为中东战略地位重要，是恐怖势力的策源地，中东热点问题影响世界和平与稳定。美国内犹太人势力庞大，维护以色列的安全是美历届政府不能忽视的义务。要影响国际能源价格，美需要沙特等海湾产油国的配合。美也不能容忍反美国家伊朗力量坐大，更不愿将对地区的主导权拱手让给俄罗斯。特朗普对中东投入不多，主导能力下降，但仍要维持一定的影响力。

从美方言论和行动来看，特朗普一是将伊朗视为美在中东的主要威胁。10月13日，特朗普发表讲话，认为伊朗建立的是奉行恐怖主义和扩张政策的独裁政权，指责伊核协议存在诸多缺陷，损害了美国的利益，宣布对伊实施新的政策，包括追加新的制裁、应对导弹扩散以及阻断伊获得核武器的所有途径等。讲话虽没有宣布退出伊核协议，但强调，不能向国会证明“暂停制裁对于伊朗停止非法的核计划发挥了作用”。这意味着美国会有可能恢复对伊制裁。二是改善奥巴马时代恶化了的美以、美沙关系。特朗普有意联手以色列和沙特，遏制伊朗，并防范俄罗斯影响扩大，其首次出访即选择了沙特、以色列和巴勒斯坦。美与沙达成1100亿美元的军火交易，并计划将交易规模扩大到

3000多亿美元。12月6日，特朗普宣布承认耶路撒冷是以色列的首都，并开启美驻以使馆迁往耶城的进程。这主要是出于国内政治的需要，要确保美犹太财团及犹太群体的支持，以稳定自己的执政地位，应对2018年的中期选举，进而争取连任。此举突出美偏袒以色列的一贯政策，遭到阿拉伯—伊斯兰国家的强烈谴责，将进一步削弱美在中东的公信度和影响力，动摇美在中东的主导地位。三是打击“伊斯兰国”。美继续主导国际反恐联盟，空袭“伊斯兰国”武装力量，支持库尔德人武装力量地面打击“伊斯兰国”。伊拉克库尔德人武装参与了解放摩苏尔的战斗；叙利亚库尔德人主导的“民主军”是攻击“伊斯兰国”“首都”拉卡的主力军。四是在叙利亚重点支持库尔德人主导的“民主军”。叙库尔德人武装在打击“伊斯兰国”战斗中壮大，表现不俗，已控制20%的国土，公开要求自治。美实际上将叙库尔德人控制的地区以及四个“冲突降级区”视为美的势力范围，是与俄在政治进程中讨价还价的重要筹码。奥巴马政府曾向叙派出少量军事人员，特朗普将驻叙美军增加到约2000人。美方表示，在政治进程取得成果前，美将保持在叙的军事存在。美、俄多次重申，叙危机只能政治解决。美国务卿蒂勒森表示，不把巴沙尔下台作为启动政治进程的先决条件，但在未来叙利亚没有巴沙尔的位置。美、俄在巴沙尔去留上的分歧，是叙政治进程的根本性障碍。

二、地区大国政策调整

（一）沙特与伊朗对抗加剧。沙特担心伊朗力量坐大，削弱沙特在地区的影响力，在特朗普政府的支持下，千方百计地遏制伊朗，但效果不佳。沙特组建国际联军介入也门内战，打击受到伊朗支持的什叶派胡塞武装，迄未取得成功；该国对卡塔尔接近伊朗不满，与卡断交并对卡实施制裁，未能让卡屈服；它深度介入叙利亚危机，企图推翻巴沙尔政权，让逊尼派势力掌权，也未能如愿；沙特还挑动黎巴嫩总理哈里里辞职，要求解除真主党武装，最后也是不了了之。

伊朗一直配合俄罗斯支持叙利亚巴沙尔政权。伊朗革命卫队和黎巴嫩真主党武装介入叙危机，伊同意俄军机使用伊基地去叙执行任务，并且伊与俄一直有军火交易。伊朗在伊拉克也有军事存在，支持伊拉克政府军打击“伊斯兰国”。在也门，伊朗支持什叶派反政府武装。在沙特等四国与卡塔尔断交后，伊朗积极支持卡塔尔，两国恢复外交关系。伊朗被认为是伊斯兰教什叶派领袖，而沙特则是逊尼派的首领。两国关系紧张，虽然有教派矛盾的因素，但主要还是地缘政治在起作用。

沙特依仗海湾合作委员会和阿盟，伊朗努力组建伊朗—伊拉克什叶派势力—叙利亚—真主党的新月联盟，美、俄分别成为沙、伊的后盾，沙、伊争斗互有攻守、成败，但谁也无力占有压倒对方的绝对优势。争斗还将持续并牵动地区格局的演变。

（二）土耳其与美国矛盾激化，主动改善与俄罗斯的关系。在俄空袭叙“伊斯兰国”势力后，土耳其曾击落一架在叙执行任务的俄战机，两国关系一度紧张。当时，土明显站在美国一边，反对俄军事介入叙危机。2016年土耳其爆发未遂军事政变，土认为流亡美国的土耳其宗教领袖居伦策动了这场政变，要求美引渡居伦，遭美拒绝，土、美关系恶化。土还反对美武装叙利亚库尔德人，认为该武装力量是土库尔德工人党的分支，属恐怖组织。土主动改善与俄关系，与俄、伊（朗）联手召开阿斯塔纳和会，在叙建立四个“冲突降级区”。作为北约成员国，土还不顾美国、北约的反对，购买俄军事装备。在卡塔尔断交危机上，大力支持卡塔尔。土反对伊拉克库尔德人独立公投，还出兵叙利亚牵制叙库尔德人力量的发展。在特朗普承认耶城为以色列首都后，土耳其反应强烈，声称要推动联合国安理会宣布特朗普的决定无效，威胁要与以色列断交并将土驻巴勒斯坦的使馆迁往东耶路撒冷。

（三）多数阿拉伯国家注重外交多元化，纷纷“向东看”，发展对俄、对华关系。埃及废黜穆兄会总统穆尔西后，奥巴马政府认为这是军事政变夺权，不符合民主程序，两国关系转冷。美一度停止对埃援助。特朗普执政后，于2017年8月22日，以埃及在改善人权方面进展缓慢和限制非政府组织活动为由，削减约1亿美元的军事和经济援助，并推迟另外约两亿美元的军事贷款。埃外交部发表声明表示遗憾，指出此举是美对两国战略伙伴关系的误判，对埃维护稳定的重要意义缺乏理解。同时，塞西总统多次访俄，与俄经贸和军事合作关系进展明显。此外，埃及及其他阿拉伯国家十分重视发展与我互利合作关系，积极参与“一带一路”建设。

三、“伊斯兰国”全面溃败

2014年，“伊斯兰国”崛起，在伊拉克和叙利亚攻城略地，割据一方，气势汹汹。美国等西方国家及沙特等地区大国希望“伊斯兰国”能削弱甚至推翻巴沙尔政权，对其扩张采取观望态度。

2015年9月，俄罗斯出兵打击“伊斯兰国”，并在不长时间里取得明显战绩，叙利亚政府军重新掌握战场主动。美主导的“反恐联盟”才开始认真打击“伊斯兰国”。

2016年12月，叙政府军收复“伊斯兰国”占据的第二大城市阿勒颇。2017年10月，叙民主军收复“伊斯兰国”的“首都”拉卡。11月，叙政府军收复“伊斯兰国”在叙的最后据点阿布卡迈勒。2017年7月，伊拉克收复“伊斯兰国”盘踞3年之久的伊第二大都会摩苏尔。“伊斯兰国”全面溃败，残余势力四处逃窜。美军方称，在伊拉克和叙利亚还有约3000名“伊斯兰国”残余分子隐藏在沙漠地带或混迹在民众中，其他残余势力则转移到阿富汗、也门、利比亚、埃及、撒哈拉以南非洲、中亚、东南亚以及欧洲国家。对他们的危害性不能掉以轻心。民众穷苦、社会不公以及强权政治都是宗教极端思想传播的客观条件，反恐斗争仍然任重道远。

四、热点问题尚存

热点问题此降彼升，均难以真正解决。

（一）叙利亚政治进程举步维艰。“伊斯兰国”溃败后，有关各方都在推动解决叙危机的政治进程。政治解决叙危机已经是国际社会的共识，然而政治进程步履维艰，面临一系列矛盾和分歧。

1. 叙反对派分为国内反政府武装和流亡国外的反对派人士，它们互不隶属。国外反对派分成亲美派、亲沙特派、莫斯科小组和开罗小组。11月22日，在利雅得产生的反对派“统一代表团”意见是否一致、有多大的代表性有待观察。

2. 政治进程平台现有联合国主导的“日内瓦和会”和俄罗斯主导的“阿斯塔纳会议”。前者历时三年，未能促成叙政府与反对派直接谈判，通过联合国秘书长特使来回传话，除达成几项原则外，没取得实质性突破。后者促成四个“冲突降级区”的划分，为政治进程创造了和缓气氛。阿斯塔纳会议由俄、土、伊主持，美、沙边缘化，似难以替代日内瓦和会。11月22日，在索契，俄、土、伊三国元首提出召开叙国民大会主张，但被反对派首席谈判代表哈里里否定。

3. 巴沙尔强调，政治进程应由叙利亚人主导。对此，俄、土、伊三国在索契也做出承诺，但实际上，当下叙利亚人没有能力主导。在叙政府控制区、库尔德人控制区，以及四个“冲突降级区”仍有多种力量并存，不同力量都有大国背景，这为政治进程增添了复杂因素。

4. 在巴沙尔去留这个关键问题上，各方分歧仍然严重。这实际上是今后由哪股势力主导叙政局的实质性问题。战场上未能得到的通过谈判亦难以得到，这几乎成为铁律。巴沙尔政权当下占据政治和军事上的优势，不可能自动下台。而叙反对派、沙特、美国等仍坚持巴沙尔必须下台。这一分歧如果不能弥合，政治进程将难以取得突破。11月18日在日内瓦举行了第八轮叙利亚问题和会，会议一波三折，最后无果而终。叙政治进程成败关键仍然在于俄、美以及地区大国能否在新形势下达成必要的妥协。

（二）库尔德人独立倾向增强，但建国仍非易事。9月25日，伊拉克库尔德自治区不顾国内外多方反对，执意举行独立公投，公投结果是92.73%的人支持独立，引发伊拉克政府、土耳其、伊朗及叙利亚的强烈反对。库区主席马苏德·巴尔扎尼事前表示，公投结果不会导致立即的独立宣言，而应成为谈判的开始。也就是说，公投旨在提高库区与中央政府的谈判地位，争取扩大自治区地盘和权力，并为今后实现独立创造条件。

伊拉克政府不承认库区公投，要求取消公投结果，拒绝与自治区政府就公投举行谈判，并对库区的国际航班和边境加以控制，态度十分强硬。

土耳其曾大力发展与伊拉克库区的合作关系，旨在牵制什叶派控制的伊拉克政府，并阻遏伊朗在伊拉克影响扩大。但土不能接受伊拉克库尔德人独立，因为这不可避免地会对土库尔德人产生示范影响。土还威胁必要时将采取军事手段。

伊朗与伊拉克政府关系密切，伊拉克库尔德人独立造成伊拉克分裂，什叶派势力削弱，美国影响在库区进一步扩大，并煽动其他国家库尔德人效仿，不符合伊朗利益。伊朗坚决反对这次公投。叙利亚出于同样的理由，也坚决反对。

美国扶植伊拉克库尔德人起初是要推翻萨达姆政权和肃清萨达姆的残余势力，随后是牵制伊拉克政府和遏制伊朗，最近又有打击“伊斯兰国”的需要。但美国无意支持库尔德人独立，公开分裂伊拉克，搅乱地区格局，引发地区国家的不满。

俄罗斯正联手伊朗支持叙利亚巴沙尔政权，与土耳其关系不断改善，努力扩大在阿拉伯世界的影响，不可能支持库尔德人独立而得罪地区一大片国家。

地区其他国家和国际社会，除以色列外，都不支持库尔德人独立。

伊拉克政府军10月16日以闪电式的强力进攻，一举收复库尔德人控制的基尔库克市。当天，土耳其政府宣布，即日起禁止进出伊拉克库尔德自治区的航班使用土领空。在各方的强大压力下，伊拉克库区主席巴尔扎尼冻结公投结果并宣布辞职。对伊拉克库尔德人而言，公投结果是适得其反。

（三）卡塔尔断交危机拖而不决，但不会酿成大乱。6月5日，沙特、阿联酋、巴林和埃及四国以卡塔尔“支持恐怖主义”和“破坏地区安全”为由，宣布与卡塔尔断交，并对其实施禁运封锁。6月23日，四国向卡塔尔提出解决危机的13点要求文件。卡塔尔认为13点要求有损卡国家主权，拒不接受。科威特、阿曼、土耳其、美国、法国、德国和俄罗斯均出面调解，虽曾出现过一些转圜迹象，但迄今双方仍僵持不下。

卡塔尔国小民寡，但十分富裕，总想在地区发挥影响，使沙特感到其在海合会的领导地位受到挑战；卡塔尔半岛电视台说三道四，引起一些阿拉伯国家的不满；它支持埃及穆兄会与埃及作对；它与伊朗共同拥有世界最大的天然气田，重视对伊朗关系，尤其令沙特恼火。这些都是四国与其断交的原因。

断交和制裁给卡塔尔制造了一些困难，但卡财大气粗，加上土耳其和伊朗的支持，这些困难不会让卡屈服。土耳其在卡设有军事基地。8月24日卡外交部宣布恢复与伊朗的外交关系。更为重要的是，卡同样是美国的重要盟国，美军在中东地区的最大军事基地——乌代德军事基地就设在该国。解除断交危机尚需时日，但不至于酿成大的动乱或军事冲突。

（四）巴勒斯坦两大派和解，巴以和谈仍难启动。10月12日，哈马斯与法塔赫在开罗签署和解协议。巴勒斯坦权力机构于12月1日承担起加沙地带的所有责任，权力机构派3000名警察部署加沙。一些关键且复杂的问题，如加沙地带的安全控制以及25000名哈马斯武装人员的安排，并未达成一致，有待今后协商。

以色列方面表示，如果巴联合政府不承认以色列，不解除哈马斯武装，以不会与其谈判。对此，哈马斯发言人指责以方的要求是对巴事务的干涉，是不可接受的。巴勒斯坦总统阿巴斯发言人指出，以色列的态度不会改变巴勒斯坦走向和解的努力，消除分裂是巴人民的希望和理想。

因卡塔尔等海湾国家援助减少、以色列封锁加剧，加沙地区经济十分困难。在埃及的斡旋下，哈马斯同意与法塔赫和解。但要哈马斯放弃武装、改变政治立场、接受阿巴斯的要求、承认只能有“一个政府、一个权力机构、一套法规和一个政治纲领”恐非易事。

特朗普更加偏袒以色列，借重以色列遏制伊朗，迄今未采取行动推动巴以复谈，对以色列扩建定居点放任纵容。以色列更是有恃无恐，提高要价，毫不妥协。阿拉伯世界群龙无首，对巴支持力度明显减弱。重启巴以和谈困难重重。

12月6日，特朗普宣布承认耶路撒冷是以色列的首都并开启将美驻以使馆迁往耶城进程，引发阿拉伯国家的愤慨和谴责，民众游行示威强烈抗议，巴勒斯坦总统阿巴斯宣称，不再接受美国在巴以和平进程中扮演任何角色。12月18日联合国安理会审议埃及提出的要求美国收回承认耶路撒冷为以色列首都决定的提案。投票结果是14票赞成，美国一家反对。美国否决了该提案，再次将自己置身于国际社会的对立面。美此举不利于巴以和平进程，不利于地区和平与稳定，只会助推地区民众的仇美和仇以情绪，美不仅在中东地区失分，在国际上也成为众矢之的。

（五）也门局势生变，战乱仍难平息。12月4日，也门前总统萨利赫被胡塞武装击毙。萨利赫原本与胡塞武装联合反对哈迪政府，此前萨利赫与胡塞决裂，要投靠沙特，结果被胡塞武装击毙。萨利赫势力群龙无首，或归顺胡塞武装，或投奔哈迪政府。这一变化对也门战乱影响有限。沙特领导的多国部队迄今未能击溃胡塞武装，也门战乱仍难平息。

五、中东国家转型

中东国家普遍面临发展经济、改善民生、保持稳定的根本性任务。许多专家学者认为中东国家处于转型期。所谓“转型”，笔者认为，就是要寻找一条适合本国国情的发展道路，保持稳定、主动变革、发展经济、改善民生、增强国力。为此，中东国家赞赏中国的高速发展，注意借鉴中国的治国理政经验，积极将自身发展与“一带一路”建设连接，“向东看”倾向加强。

从全球战略出发，中国应加大对中东地区的投入，加强与中东国家在治国理政方面的交流，共同在中东地区推动“一带一路”建设，践行合作共赢理念，共建人类命运共同体。

复杂多变的中东地区局势

中国国际问题研究基金会中东研究中心主任　刘宝莱

2017年，中东地区局势继续朝着稳、治方向发展，未发生波及地区的大乱，但不稳定、不可测因素不断增加，经常出现混乱局面，令人眼花缭乱。

一、稳治明显，深得民心

一年来，中东地区多数国家政府积极致力于稳定政局、发展经济、改善民生，取得了较好成果。据报道，地区经济有所恢复，GDP平均增长约4%，人民生活水平也有了不同程度的提高。

（一）土耳其政局相对稳定

土耳其对内加大维稳力度，深度推行全面整改，成功实现了修宪。2016年，GDP为8577亿美元，同比增长2.9%，人均GDP为10788美元。对外，土调整政策，同美欧适度拉开距离，加强同俄罗斯合作，改善与伊朗、伊拉克和以色列关系；支持并参与叙利亚危机的政治解决，同俄、伊（朗）一道，达成在叙建立4个“冲突降级区”协议，并协助落实。埃尔多安总统在国际场合经常亮相，强调反恐，坚决打击“伊斯兰国”极端组织（IS），决不手软。土国际孤立处境有所改善，政权得到了进一步巩固。目前，土耳其国内因2016年未遂政变带来的负面影响正逐步弱化。

（二）沙特国王易储君

6月21日，沙特国王兼首相萨勒曼“废旧立新”，宣布免去侄儿穆罕默德·本·纳伊夫的王储、副首相和内政大臣职位，任命其子穆罕默德·本·萨勒曼为新王储和副首相，并继任国防大臣。这是2017年中东发生的一个重大政治事件，其影响深远，标志着人们关注的地区“老人政治”正在转型。对沙特而言，萨勒曼国王迈出了终结“兄终弟及”继承制的关键一步，开始了权力交接“垂直化”的新时代。对此变革，沙特国内外反应正常。究其因，主要有：

其一，萨勒曼国王老谋深算，精心策划。自登基以来，国王对其子大力培植，委以重任，并经常代表他出头露面，扩大影响，树立威望，为其接班做铺垫。

其二，沙特密切同美国关系，得到美认可和支持。国王父子曾相继访美，允诺同美全面发展盟友关系，甚至购美价值1100亿美元的军火等。

其三，小萨勒曼人气较旺。当地多数年轻人认为，小萨勒曼年富力强，开放灵活，敢作敢为，对他寄予厚望，期待变革，以改变社会的“僵化”局面。“他的崛起是沙特年轻人希望的象征。这个国家一半的人口在25岁以下。”[①] 欧美国家亦普遍看好小萨勒曼。10月24日，在利雅得举办的一个国际投资者参加的经济论坛上，小萨拉曼说：“我们想要过一种正常的生活，一种我们的宗教转化宽容和仁慈传统的生活。”他说：“70%的沙特人口不到30岁。说实话，我们不会把未来30年的时间用来跟毁灭性的观念打交道。我们将在今天立即消灭这些观念。”[②] 上述讲话被媒体解读为他要让国家回归“温和”，并与极端保守势力划清界限。这在国际上引起了积极反响。

---

① 法新社利雅得2017年6月21日电。

② 法新社利雅得2017年10月24日电。

其四，地区局势动荡，各国自顾倾向日增，尤其对沙特多有顾忌，不愿置评，以防带来干涉别国内政的麻烦。

10月5日，沙特国王萨勒曼访问俄罗斯，同普京总统举行会谈。这“标志着两国关系解冻”，反映出俄“在中东影响力扩大”。[①] 普京称赞此访是“标志性事件”，将“极大地促进”双边关系发展。分析人士认为，这表明沙特感到美国并不太可靠，欲在美俄之间寻求适当平衡。

（三）埃及加快转型

埃及重视吸引外资。该国2017年6月颁布新《投资法》，确定了平等、透明、可持续发展等招商引资原则，拟在土地出让模式、所得税减免、投资保障、当地雇员数量等方面提供优惠政策。

与此同时，埃及政府关注民生，大力推进住房保障工程、提高养老金标准、确保基本生活物资供应。为了减少财政开支，政府先后宣布削减对面粉、燃油等物资的政府补贴。对旅游业，埃及政府改善和扩建许多旅游景点和设施，增加了对外国游客的吸引力。一年来，埃及治安基本正常，但也发生了三起恶性恐袭事件。4月9日，埃及北部城市坦塔和亚历山大分别发生针对教堂的爆炸袭击，造成“至少43人死亡，100余人受伤”。[②]“伊斯兰国”（IS）通过阿马克通信社宣称对此事件负责。9月11日，IS袭击了西奈的治安巡逻车队，造成18名警察死亡。11月24日，位于北西奈省首府阿里什以西约40公里处的一座清真寺发生恐袭。25日，埃及总检察长发表声明说，恐袭已造成至少305人死亡，128人受伤，制造袭击的恐怖分子持有极端组织“伊斯兰国”旗帜。[③]

对外方面，埃及在阿拉伯、非洲和国际事务中发挥重要作用，增加话语权，逐步恢复其在地区的地位和影响力。它高举反恐旗帜；支持

---

① 美联社莫斯科2017年10月6日电。

② 新华社开罗2017年4月9日电。

③ 新华社开罗2017年11月25日电。

叙利亚危机政治解决，加入叙“冲突降级区”担保国行列；促成巴勒斯坦两大主要力量法塔赫和哈马斯达成和解协议。在非洲事务中，埃及塞西总统先后出席了非盟和尼罗河流域国家的两次峰会。2016年至2017年，埃及任联合国安理会非常任理事国。埃及前外长盖特任阿盟秘书长。2017年4月，塞西访美，同特朗普举行会谈，实现了双边关系正常化。埃、俄还达成了关于两国战机可以使用对方空军基地的协议。

（四）突尼斯稳中求进

突尼斯政局相对平稳，未再发生重大暴恐事件，旅游业有了较大发展，农业也有起色，粮食不仅自给自足，而且有盈余出口。据报道，全国78%的城市居民拥有自己的住房，74%的人享受医疗保险，其中8%的人持有免费医疗证；99.9%的家庭有固定电话，80%的人有移动电话；90%的家庭有饮用水和供电。但广大农村，特别是山区居民生活依旧十分困难，是产生极端势力的温床。突政府在2016—2020年五年发展规划中重点突出港口、铁路、高速公路等大型基础设施项目建设，以便提振经济、吸引外资、创造就业、改善民生，实现国家可持续发展。

为了确保国家安宁，突加强同周边马格里布国家的关系，团结合作，共同反恐，同时与欧美大国交好。2月，埃塞卜西总统访问意大利；7月，沙海德总理访问了美国。

二、热点难决，多有起伏

地区仍处多事之秋，形势变幻莫测，旧的热点尚未化解，新的热点又浮出水面。

（一）巴以冲突升级

7月14日，3名以色列警察在阿克萨清真寺所在的耶路撒冷老城圣殿山外区域遭枪击，其中2人身亡。事发后，以色列封锁了阿克萨清真寺，禁止穆斯林前往礼拜。16日，以警方开始逐渐开放阿克萨清真寺，但在通往圣地的入口处加装金属探测门和摄像头，招致穆斯林的强烈不满，并引发冲突，且持续升级。21日，巴勒斯坦人在多处举行名为“愤怒周五”的抗议活动，并与以色列军警爆发冲突，造成至少3名巴人死亡，另有约450人受伤。这是巴以持续一周冲突中伤亡人数最多的一天。[①] 当晚，巴勒斯坦国总统阿巴斯宣布，巴方立即停止与以色列在各个级别的联系，直至以方停止对阿克萨清真寺采取的措施。

巴以冲突引起国际社会的广泛关注。联合国秘书长古特雷斯谴责西岸发生的袭击事件。阿拉伯国家联盟秘书长盖特指责以色列的安保措施是在“玩火”。7月24日，安理会举行紧急会议，呼吁巴以双方保持克制，尽快使紧张局势平静下来。同日，美国总统特朗普派国际谈判特别代表贾森·格林布拉特穿梭巴以斡旋。在多方压力下，7月25日以方做出让步，拆除了金属探测门和摄像头，使局势有所缓解，但根本问题没有解决。12月6日，特朗普总统宣布承认耶路撒冷为以色列首都，使巴以关系再度紧张。7日，数以千计的巴勒斯坦人走上街头，举行抗议示威。9日，据以色列军方发布的消息，约有4500名巴勒斯坦人在加沙地带边境地区暴力示威。[②] 此外，哈马斯还向以色列境内发射了火箭弹。巴以双方在东耶路撒冷、希伯伦和伯利恒等城市发生了冲突。12月9日，阿盟外长举行会议，坚决反对特朗普有关承认耶路撒冷为以色列首都的表态，并一致认为，美此举是“无效的”，是对国际法和联合国安理会相关决议的“危险侵犯”，强烈要求美方“撤回这一决定”。[③]

巴勒斯坦问题至今难决，原因很多，其中主要有：

1．巴问题正在被边缘化。自2011年中东地区变革转型以来，局势持续动荡，各国自顾不暇，忙于内政；国际社会对巴问题谈论减少，

---

① “阿巴斯宣布巴立即停止与以联系”，《北京日报》，2017年7月23日。

② 德国新闻电视频道网站，2017年12月9日。

③ 埃菲社开罗2017年12月9日电。

更无实际行动。

2．以色列强势霸道，为所欲为。以色列不急于同巴方恢复和谈，更谈不上允巴建国。以方认为，特朗普的举措对以有利，地区动乱正中以色列下怀。这可转移人们对巴问题的视线，保存以色列实力，促进国内经济发展，以色列还可联合沙特反对伊朗。以色列的做法是，高调反伊（朗），预作防范，不主动出击。

3．巴内部矛盾时紧时松，影响一致对外。目前，巴内部法塔赫和哈马斯已达成和解协议，巴政府开始接管加沙。但在安全方面，双方能否达成一致，尚待观察。

4．美国特朗普政府对巴问题采取模糊政策，不再坚持“两国方案”。特朗普曾邀请以巴领导人先后访美，并在5月中东之行中走访以巴。他公开表示支持巴以和平，但又宣布承认耶路撒冷为以色列首都，致使巴问题变得更为复杂。

目前看来，巴勒斯坦问题仍将拖延下去。在可见的未来，难见曙光。

（二）叙利亚问题解决“路漫漫”

2017年，在联合国安理会积极推动下，围绕叙利亚问题的有关各方保持了和谈势头。9月15日，作为叙利亚停火机制担保国的俄罗斯、土耳其和伊朗在阿斯塔纳举行第六次会议，最终确定在叙霍姆斯市以北、大马士革市郊的东古塔区、叙利亚—约旦边境的德拉省、伊德利卜省建立4个冲突降级区。同时，三国军队将监督伊德利卜省的停火机制，其他地区由俄军警负责。俄总统叙问题特使、俄方代表团团长亚历山大·拉夫连季耶夫认为，冲突降级区的最终建立为叙全面停火、恢复和平稳定开辟了道路。[①]

叙冲突各方（IS和“征服阵线”除外）基本维持了停火状态。目前，

① 俄新社莫斯科2017年9月15日电。

叙政权得到巩固，政府军力量增强，赢得了阿勒颇战役，打恐取得了决定性胜利，已收复大部分国土，库尔德武装为主的叙“民主军”拿下了拉卡。11月19日，叙政府军收复阿布卡迈勒市。至此，“伊斯兰国”作为建政实体已经消亡。

11月22日，俄、土、伊（朗）三国总统在俄南部城市索契举行会谈。三方就叙利亚问题的最新进展、出路等一系列问题交换意见，并签署联合声明强调，盘踞在叙利亚的极端组织“伊斯兰国”“征服阵线”等已经基本被消灭，未来俄、土、伊三国将继续致力于完全铲除叙境内极端组织。同时，声明指出，实现叙利亚问题政治解决需要在建立包容、自由、平等、透明、叙人主导的政治进程，以及举行自由、公正选举的条件下进行，俄、土、伊三国将对此予以协助。[①]

12月6日，普京宣布，叙全境已从IS手中解放。12月11日，普京突访叙，并宣布“将部分撤出驻该国的俄罗斯部队”。[②] 目前，叙冲突各方仍纠缠在巴沙尔去留问题上，美俄对叙问题的解决也未达成一致，因此叙政治解决进程仍将是漫长的。

（三）利比亚乱且无序

利比亚局势混乱，武装冲突不断，陷入东部和西部两大政治势力对峙、国家统一与政治和解停滞的僵局。西部由总理萨拉杰领导的民族团结政府地位虚弱，难有作为。2017年3月，利国民代表大会已宣布该政府为非法。而东部以利退役将领哈夫塔尔为首的武装势力较大，能够维持一方治安，具有一定群众基础。7月25日，在法国总统马克龙的撮合下，萨拉杰同哈夫塔尔在巴黎附近举行会晤，双方同意共同致力于让国家摆脱混乱，呼吁实现停火和尽快举行大选。但要落实，尚需时日。

---

① “俄土伊签署叙利亚问题联合声明”，《北京日报》，2017年11月24日。

② 美联社莫斯科2017年12月11日电。

（四）也门战乱不已

也门内战持续，硝烟弥漫，山河破碎。哈迪政府和胡塞武装各据一方，严重对峙。战场上形成胶着状态，沙特联军已无回天之力，打不赢，输不起，进退两难，处境尴尬。胡塞武装也精疲力尽，不可能打出一统天下。据报道，8月27日，萨那爆发史无前例的大规模冲突，胡塞武装与也门前总统萨利赫部队发生内讧，双方兵戎相见，互有伤亡。[①] 12月4日，胡塞武装击毙萨利赫，并强占萨部队的地盘，致使也门局势变得更为复杂。

三、美、俄博弈加剧

随着战场形势的变化，美、俄加紧争夺在叙问题上的主导权。俄战略明确，牢牢掌握在叙战、和谈方面的主导权，坚持军事先行，高举反恐大旗，力推政治解决进程。11月，叙总统巴沙尔访俄，同普京会谈，商讨下一步叙政治解决问题。尔后，普京迅即分别同美、沙、埃、以领导人通电话，通报有关情况，以显示俄的重要作用。美不甘寂寞，对叙动武，发射“战斧”，击落叙战机，增兵叙北部地区，建立多处军事基地，大力支援库尔德武装，以提高同俄讨价还价筹码。双方既有争夺，也有合作。争夺是长期的，而合作是暂时的。据报道，7月7日，在德国汉堡举行的G20峰会期间，普京同特朗普进行了长时间的会晤，其中谈及叙问题。当日，双方达成在叙西南部地区的停火协议。同时，双方同意共同反恐，继续维持叙停火和推进其和平进程。美方不再坚持立即推翻巴沙尔政权；俄愿同美继续保持沟通。7月19日，《华盛顿邮报》报道，特朗普已决定停止一项美中央情报局在叙实施了4年的秘密项目——向叙温和反对派提供武器和训练，旨在协助其推翻

---

① 法新社萨那2017年8月27日电。

叙政府。同月27日，美国防部发言人瑞安·狄龙在记者会上说，美国将不再继续支持叙反对派武装卡尔特延烈士武装组织。11月11日，普京和特朗普在越南岘港亚太经合组织领导人会议期间进行了简短的交流，批准了两国关于叙利亚问题的联合声明，重申要根据联合国安理会2254号决议的精神，维护“叙利亚的主权、独立、统一、领土完整和世俗体制”。两国总统一致认为，叙冲突没有军事解决方案，应当遵照安理会决议，在日内瓦进程框架内寻求政治解决方案。[①]

伊朗、土耳其、沙特、卡塔尔等地区国家也插手叙内政。伊朗力挺叙政府，坚定不移，正努力将伊拉克、叙利亚、黎巴嫩、伊朗4国交通连接起来。原支持叙反对派武装而形成的土、沙、卡（塔尔）联盟因断交风波而破裂，但土耳其仍支持叙自由军，并与叙政府开始接触，以共同反对库尔德人自治；沙特继续支持包括极端组织叙利亚“征服阵线”在内的叙反对派武装，但也力促叙反对派改变推翻巴沙尔政权的立场。

一年来，美国在中东做了几件“大事”，除打恐取得一定成效外，余者皆为败笔，致使地区形势变得更为复杂。

第一，搅乱巴勒斯坦问题。特朗普上台伊始，便对巴问题的解决不再提历届美国总统坚持的“两国”方案。12月6日，他宣布承认耶路撒冷为以色列首都，引起轩然大波，甚至连沙特盟友都提出了警告。12月21日，联大投票，以128票赞成，9票反对，宣布对美国承认耶路撒冷为以色列首都无效。美曾以停止援助相威胁，欲左右有关国家投票，结果未见成效。这表明，正义不会缺席；正义战胜了金钱。土耳其总统埃尔多安说：“特朗普先生，你的美元无法买到土耳其的民主意志。”美国此举遭“千夫所指”，有损其国际影响力和在中东的主导地位。

第二，力挺沙特，遏制伊朗。美国新政府公开指责伊朗支持国际恐怖主义。特朗普上任后，打破常规，首访沙特，强化盟友关系。他允诺武装沙特，支持其组建“中东版北约”应对伊朗。双方签署价值

① “普京特朗普简短交谈签声明”，《参考消息》，2017年11月12日。

1100亿美元的军贸协议。特朗普还出席了约50位阿拉伯和伊斯兰国家领导人参加的峰会，强调大家团结一致，共同对付伊朗。

第三，挑起卡塔尔断交风波。

第四，利用库尔德，惹出大麻烦。美国利用库尔德人打击恐怖分子，使库尔德武装坐大，形成气候，要求独立。对此，土耳其、伊朗、伊拉克、叙利亚予以强烈反对，他们联合起来要求库尔德人罢手。土要美停止对库军援。库尔德问题使地区局势变得更为复杂。特朗普不得已只能答应停止对库军援，并反对库独立。

四、卡塔尔断交风波持续发酵

6月5日，沙特、阿联酋、巴林和埃及4国，以卡塔尔“支持恐怖主义，危害地区安全”为由，宣布同卡塔尔断交，并予以全面封锁和制裁。对此，卡塔尔政府表示“难以理解”。23日，4国通过科威特向卡塔尔方提交了13项复交条件，其中包括：要求卡塔尔切断与伊朗外交关系，不再允许土耳其在卡塔尔驻军和与其联合军演，关闭半岛电视台，切断与“伊斯兰国”、基地组织、穆兄会、黎巴嫩真主党的关系，不向被沙特、阿联酋、埃及、巴林、美国、加拿大等国打上“恐怖主义”标签的组织或个人提供财源，等等。限期10日答复。7月3日到期之时，4国发表联合声明，表示将卡塔尔答复最后期限再延长48小时。4日，卡塔尔政府正式答复对方，断然拒绝，强调主权不容谈判。5日，4国外长发表联合声明称，卡的回复“令人失望”，将继续抵制，但未追加制裁。18日，在美国纽约的一场新闻发布会上，4国外交官联合宣布，不再坚持13项条件，而是提出6条原则，要求卡塔尔接受，以解决断交危机。这6条原则包括打击恐怖主义和极端主义、不向恐怖组织提供资金和庇护地、停止煽动仇恨和暴力、不干涉他国内政等。[①] 显然，

① 吴宝澍：“卡塔尔断交改提6条原则”，《北京日报》，2017年7月21日。

4国已降低条件，作出了让步。21日晚，卡塔尔埃米尔塔米姆也发表全国电视讲话，表达了希望通过对话解决分歧的愿望。至此，这场风波开始降温。

8月，沙特对卡塔尔朝觐者开放了边境。9月8日，卡塔尔埃米尔塔米姆与沙特王储小萨勒曼罕见地通电话，双方讨论了解决断交危机的问题。然而，次日，沙特外交部突然宣布，鉴于卡塔尔政府歪曲事实，沙特决定暂停与其一切对话和联络，直到其发布明确声明，公开澄清其立场。① 沙方突然翻脸，据说是因卡塔尔通信社的相关报道“歪曲事实”。按沙特的说法，两国领导人通电话是“应卡方要求”，而卡塔尔通信社的说法是，特朗普总统先前与塔米姆通电话，从中斡旋，从而促成了后者与沙特王储通电话。上述戏剧性一幕，表明双方尚未达成共识。10月22日，美国国务卿蒂勒森穿梭于沙特和卡塔尔，呼吁尽快解决卡断交危机，以免让伊朗“渔翁得利”。② 当月30日，卡塔尔埃米尔警告断交国勿诉诸武力。他透露，特朗普已建议卡塔尔和断交4国在美国举行会议，以化解危机。③ 12月5日，海合会年度峰会在科威特召开，仅有东道国和卡塔尔两位国家元首与会，峰会草草收场。④

断交风波发生后，科威特、阿曼、土耳其、美国、德国、法国和俄罗斯等国相继居中调解，但收效甚微。双方实现对话，还有一段路要走。主要因为：

其一，双方尚未找到“突破口”。沙特等4国已有缓解之意，但仍居高临下，尤其是沙特以老大自居，欲逼卡塔尔就范。然而，卡塔尔坚持“小国大外交”，一味硬顶，以促对方做出更大让步，争取双方无条件对话。8月24日，卡塔尔外交部说，该国政府将恢复与伊朗的外交关系，将大使重新派往德黑兰，以表达“在所有领域加强与伊朗伊斯

---

① 杨舒怡：“沙特暂停与卡塔尔一切对话”，《北京日报》，2017年9月10日。

② 王宏彬：“蒂勒森中东之行拉一派打一派”，《解放日报》，2017年10月24日。

③ 美联社迪拜2017年10月29日电。

④ 路透社迪拜2017年12月5日电。

兰共和国双边关系的强烈愿望”。[①] 这本身就是对沙特的挑战。

其二，美国还未“做完功课”。特朗普的重大失误在于，他未能充分认识到，在盟国之间放火容易救火难，“一碗水端平”则更难。眼下，美国人有三怕：一怕将卡塔尔“逼上梁山”，倒向伊朗阵营；二怕沙不听美劝，我行我素，甚至让美失去“金主”；三怕土耳其发难，继续向卡塔尔增兵，引起连锁反应。鉴于此，美国表面上出面调解，实际上扮演和事佬，互不得罪，坐山观虎斗，从中渔利，实现利益最大化。9月7日，特朗普夸口给卡塔尔、沙特“劝架”，但迄今未见实际行动。

其三，卡塔尔并不孤立。卡塔尔背后有美国，它先用军事基地和120亿美元的军火大单拉住美国。双方既搞联合军演，又签署反对为恐怖主义提供资金的协议。继卡塔尔同意大利签署价值50亿美元的军贸协议后，最近又购英国24架“台风”战机。自该风波开始，卡塔尔就得到土耳其和伊朗两大国的大力支持，并开辟空中走廊，将大批日用品源源不断地运来。另外，中东地区多数国家未选边站，这本身就是对卡塔尔的支持。

其四，卡塔尔经济实力雄厚。卡塔尔国小人少，拥有大量石油美元，人均GDP约6.5万美元。根据卡塔尔商会资料，卡塔尔主权财富基金已达3350亿美元，外汇储备436亿美元。[②] 卡塔尔天然气储量大，出口量占国际市场需求的1/3，对外运输渠道畅通，沙特等4国难以阻挡，只能无可奈何。

五、“伊斯兰国”（IS）行将覆灭

在伊拉克和叙利亚两个战场上，IS节节败退，溃不成军，元气大伤，成建制的主力基本被歼。7月8日，伊拉克政府军收复IS大本营摩

---

① “卡塔尔伊朗复交搅动中东局势”，《参考消息》，2017年8月26日。

② 杨元勇：“卡塔尔断交危机背后的经济账”，《参考消息》，2017年7月26日。

苏尔，消灭了其建立的“哈里发国”。该极端组织在叙的首都拉卡也于10月17日被叙利亚“民主军”拿下。鉴于此，IS已再无攻城略地之力，短期内难以东山再起。然而，这并不意味着IS已被全部铲除。理由是：

第一，IS的残余势力犹存。他们的骨干或潜逃其他地区，或转入地下。一旦风头已过，有点风吹草动，他们便会出来兴风作浪，制造事端。

第二，IS在利比亚、也门、埃及、阿富汗等周边国家的基地仍会大打出手，进行疯狂报复，甚至流窜到欧美、东南亚等地制造恐袭，扰乱社会治安。

第三，地区动乱、宗教矛盾、经济发展滞后、失业、民生凋敝、社会分配不公、贪污腐败、种族歧视等均为IS提供生存空间和滋生温床。

鉴于此，铲除该极端组织绝非轻而易举，尚需国际社会团结一致，共同努力，使之成为过街老鼠，人人喊打，将其扫进历史的垃圾堆。

六、库尔德独立公投，加剧地区紧张局势

9月15日，伊拉克库尔德斯坦自治区议会通过了9月25日举行独立公投的建议。此事立即引起轩然大波。16日，土耳其总理耶尔德勒姆表示，公投涉及土耳其的国家安全。他警告，土耳其可能采取一切必要措施来作出回应。17日，伊朗最高国家安全委员会秘书阿里·沙姆哈尼对媒体说：“边界协议只与伊拉克中央政府有效，库尔德斯坦从伊拉克中央政府分离出去，意味着所有边境口岸将被封锁。”18日，伊拉克最高法院下令暂停库尔德斯坦自治区独立公投。伊总理阿巴迪正式要求库尔德斯坦自治区中止被视为违宪行为的独立公投。21日，联合国安理会发表声明，敦促库尔德人取消公投，强调公投可能会妨碍难民重返家园的努力，并削弱打击“伊斯兰国”组织的军事行动。此外，美、英等西方国家也呼吁库尔德斯坦自治区放弃公投。

尽管如此，公投仍按时在库尔德斯坦自治区进行。9月27日公布的

公投最终结果显示，近93%的人支持独立，7.3%的人反对。有超过330万人（占合法选民的72%）参加了投票。[①] 当日，阿巴迪总理要求库尔德斯坦自治区政府取消公投结果。他说：“我们不会就独立公投的结果进行对话。如果他们希望启动对话，就必须取消独立公投及其结果。”[②] 同时，伊议会要求阿巴迪派兵控制库尔德人占领的基尔库克油田。伊政府通知外国关闭驻库尔德斯坦自治区首府埃尔比勒的外事机构，并要求有关国际航空公司于29日停飞库尔德斯坦自治区的两个国际机场。此外，土耳其分别同两伊在靠近库尔德斯坦自治区的边境地区举行联合军演，以向库尔德斯坦自治区施压。

10月4日，土耳其埃尔多安总统访问伊朗，同鲁哈尼总统举行会谈。双方决定采取联合行动，共同反对库尔德斯坦自治区独立公投。5日，他公开表示，土正考虑同两伊一道，切断库尔德斯坦自治区同外界的一切联系。16日，伊政府军“闪电”夺取基尔库克，库尔德武装几未抵抗，迅速撤退。[③] 27日，伊政府与库尔德斯坦自治区同意临时停火。同日，美国务卿蒂勒森打电话给阿巴迪总理，敦促双方展开对话。[④] 库尔德斯坦自治区领导人马苏德因独立无望于11月1日卸任。与此同时，伊军方与库尔德武装开始磋商解决危机。目前看来，库尔德斯坦自治区公投虽遭压制，却带动了库尔德问题整体升温，成为地区潜在乱源。

七、美伊关系紧张，伊核协议面临严峻挑战

特朗普执政后，对伊朗立场明显强硬。5月，特朗普中东之行访问沙特和以色列时，公开指责伊朗“支持恐怖主义”，号召中东国家“孤立伊朗”。7月下旬，美国参众两院通过制裁俄、伊、朝法案。8月2

---

① 路透社伊拉克埃尔比勒/巴格达2017年9月27日电。

② “伊总理要求取消库尔德公投结果”，《参考消息》，2017年9月28日。

③ “伊政府军‘闪电’夺取基尔库克”，《参考消息》，2017年10月17日。

④ 路透社巴格达2017年10月27日电。

日，特朗普予以签署。就伊朗而言，该法案主要对掌握伊朗国家主要经济命脉的伊朗革命卫队实施全面制裁。这必将严重影响伊朗国内经济发展。当日，伊朗副外长阿巴斯·阿拉格希在接受国家电视台采访时说："我们认为，美国的行为已经违反了核协议。我们将对此做出适当且与之相称的反应。"8月5日，伊朗总统鲁哈尼在第二任期就职仪式上警告特朗普说："那些希望撕毁核协议的人应该知道，他们将要撕毁的是自己的政治生命。"与此同时，海湾上空战云密布，美伊军舰严重对峙，双方擦枪走火的危险性上升。对伊核协议，8月20日，鲁哈尼表示，新政府的外交政策首要之务是保护核协议不被撕毁……核协议仍是解决问题的优先方向，有助于伊朗恢复处于困境的经济，创造就业机会。[①] 9月20日，特朗普在联大演讲中"几乎毫不掩饰地表明该国将退出伊朗核协议。他说，伊朗核协议是美国史上最糟糕且最片面的协议之一，给美国带来"难堪"。鲁哈尼反击称："协议属于国际社会，而不属于一两个国家……如果'无赖'特朗普要废除核协议，伊朗会拒绝重新谈判，并将坚决地做出回应。"[②] 10月13日，特朗普发表讲话，不仅拒绝认定伊方履行伊核协议承诺，而且还宣布将制裁伊朗伊斯兰革命卫队。当日，鲁哈尼总统表示，伊核问题全面协议是一份国际协议，美国无权单方面将其取消。法、英、德三国领导人也发表联合声明，对特朗普的决定表示担忧，声明坚定支持伊核议以及各方完全落实这一协议。[③] 俄罗斯外交部发表声明，对特朗普的决定表示遗憾。

目前伊核协议正面临严峻考验和挑战。美伊都深知对方底线，双方均留有余地。美国尚不致贸然行事。12月12日，美国国会及白宫助手称，国会将坐等对伊朗重新施加制裁的最后期限在本周失效，这使得世界大国与德黑兰之间的核协议暂时不受影响。[④]

① "鲁哈尼称维护核协议是伊外交首务"，《参考消息》，2017年8月21日。

② "伊朗核协议走到悬崖边"，《参考消息》，2017年9月22日。

③ "特朗普拒绝认定伊方履行伊核协议"，《北京日报》，2017年10月15日。

④ 路透社华盛顿2017年12月12日电。

中亚地区安全新态势及前景分析

新疆大学中亚地缘政治中心主任 韩 隽

近年来，中亚地区保持了平稳发展态势，有效应对经济危机的同时，确保国内社会政治稳定和安全局势总体可控。但远景分析，中亚目前的平静下依旧潜藏着较大的风险与危机，这需要引起地区有关国家高度重视。在此背景下，一个新的对中亚地区安全走势可能构成深远影响的因素正在逐步形成——丝绸之路经济带建设与中亚国家各自发展战略的成功对接，由此获得的早期收益对维护本地区国家社会政治稳定、抵御外部风险发挥的正效应正在逐步显现。当前在对接战略框架下多边、双边合作的展开，经济收益外溢对地区安全演变的积极意义或许昭示着这个区域实现长期安全稳定新机会的到来。中亚国家需要抓住当前的历史机遇期，加快国内政治经济转型步伐，积极推进社会建设，通过不断加强自身能力建设和推动区域合作共同应对将来的挑战。

一、当前中亚地区安全现状

在南亚、西亚地区安全局势不断恶化和复杂化的背景下，独立仅仅26年的中亚国家保持了相当长时间的稳定状态，并成功地顶住了金融危机、阿拉伯之春、卢布危机等国际黑天鹅事件的冲击，成绩可圈可点。“后撤军时代”，中亚地区总体保持较高的稳定度。从中短期看，中亚地区安全局势将继续保持平稳，虽然不排除小范围或小规模抗议或恐袭事件的爆发，但总体可控。主要体现为：

（一）各国政权掌控能力不断增强，权力交接更加平稳有序

自2010年吉尔吉斯斯坦南部骚乱后，中亚各国纷纷将强化政权安全、加强执政能力建设置于首位。尤其是在经历卢布危机的冲击后，中亚国家在普遍采取措施应对经济危机的同时，不断推进政府管理体制改革，巩固执政基础。目前，哈、土、塔三国现任总统政权掌控能力不断增强：哈萨克斯坦于2016年进行大规模政府改组，并开启了旨在调整政治权力结构的修宪进程，根据新修正案，部分属于总统的权力将被转移至议会、政府，打造更加平衡的最高权力架构有利于未来制度化权力交接的实现；2017年初土库曼斯坦总统库尔班古力·别尔德穆哈梅多夫再次高票（97.69%）蝉联；在塔吉克斯坦，2013年连任的总统拉赫蒙通过完成修宪公投成为中亚第三位“终身总统”，其对最大反对派伊斯兰复兴党的强势打压，令后者在该国已经完全没有合法生存空间，目前塔吉克斯坦已没有公开活动的反对派。这与其他中亚国家情况极为相似——政治反对派或销声匿迹，或沦为沉默的边缘。

乌兹别克斯坦因其独特的地理位置、国家体量和悠久的文化一直是中亚的重要国家。在2016年之前，相当数量的评估报告将乌兹别克斯坦随时可能发生的权力交接视作一个可能引发这个国家内乱或动荡的变量，并由此在地区内产生连锁反应。谜底在2016年底揭晓——在卡里莫夫总统猝然离世后，乌兹别克斯坦通过一场平静的选举顺利完成权力交接。新总统米尔济约耶夫得到了政治精英和民众的认可，并赢得了大国和域内外强国的支持。米尔济约耶夫对内政外交的一系列大刀阔斧的改革令外界瞩目，并为国家和地区注入新活力。乌兹别克斯坦权力交接进程出乎意料地顺利令外界对中亚国家政治精英的政局掌控能力、治理能力和政治智慧有了新的认识，并因此提高了对哈萨克斯坦未来权力交接的乐观预期。

2017年11月吉尔吉斯斯坦总统选举如期举行，这是继2016年政府改组和提前完成修宪后的重大政治事件，尽管投票率差强人意，但是

选举本身的顺利完成、大选后吉尔吉斯斯坦社会政治生活的稳定平和，还是彰显了吉尔吉斯斯坦国家政治发展正在步入一个新阶段——“颜色革命”正在远离这个国家，民众正在以一种更加理性和客观的立场看待国家社会政治生活的变化，政党在国家主流政治生活中的作用正在日益凸显。

近年来，为了强化政权安全，各国都比较重视制度建设和社会建设，一个突出的现象是，即便是经济非常困难的情况下，各国政府仍高度重视基本社会福利安全网的“兜底”功能。2017年3月14日，哈萨克斯坦劳动和社会保障部部长迪伊索诺娃表示：从7月1日起，哈萨克斯坦共有200万人的养老金增加20%。[①] 11月，乌总统米尔济约耶夫签署《提高工资、退休金、奖学金和津贴发放标准》总统令，自2017年12月1日起，由财政预算支出的工资、退休金、奖学金和津贴发放标准平均上涨15%，以满足民众不断提升的生活水平对收入增长的需求。[②] 此类举措，确保中亚各国都没有发生类似西亚北非国家因为生活必需品价格飞涨而导致的大规模抗议运动。

总体分析，经过26年的国家建设，中亚国家已经初步找到了适合本国国情的政治发展道路，政权掌控能力和政府治理水平在不断提升，虽然存在诸多不成熟、不均衡，但中亚五国政治发展正在进入新阶段。

（二）维护非传统安全能力不断提升，安全形势总体可控

20世纪80年代末，一些源自外部世界的宗教极端主义思潮开始在中亚社会内部流传。苏联解体后，特殊的社会经济政治环境、外部势力的推波助澜和各国政府功利主义的态度导致宗教极端主义思潮在该区域内快速蔓延——20世纪末，中亚地区的暴恐活动进入高发期，这

---

① “Kazakhstan to Raise Pensions by 20%,” March 14, 2017, http://www.inform.kz/en/kazakhstan-to-raise-pensions-by-20_a3007771.

② “乌将上调工资、退休金、奖学金和津贴发放标准”，中国驻乌兹别克经商参处网站，2017年11月23日，http://uz.mofcom.gov.cn/article/jmxw/201711/20171102675308.shtml。

引起了中亚五国政府的高度警觉，逐步意识到极端主义思潮的传播已成为本国政府面临的最大安全威胁，随即纷纷采取立法、司法、行政约束、学校教育、宗教教育等多途径进行综合治理和严厉打击。近年来，随着国际反恐局势的变化，中亚国家政府面临的新安全挑战来自西亚北非战场上暴力恐怖分子的“回流”。据不完全统计，2015年年初，赴叙利亚及伊拉克参战的武装分子中约1000人来自中亚国家，而2016年这一数字上升至4000左右。

随着“伊斯兰国”在中东的失败，其追随者开始向世界各地流窜，部分中亚籍暴恐分子则计划重返中亚，形成“回流”态势。面对日趋严重的恐怖主义威胁，中亚国家都在进一步完善前端预防举措，加大对极端主义和恐怖主义的打击力度。主要有：加强出入境管控，切断与国际恐怖组织的联系；加强国内社会管控，进一步加大去极端化力度，加强对赴俄罗斯等国务工人员管理的同时，完善相关法律，加大对恐怖主义的惩治力度。例如，塔吉克斯坦当局要求公民出境应当向国家权力机关及当地执法机构明确解释出境目的。尤其是对出境家庭进行检查，防止塔吉克斯坦公民加入“伊斯兰国”恐怖组织。[①] 在邻国发生恐怖袭击事件后，乌兹别克斯坦与土库曼斯坦第一时间选择加强边境管控，或暂时关闭与相关国家的边境，加强防范，以确保国内安全。

在应对这一新挑战方面，迄今为止，中亚国家的举措总体有效，“伊斯兰国”并没有在中亚任何一个国家或地区获得真正的立足点，相对于其南亚邻国和俄罗斯，中亚实际发生的由“回流”人员策划或主导的暴恐案件并不多见。

近年来中亚五国纷纷制定或修订相关法律条文，进一步加大对暴恐犯罪活动和宗教极端主义活动的惩治力度。事实证明，中亚国家采取的诸多举措已经部分收到成效。自2014年以来，中亚地区暴恐案件

---

① “塔吉克斯坦公民出境受到严格检查”，丝绸之路新闻社，2016年3月14日，http://silkroadnews.org/cn/news/detail.php?ID=444637。

的发生率总体呈下降态势。各国发生暴恐案件的数量总体控制在个位数，破坏性较低。2017年，哈萨克斯坦、吉尔吉斯斯坦的安全局势一度趋于紧张，一向被视为脆弱国家的塔吉克斯坦的安全状况却有所好转。不过，总体看，相对于形势急转直下的南部邻居和恐袭多发的欧盟地区，中亚在周边国家安全局势趋紧的情况下保持安全形势总体可控实属不易。

（三）乌兹别克斯坦内外政策的重大调整缓解了地区内紧张

2016年年末以来，中亚国家间关系的缓和与合作的拓展，在很大程度上是乌兹别克斯坦对邻居们态度的根本性变化导致的。作为一个双内陆国家，其与四个中亚国家相邻，并存在诸多争端。自独立以来，乌兹别克斯坦一度因为水资源纠纷、勘界问题与塔吉克斯坦、吉尔吉斯斯坦关系紧张，甚至爆发小规模边境冲突。相应的，卡里莫夫时代的乌兹别克斯坦对区域合作或一体化进程并不热衷，缺少乌兹别克斯坦的中亚区域合作是不完整的，一个和邻居总是龃龉不断的乌兹别克斯坦也不利于中亚地区稳定。情况在2016年年底开始发生变化，新任总统米尔济约耶夫显然将积极发展周边外交作为新政府外交工作的重中之重。[①]

2017年伊始，新任总统米尔济约耶夫频繁造访周边国家，密集展开双边磋商且成果丰硕：3月，乌国总统先后对土库曼斯坦、哈萨克斯坦进行国事访问。在哈国，纳扎尔巴耶夫与米尔济约耶夫签署了“关于进一步深化两国战略合作伙伴关系及加强邻邦友好关系的联合宣言”、“2017年至2019年经济合作战略”“两国地区间合作协议”“两国国防部

① 米尔济约耶夫总统在第72届联合国大会发言时表示：当前，中亚地区是乌兹别克斯坦外交政策的首要方向，这是乌兹别克斯坦政府的主动选择。作为地处中亚中心的国家，中亚地区的稳定、睦邻和可持续发展与乌直接相关，“建设一个和平、繁荣的中亚是我们最重要的目标和中心任务”。乌兹别克斯坦将坚定地通过对话、建设性的互利合作和加强睦邻友好来发展与地区其他国家间的关系，乌准备采取合理妥协的方式与中亚国家解决所有地区问题。

军事合作协议”等7份合作文件。9月5日，乌兹别克斯坦总统米尔济约耶夫对吉尔吉斯斯坦进行了访问，实现乌总统26年来首次访问吉尔吉斯斯坦。乌吉政府间委员会会议在休会8年后重新召开，两国边境问题随后实现重大突破。长期龃龉不断的乌塔关系也有重大突破，4月19日，乌塔双边史上第一次商业论坛在杜尚别举行，双方签署20份合同，总价值超过3500万美元。6月28日，乌塔两国内务部部长举行会谈。此次会谈是两国内务部19年后的首次会谈。会议讨论了打击跨国有组织犯罪、恐怖主义、极端主义和非法毒品走私等双边关系的问题。在两国共同努力下，塔什干与杜尚别之间的航路得以重新开通。2017年1—11月，乌塔双边贸易额突破1.1亿美元，同比增长85%。

在加强周边外交的同时，乌兹别克斯坦积极推进国内改革，米尔济约耶夫式的“改革开放”对推动整个地区经济发展和互联互通都有积极意义。乌兹别克斯坦内外政策的重大调整在整个地区已经产生了积极影响：中亚五国间经济合作和联系有了新的发展，一些阻碍区域合作的老问题有了彻底解决的希望。

2017年11月10日，乌兹别克斯坦、哈萨克斯坦和土库曼斯坦外交部长在撒马尔罕签署乌哈土三国边界交界处协议。截至2017年，乌塔两国边界的90%已经划定，塔吉克斯坦与吉尔吉斯斯坦间国界线已划定519.9公里，仍有396公里未划定。[①] 哈吉两国边界勘定基本完成。吉乌两国于2016年11月在费尔干纳举行的国界线划定工作组会议中就56个争议地区达成一致。[②] 此外，哈吉双方代表就楚河和塔拉斯河水资源分配问题举行会谈，双方就进一步拓展和深化两国边境地区水利领域的交流与合作交换意见。[③]

---

① “年底前塔吉将协商划定新边界”，丝绸之路新闻社，2016年7月18日，http://silkroadnews.org/cn/news/detail.php?ID=475216。

② “乌兹别克斯坦与吉尔吉斯斯坦已就56个边境争议区域达成一致”，丝绸之路新闻社，2016年11月14日，http://silkroadnews.org/cn/news/detail.php?ID=504491。

③ “哈吉两国就楚河和塔拉斯河水资源分配问题举行会谈”，哈通社，2016年3月31日，http://www.inform.kz/chn/article/2887331。

2016年10月17日，乌吉两国经协商，边境通行制度得以放宽，乌兹别克斯坦允许吉尔吉斯斯坦公民参加居住于其境内的亲属举办的婚礼或其他节日庆典。跨境人数也呈增长趋势，根据吉尔吉斯斯坦边防部门的消息，协议生效前跨境人数每天约300人，协议生效后则超过1000人。①

长期困扰各国的水资源问题也有积极变化，乌兹别克斯坦不再执着于否决塔吉克斯坦修建罗贡水电站的计划，并积极与邻国开展水资源分配、利用等问题的协商。与此同时，政府下决心缩减灌溉需求巨大的棉花种植面积，加快农业产业升级，提高对水资源的利用效率，此举对水资源纷争的最终解决具有重大意义。

在多重危机爆发、部分区域地缘安全环境急速恶化的国际和地区背景下，身处所谓不稳定弧地带的中亚国家能够保持稳定，这一方面源于中亚国家对适合自身发展道路的积极探索，另一方面也源于大国在维护本地区安全与稳定方面的战略默契和美俄博弈的趋缓，当然发挥关键作用的还是内因。

二、地区安全中长期前景堪忧

从中长期看，困扰中亚地区安全的脆弱性和不确定性特质将长期存在，一些阻碍中亚实现长治久安的“老问题”在现阶段并未得到根本性解决，并与近些年出现的新挑战交互作用，令中亚地区安全局势前景不容乐观。这主要因为：

（一）政权建设中结构性缺陷长存恐将引发新一轮政治纷争

中亚国家普遍存在政治权力过于集中、利益集团“赢者通吃”等

① 乌兹别克斯坦对吉尔吉斯斯坦公民放宽边境通行制度”，丝绸之路新闻社，2016年10月17日，http://silkroadnews.org/cn/news/detail.php?ID=497592。

不断侵蚀执政能力和基础的结构性缺陷。目前中亚国家政权安全很大程度上是依靠内外强制力加以保障的。实际上，中亚国家目前依旧处于前现代化社会向现代化社会转型进程中，各国普遍存在任人唯亲、社会性腐败和社会财富分配不公等突出社会问题；部族政治团体、地域性政治利益集团之间的矛盾斗争长期存在并有激化的可能。2013年塔吉克斯坦总统拉赫蒙高票连任后，其29岁的儿子成为杜尚别市市长，长女则在前一年成为总统办公厅主任并当选上议院议员，总统自己则成为中亚第四位“终身总统”；土库曼斯坦总统的长子进入外交部任职；哈萨克斯坦总统的长女卸任副总理后进入参议院担任重要职位；乌兹别克斯坦新任总统米尔济约耶夫的两个女婿已经步入该国权力核心。[①] 吉尔吉斯斯坦大选没有上演权力代际传承，但国家政权的地域性和政党属性出现固化态势。这些进一步加剧中亚国家制度性、社会性腐败，不利于消除政治仇恨、民族矛盾和民众的普遍失望与愤怒。2017年吉尔吉斯斯坦总统选举的有效投票率仅为56%，选民在大选中表现出的政治冷淡增加了该国政局走势的不确定性。贫困、社会不公、地区间发展极度不平衡、腐败和跨国犯罪等社会问题在中亚各国普遍存在，如同慢性病侵蚀着各国政府的执政基础。

如果这些制度性、结构性问题不能通过改革加以化解或抑制，不排除中长期中亚会出现类似西亚北非国家的变乱。未来中亚国家政局走势中的不确定因素主要集中在以下几个方面：哈萨克斯坦权力交接进程能否平稳，继任者能否有效管控宗教民族矛盾和协调部族关系；乌兹别克斯坦米尔济约耶夫改革是否会招致保守派和既得利益集团的激烈反对，这种反对是否会引发国内以地域为界限的集团间激烈冲突；吉尔吉斯斯坦执政党与反对派在总统大选后的博弈，以及能否有效平息南北矛盾和民族矛盾；中亚国家内部政治伊斯兰势力的发展，及其

---

① Alisher Usmanov, “Uzbekistan’s Oligarch of Choice,” November 16, 2017, http://carnegie.ru/commentary/74756Inside.

在何种程度上与世俗反政府势力结合并获取多少社会支持等。这些问题的解决需要中亚各国不断推进改革，改进政府效能，增强社会阶层流动性、制度弹性，使权力和利益分配机制更加透明合理，提高民众对政权的认可度。

（二）“治本”能力不足导致地区内非传统安全风险集聚

中亚地区的非传统安全威胁首先来自地区“三股势力”的活动。虽然中亚国家对宗教极端主义思潮、势力的惩处力度不断加大，但事实上，其蔓延势头并没有得到根本性遏制。贫困问题、失业问题、社会不公、族际关系持续紧张等因素已经成为中亚国家宗教极端主义思潮快速蔓延的“温床”。中亚政治伊斯兰发展始终暗流涌动，在各国普遍对政治反对派坚决打压的背景下，反政府和反世俗化力量极有可能合流在政治伊斯兰旗帜之下。被塔吉克斯坦政府宣布为恐怖组织的伊斯兰复兴党正在境外重新整合集结。与此同时，中亚国家出现了零星的“内生”型极端组织以及独狼式恐袭案件。虽然实际发生的恐袭案件较少，但各国政府公布的提前终止的恐袭案件数量却在逐年上升，这从一个侧面反映出当前中亚地区非传统安全局势依旧较严峻。

“伊斯兰国”自成立初期便持续通过各种途径渗透中亚，且力度不断加强。2015年1月，“伊斯兰国”宣布成立“伊斯兰国呼罗珊省”，并在阿富汗楠格哈尔省获得立足点，获得当地的萨拉菲网络支持，并与跨境武装组织结成战略联盟。“伊斯兰国”通过分发或传播宣传册、在互联网上发布宣传视频等途径吸纳成员。在中亚各国采取严密管控措施的背景下，其宣传和招募活动仍十分猖獗。其招募对象的范围也在不断扩大，除将男青年作为主要招募对象外，妇女、儿童也成为其招募目标。“伊斯兰国”2014年发布的视频显示，约20名哈萨克斯坦儿童在训练营受训。2015年5月，塔国反恐部队指挥官哈里莫夫宣布效忠“伊斯兰国”。

一个值得重视的新变化是，中亚本土“三股势力”与“伊斯兰国”

等国际新生恐怖组织之间的联系日益增强。这主要是因为伊斯兰国一直加大在中亚的招募力度，数千名中亚籍暴恐分子曾经活跃在中东，其中部分成员已经成为训练有素的暴恐袭击组织者和实施者，在近期欧洲、土耳其、美国的暴恐袭击案件中都有他们的参与。

这些人员的回流将极大地刺激中亚本土恐怖组织的发展以及国际化进程。塔吉克斯坦专家贝克姆哈马麦德表示，主要由乌兹别克斯坦公民以及塔吉克斯坦公民构成的“乌伊运”及“真主卫士”等恐怖组织早已经被阿富汗的“伊斯兰国”、塔利班等组织收管。[①] 而“伊斯兰国”的大肆渗透致使本土“三股势力”蠢蠢欲动，进而使中亚国家安全面临更为严重的威胁。2016年6月和7月，哈萨克斯坦阿克托别市和阿拉木图市分别爆发恐怖袭击，造成多人伤亡。[②] 事后调查显示，这两起袭击与“伊斯兰国”有密切联系，袭击者曾观看过“伊斯兰国”发布的宣传视频。[③]

有资料显示，欲赴中东地区参战的塔国民众在过境土耳其前往叙利亚失败后，转而试图开辟新路径，经俄罗斯、伊朗最终抵达阿富汗，加入“伊斯兰国呼罗珊分支”。[④] 尽管这一路径尚未打通，但若这一趋势成为现实，将进一步加大中亚国家的边境安全压力。中亚国家普遍存在较为严重的社会性腐败，这意味着权力寻租和社会不公长期存在，贫穷并不必然导致极端，但是对贫困扭曲的政治性、制度性解读则成为宗教极端主义组织进行意识形态宣传和社会动员、煽动仇恨的主要

---

① “Militants from Central Asian Nations Defeated in Afghanistan Demoralized, Says Tajik Expert,” Tajikistan Asia-Plus, February 8, 2017, http://www.news.tj/en/news/tajikistan/security/20170208/236426.

② “Kazakh Police Kill 4 Criminals, Detain 7 in Anti-terrorist Raid in Aktobe,” Trend News Agency, June 6, 2016, http://en.trend.az/casia/kazakhstan/2542335.html.

③ “哈萨克斯坦一警局遭袭致4人死亡 袭击者被抓获”，环球网，2016年7月19日，http://mil.huanqiu.com/world/2016-07/9194584.html?referer=huanqiu。

④ “To Afghanistan Not Syria? Islamic State Diverts Tajik Fighters South,” *Eurasia Daily Monitor*, March 15, 2017, https://jamestown.org/program/afghanistan-not-syria-islamic-state-diverts-tajik-fighters-south/.

手段，这为本土和外来暴恐组织在中亚的生存提供了社会土壤。

此外，中亚地区在非传统安全领域的另一个威胁来自日益猖獗的跨国毒品犯罪。根据联合国禁毒署等国际组织的报告，2017年阿富汗的毒品种植面积和产量达到历史新高，罂粟种植总面积增加了63%，达到32.8万公顷；鸦片产量增加了87%，从2016年的4800吨增加到了9000吨。[①] 与阿富汗相邻的中亚国家早已沦为毒品运输通道，与毒品犯罪相关的武装贩运、洗钱犯罪、腐败，以及公共卫生问题，对中亚国家社会政治稳定和经济健康运行带来长期损害。2017年6月，哈萨克斯坦内务部长卡穆汉别特·卡西莫夫表示：2016年哈萨克斯坦缴获35吨非法毒品，其中包括120千克海洛因，并成功打击11个贩毒团伙。他认为现在哈国毒品形势十分严峻，尤其是近2—3年。[②] 跨国犯罪活动和权力寻租相互交织成为中亚国家复杂难解的社会政治痼疾，损害政府的合法性，并为地区“三股势力”和外部势力提供可乘之机。[③]

（三）军备不足难以独立抵御阿富汗安全风险外溢

自美国前任总统奥巴马宣布从阿富汗撤出大部分战斗部队后，国际社会和地区内国家对阿富汗安全风险外溢的担忧与日俱增。幸运的是，迄今为止，虽然近年来阿富汗安全局势持续恶化，但是并未发生真正外溢。究其原因，一方面，形势所迫，阿富汗塔利班没有意愿也没有能力发动或输出地区圣战；另一方面，中亚国家和大国、国际组织开展密切合作，不断提升边境管控能力，加强风险管控。但能力的

---

① “阿富汗局势及其对国际和平与安全的影响”，联合国中文网站，2017年12月15日，http://www.un.org/zh/documents/view_doc.asp?symbol=S/2017/1056。

② “阿富汗走私海洛因流入哈萨克斯坦”，丝绸之路新闻社，2017年6月14日，http://silkroadnews.org/cn/news/detail.php?ID=546177。

③ 联合国毒品和犯罪问题办公室驻中亚地区代表阿西塔·米塔尔表示，跨国有组织犯罪和恐怖主义相联系，特别是毒品贩运是中亚地区面临的主要问题。“UNODC Continues to Strengthen Border Security between the Central Asian States,” *Uzdaily*, March 3, 2017, http://www.uzdaily.com/articles-id-38598.htm.

相对提升远不能跟上现实的变化——近年来，随着“伊斯兰国呼罗珊分支”机构在阿富汗“落地生根”并不断扩展地盘，越来越多被堵在境外的中亚南亚暴恐分子，从中东“流窜”聚集到阿富汗，其中既有车臣武装分子也有前中亚地区恐怖组织成员，其将阿富汗视作基地和跳板，目标则是中亚国家乃至俄罗斯、中国。脆弱的塔阿、土阿边境成为最有可能被突破的防线。2017年1月，塔吉克斯坦内务部长称，在阿富汗的塔阿边境上大约有1—1.5万名来自塔国和其他中亚国家的武装分子。除了塔利班与“伊斯兰国”之外，“真主卫士”“乌伊运”也在阿富汗与塔吉克斯坦、乌兹别克斯坦的共同边境上活动。① 中亚国家面临的安全风险也因此持续升高。与阿富汗相邻的三国中，作为永久中立国的土库曼斯坦不参加任何一个地区集体安全组织，且自身国防能力十分有限。塔吉克斯坦虽然军备不足，但关键时刻独联体集体安全条约组织和俄罗斯驻军还是能够发挥一定的威慑与战斗功能。也正是基于这一担忧，乌兹别克斯坦加强了与俄罗斯的联系，并在军事安全领域内达成新的合作协议。此外，除土库曼斯坦之外的四国，还不断强化与美国、北约、欧安组织在边境管控、反恐等领域内合作，未雨绸缪。

（四）历史纠葛与现实利益复杂交织

地区内国家间关系走向仍具较大不确定性。2017年年末，围绕吉尔吉斯斯坦大选，一向友好的哈、吉两国发生多场风波。10月10日，哈国大幅加强边境管控阻断货运，加强动植物检疫，危机高峰期，边境检查站重型卡车拥堵，吉国商人因此蒙受巨额损失。此外，困扰双方的伊塞克湖州卡尔基拉牧场被分割问题也被不定期地提上吉国政治议程并导致两国政客的相互指责。2017年，吉、塔围绕着争议边界不

---

① “Central Asian Militants to Face Growing Pressure from Afghan Forces,” *Caravanserai,* March 17, 2017, http://central.asia-news.com/en_GB/articles/cnmi_ca/features/2017/03/17/feature-01.

断发生冲突，冲突还扩散至两国民众之中。中亚国家独立以来都在不断强化自身主权和独立自主性，对涉及国家根本利益的问题非常敏感，各国领导个性也比较鲜明，这些都有可能导致在具体问题上立场差异过大而发生新的争端。

2017年塔乌通航一波三折、乌哈之间铁路联运摩擦不断等事件都说明，虽然中亚各国合作发展的主观意愿在不断增强，但涉及利益分割、历史恩怨的化解等问题时，困难和挑战依旧巨大。此外，如前文所述，中亚国家围绕着水资源、勘界、飞地等老问题的解决达成了原则上的共识并一直在朝着最终解决的方向积极努力，但鉴于这些问题本身的高度敏感性，解决的进程经常充斥着政客的算计、被民族主义激发起冲动的民众的压力、甚至域外大国的介入，因此，不排除在此进程中出现曲折反复，进而影响政局稳定和地区安全。

除了上述几个方面的问题，中亚国家的经济社会发展长期滞后，抗风险能力较弱，在经历次贷金融危机和卢布危机后，其抵御经济风险的能力已经成为国家能力建设中的短板。当前五国经济普遍存在复杂棘手的结构性问题，经济转型远未完成，产业结构单一，抗风险能力差，财政状况不佳，经济安全较为脆弱。这对中亚各国开展社会建设造成极大的制约，降低了中亚国家抵御综合风险的能力。

独立26年以来，中亚国家的政局发展经常会出现令世人瞠目的急剧变化，潜在的“爆点”“燃点”较多，何时何地爆发具有较大不确定性，甚至随机性。这一方面是由中亚各国政治发展的特殊性（复杂性、不成熟性）所致，另一方面是由于困扰中亚安全稳定的一些长期因素从来都是内外交织，其互动和发展演变牵扯因素较多且具有较大不确定性。

（五）大国博弈或将重新激活，加剧地区安全不确定性

中亚地区的安全局势从来都不是中亚国家自己能够完全掌控和左右的。这主要是由其特殊的地缘政治经济位置所致。无论是2005年的

“郁金香革命”“安集延事件”，还是2010年吉尔吉斯斯坦南部的骚乱，大国的介入总是若隐若现，因此客观认识中亚地区安全态势的一个重要前提是，准确把握大国关系的调整及其在中亚的博弈态势。自乌克兰危机后，美俄关系总体持续走低，其地缘政治角逐的主要场域在中东、东欧，并不在中亚外高地区。美国自公布撤军计划后对中亚的关注持续走低，投入也不断减少。虽然双边高层战略对话机制和C5+1机制依旧运转正常，但是总体缺乏扩展效应和落地成果。迄今为止，特朗普政府也没有出台完整的中亚政策，仅仅在多个场合表示对中亚的重视，以及将继续推进美国的新丝绸之路计划，这些政策宣示与实际作为之间差距不小。毫无疑问，美国在中亚的直接和战略利益非常有限，鉴于目前特朗普政府国家安全战略关注的焦点调整，可以预见，至少在最近一两年，美国不太可能大幅增加对中亚投入。但美国并不会放弃这一战略区域，依旧具有随时重返中亚的能力，同时，不排除中亚国家出于平衡的需要作出主动“邀请”。

目前中国已经成为中亚五国最重要的直接外资来源和贸易伙伴之一。美国投入的减少，中国“一带一路”倡议的投入不断增加，使得中亚国家客观上形成了政治、安全合作首选俄罗斯，经贸合作看中国的态势。无论是从睦邻友好周边外交原则出发还是从自身战略需要出发，和平稳定和欣欣向荣的中亚都是完全符合中国国家利益的。实际上，上合框架下，中俄在实现本地区稳定发展方面所做的共同努力是中亚地区近些年保持平稳态势的重要外因。

迄今为止，中国在中亚地区的影响力已经达到历史上前所未有的水平，当然，在不同领域，中国的影响力和作用存在极大差异，并不均衡。在政治、安全及文化领域，目前影响力最大的是俄罗斯。2017年俄罗斯在中亚的影响力有了新扩展——其与乌兹别克斯坦、土库曼斯坦在经济、能源、安全领域内的合作都有较大发展。同时，以俄罗斯为主导的欧亚经济联盟、独联体集体安全条约组织的功能都在不断深化。

"后撤军时代"，大国在中亚地区的博弈态势趋缓。截至目前，美、俄、中在确保中亚稳定这一问题上的最大公约数源自阿富汗问题，中亚的动荡无疑会使目前艰难维持的阿富汗局势雪上加霜。同时，美俄在该地区力推朝向不同的区域合作计划，也需要安定的环境。但是这种战略默契具有很高的不确定性，毕竟美俄关系并未解冻，特朗普政府已将中国界定为主要战略竞争对手。美国历届政府对中亚的态度一直都取决于其主要竞争对手在中亚的需求。近期有不止一位西方学者和智库向特朗普政府建言：美国和西方盟友不能够放任中国在中亚地区扩展影响力，这将不利于美国、欧盟在这一战略区域发挥积极作用，维护自由国际经济秩序。① 未来美、俄、中之间战略关系变化的不确定性、美国及其西方盟友将采取何种方式遏制中国"一带一路"倡议在中亚的扩展，都还是未知数，但毫无疑问，大国博弈有可能被再次激活，其对中亚未来安全局势变化的影响不可忽视。

三、对接：实现未来中亚地区长期稳定与发展的新机遇

影响中亚各国实现长期稳定与发展的结构性障碍在各国影响程度不一，表现形式不同，但绝大部分需要通过不断提高国家能力、推进地区合作和共同繁荣来加以根除。但作为亚欧大陆腹地的发展中国家，中亚国家自独立以来就面临不合理的国际政治经济秩序的束缚、挤压，在资金、技术、人才、市场和公平规则方面的诸多诉求长期难以得到充分满足。2013年，中国国家主席习近平在出访哈萨克斯坦时首次提出建设"丝绸之路经济带"倡议，为中亚带来了前所未有的战略机遇。目前，"丝绸之路经济带"倡议与中亚五国发展战略的对接基本形成，一些早期项目取得收益。中国在"一带一路"框架下对中亚的投入，

---

① "The New Geopolitics of Central Asia: China Vies for Influence in Russia's Backyard," January 2, 2018, http://carnegieendowment.org/2018/01/02/new-geopolitics-of-central-asia-china-vies-for-influence-in-russia-s-backyard-pub-75169.

对近年来中亚国家抵御卢布危机、国际大宗商品暴跌引发的财政金融危机，提振信心，恢复经济，产生了积极效应。

（一）中亚国家发展战略与“丝绸之路经济带”倡议的对接及早期收益

2014年12月，李克强总理在访问哈萨克斯坦期间首次提出开展国际产能合作的建议，为中国与中亚国家在丝绸之路经济带建设框架下深化合作开创了新模式。中哈率先试水，在此之后，吉、乌等中亚国家都明确表达了对这一倡议的支持。中国承诺向中亚地区提供额外基础设施建设基金，并通过公路、铁路、海运和航空航线网络连接中国、中亚和欧洲。随着2016年亚投行和丝路基金的正式启动，中国成为中亚地区基础设施建设最大的投资者、中亚国家建立本国工业制造业体系最可靠的合作伙伴与支持者。这是当前中亚国家在经济转型时最需要的。①

目前，中亚各国积极参与“丝绸之路经济带”建设，将本国国家发展战略与之对接。有中亚学者评论：这些战略与“丝绸之路经济带”倡议的对接令各国规划的成功率大幅提高。哈萨克斯坦文化体育部文化科学研究院院长安德烈表示，纳扎尔巴耶夫总统在2014年11月宣布的“光明之路”就是以“丝绸之路经济带”为基础，且很大程度上与之同步，这有助于促进经济增长。②

2014年5月18日，中吉两国签订《关于进一步深化战略伙伴关系的联合宣言》，决定遵循共商、共建、共享原则，共建“丝绸之路经济带”，深入推进务实合作。吉尔吉斯斯坦经济和工业部长科若舍夫表示，吉尔吉斯斯坦正在加快与“一带一路”的战略对接。塔吉克斯坦作为中国的友好邻国，早在2014年便与中方签订了共建“丝绸之路经

① 韩隽：“伊朗的‘回归’与中亚地缘政治格局的调整”，《新疆社会科学》2016年第6期。

② “U.S. Relations with Kyrgyzstan,” US Department of State, March 30, 2016, https://www.state.gov/r/pa/ei/bgn/5755.htm.

济带”的合作备忘录。2016年9月，塔吉克斯坦通过《塔吉克斯坦共和国至2030年国家发展战略》文件，确立了“确保能源安全和高效使用电力能源”“将塔吉克斯坦从交通死角转变为重要交通枢纽国家”、“确保粮食安全和为公众提供高品质食物”，以及“扩大生产性就业”四个战略发展目标。塔方认为这一战略目标与中国的“丝绸之路经济带”倡议高度契合。此外，土库曼斯坦“强盛幸福时代”国家发展战略也与“丝绸之路经济带”建设找到了契合点。土库曼斯坦驻华大使吉纳尔·鲁斯塔莫娃指出，近年来，土方和中方在多方面都有交流与合作，在国际舞台上相互支持。商品流通行业的增长，经济、科学和教育领域的合作，人文沟通的扩大和加强，使得两国元首的关系达到了前所未有的水平。土库曼斯坦支持世界发展与中国和平统一，也完全支持习近平主席提出的“一带一路”倡议。①

乌兹别克斯坦前总统卡里莫夫在2014年8月访华期间，与中方签署了《中华人民共和国和乌兹别克斯坦共和国联合宣言》，表示“支持并愿共同落实中方关于建设‘丝绸之路经济带’的倡议，将确定新的、具有前景的经济合作方向，进一步推动重点项目”。两国还制定了《中华人民共和国和乌兹别克斯坦共和国战略伙伴关系发展规划（2014—2018年）》，以推动具体合作项目的落实。②

中国在“丝绸之路经济带”建设框架下不断拓展对中亚的投资和开展国际产能合作，这对于中亚国家抵御金融危机和加快产业转型升级已经发挥了积极作用。当前，中国投资中亚各国51个新项目，价值280亿美元，其中3个项目已经实施，6个项目正在开发中，另有10个正在执行。随着“丝绸之路经济带”建设的深入推进，中国的资金、技术和项目在中亚各国落地，给中亚国家经济注入了新的活力，并极大增

① 土库曼斯坦大使：“支持‘一带一路’构想 加强双边关系”，人民网，2015年10月13日，http://world.people.com.cn/n/2015/1013/c1002-27692446.html。

② “中华人民共和国和乌兹别克斯坦共和国联合宣言”，新华网，2014年8月20日，http://news.xinhuanet.com/world/2014-08/20/c_1112144669.htm。

强了中亚国家振兴经济的信心。

有数据表明：自“一带一路”倡议启动以来，中国对中亚地区直接投资大幅增长。2016年，中国已成为吉尔吉斯斯坦的第一大投资来源国；2017年成为吉第一大贸易伙伴（占比26.2%）、第一大进口来源国（占比34.2%）。塔吉克斯坦国家投资和国有财产管理委员会宣布，截至2016年年底，中国投资（10.16亿美元）占塔吉克斯坦吸引外商直接投资总额的近32%。[①] 此外，值得关注的是，在“丝绸之路经济带”建设项目的带动下，中亚与世界的互联互通有了巨大进展，这在一定程度上也推动了地区内国家间合作。2017年吉、哈、乌、塔之间的经济联系都有不同程度发展，地区内合作正在进入活跃期。2017年1月31日，纳扎尔巴耶夫总统通过书面形式，发表了主题为《哈萨克斯坦第三阶段发展纲要：提升国家竞争力》的国情咨文。他表示，哈中合资项目将为哈萨克斯坦创造超过2万个工作岗位。在丝绸之路经济带框架下，2017年1—2月哈中贸易额增长了30%。

（二）“一带一路”框架下中国—中亚深度合作或为中亚长期安全提供新机遇

如前文分析，影响中亚地区安全局势的因素是多重的，但归根结底发挥主导作用的还是中亚国家自身。从目前中亚国家发展态势看，囿于历史和现实因素，一些导致中亚地区陷入混乱或动荡的因素短时间内可以抑制其持续发酵，但难以根除。

从中远期分析，最消极的前景主要涉及：一是，中亚国家政府治理出现重大失误，政治伊斯兰组织或势力趁机做大，并发起各类抗议活动，国家社会政治生活陷入混乱，这类似于独立之初陷入内战的塔吉克斯坦。这一场景并非危言耸听，目前伊扎布特、泰比力克等政治

---

① “过去5年中国在塔吉克斯坦直接投资占55%”，丝绸之路新闻社，2017年12月14日，http://silkroadnews.org/cn/news/detail.php?ID=586116。

伊斯兰组织在部分中亚国家的活动和组织扩展始终在地下进行，各国政府的治理失误都有可能成为这些势力发展壮大的理由。二是，大国将中亚重新作为角逐和博弈的主战场，中亚国家被迫站队，内部合作终止，并在巨大的外部压力下发生非正常权力更迭，引发局部动荡或混乱，“颜色革命”卷土重来。三是，中亚国家步入新一轮权力交接期，政治精英和既得利益集团内部斗争激烈，不同部族、民族或地域集团间矛盾突出甚至尖锐化，导致经济社会发展迟滞，国家逐步陷入混乱。四是，阿富汗安全威胁外溢，“伊斯兰国呼罗珊分支”或新的跨国恐怖组织突破脆弱的国境线，进入中亚，制造恐怖袭击。上述四种前景是依据当前中亚安全局势固有的脆弱性和不确定性特质做出的最坏的预测，也是中、俄和中亚国家竭力避免的悲观前景。

中亚国家独立26年以来，在国家建设进程中取得了巨大成功，但也积攒了很多问题，并面临诸多新挑战。中亚国家需要探寻一条新的发展之路，避免在若干年后重蹈西亚北非国家的覆辙。为此，中亚国家一方面需要通过变革与发展不断加强国家能力建设，另一方面需要积极开展区域合作，毕竟许多新的安全领域内的挑战是全球性问题的一部分，不是哪一个国家可以独立解决的。

2013年以来，“丝绸之路经济带”建设与中亚各国发展战略对接及其早期收益表明：对接不仅为中亚国家加快发展、提升国家能力提供战略机遇期，而且为区域合作注入新动力，在中国“一带一路”框架下，中亚—中国的深度合作势必为本地区实现持久安全稳定提供新助力。区域经济合作的收益向安全、政治领域的扩散是完全可能的，也应该是相关各国努力的方向。塔吉克斯坦外交部长阿斯洛夫曾表示：共建“丝绸之路经济带”将为中国和包括塔在内的中亚国家实现共同发展、保障地区稳定繁荣创造有利条件。[①] 事实证明，“丝绸之路经济带”

---

① “塔吉克斯坦全力支持共建丝绸之路经济带倡议”，新华网，2015年7月23日，http://news.xinhuanet.com/world/2015-07/23/c_1116021888.htm。

不仅是跨境交通运输项目，而且是促进多国经济发展的一揽子计划，包括大量的基础设施发展项目、工业贸易发展项目及服务行业发展项目，一揽子计划可在充分发挥自身潜能后为中国西部地区和欧亚大陆中部地区的发展营造安全稳定的环境。[①] 正如纳扎尔巴耶夫总统所说的那样："一带一路"倡议是对21世纪全球面临的政治、经济和人道主义危机所提出的及时的解决方案。"一带一路"倡议建立了一个全新的地缘经济范式。它的成功，将为沿线国家的近45亿人口带来实实在在的利益，同时为中国打开一个巨大的市场。丝绸之路计划的实施，为包括哈萨克斯坦在内的中亚国家实现全新的国际定位提供了可能。[②]

与此同时，中亚国家的快速发展、社会政治稳定的长期保持，乃至整个中亚地区的安全与繁荣同样会有助于中国"一带一路"倡议在欧亚大陆上的拓展与推进，并成为推动人类命运共同体构建中不可缺少的积极因素。

实现这种良性互构需要多方共同相向而行，尽力排除内外部干扰，在多层次、多领域建立起更多的共识与互信，这将是一个艰苦和循序渐进的过程，至少目前已经有了一个好的开端。

---

① [俄]谢尔盖卡拉加诺夫、季莫费博尔达切夫："构筑中央欧亚：'丝绸之路经济带'与欧亚国家发展优先事项"，《俄罗斯研究》2015年第3期。

② [哈萨克斯坦]"纳扎尔巴耶夫：中国成为促进国际合作的新'领头人'"，哈萨克国际通信社，2017年5月15日，http://www.inform.kz/cn/article_a3026398。

中亚形势与上海合作组织扩容

新疆大学教授　潘志平

中亚的2017年仍然是个平庸之年，虽然与中东相比没有特别大的危机和动荡，但是也没有多少振奋人心的好消息。该地区仍一直受到安全问题的困扰，暗流仍在涌动。2017年例行的上海合作组织峰会作出了首次扩容，接纳了印度和巴基斯坦这两个南亚人口大国，这对于上海合作组织来说具有重大意义，对于中亚地缘政治版图的变化亦有重大意义。上海合作组织的宗旨之一即为共同应对安全问题，随着上海合作组织的扩容，地区安全局势将出现新变化。

一、暴恐威胁与反恐合作

暴恐仍是中亚安全所面临的主要威胁。2017年，中亚地区各国不断以反恐的名义举行多国联合军事演习：

3月20日，吉尔吉斯斯坦巴特肯州与塔吉克斯坦索格特州举行边境联合军演。

3月27日至4月7日，美国与塔吉克斯坦举行联合军演。塔吉克斯坦总统战略所副主任萨法罗夫称，美国正在帮助我们打击国际恐怖主义，没有美国的合作，我们无法确保我们的安全。

7月10日至23日，塔吉克斯坦、吉尔吉斯斯坦、巴基斯坦、蒙古和美国五国200多名士兵在杜尚别开展代号为“区域合作2017”的联合军演。该军演自2001年起每年都会进行。

9月9日，塔吉克斯坦、吉尔吉斯斯坦、哈萨克斯坦、亚美尼亚、白俄罗斯和俄罗斯六国2000多名士兵进行反恐联合军演。接着，独联体国家参谋部联合会议在比什凯克召开，俄罗斯总参谋长表示，独联体国家南部边境地带的恐怖主义威胁进一步加剧。

11月10日至20日，塔吉克斯坦、吉尔吉斯斯坦、哈萨克斯坦、亚美尼亚、白俄罗斯和俄罗斯六国5000名军人举行了集体安全条约组织快速反应部队反恐演习。

不同组合的反恐军演似已常态化，它们的规模虽然不大，但是对于反恐军事合作具有重要意义。

为应对跨境圣战和跨境贩毒，2016年在中国军方提议下，阿富汗、中国、巴基斯坦、塔吉克斯坦建立了"阿中巴塔四国军队反恐合作协调机制"，并在北京召开了首届高级别领导人会议。2017年8月28日，四国在杜尚别召开了第二届高级别领导人会议，该会议中各方就当前国际和地区安全形势深入交换了意见，各方都强调了四国军队加强反恐务实合作的必要性，并签署了《阿中巴塔四国军队反恐合作协调机制协定》与《阿中巴塔四国军队反恐情报协调中心议定书》。

在国际社会的共同努力下，"伊斯兰国"已遭到沉重打击。但是，这并不意味着反对极端势力斗争的终结。独联体反恐中心主任诺维科夫（Andrei Novikov）透露，一个特别部门正在认真观察数以万计极端分子的"回流"。据吉尔吉斯斯坦AKI新闻社报道，普京4月12日说，"伊斯兰国"大约有2万名外国武装人员，其中近1万名武装人员来自独联体国家，而这些人中的一半来自俄罗斯。中亚国家中，来自塔吉克斯坦的武装人员最多。1月14日塔吉克斯坦内务部长拉希姆佐达称，目前共有1100名塔吉克人在"伊斯兰国"作战。土耳其内务部7月18日的报告显示，在"伊斯兰国"参战的外籍人员共有53781名，来自146个国家。其中，俄罗斯有4128名，哈萨克斯坦有1914名，塔吉克斯坦有2651名。土耳其把这些人列入黑名单不准其入境。

实际上，成千上万的参战暴徒已四处流散。其中大量暴徒流向较近的阿富汗。塔吉克斯坦内务部长拉希姆佐达1月20日说，超过1万名武装人员聚集在塔阿边界。这个说法可能有些夸张，但这种渗透的危险确实存在。

中亚各国暴恐案件时常发生。甚至在相对平静的哈萨克斯坦，与极端主义和恐怖主义有关的犯罪案件也在逐年增加，据相关报道，2014年共有154起暴恐案件；2015年有327起；2016年则上升到554起。

二、去极端化稳步推进

近年来，中亚国家在去极端化方面做了许多工作。

4月19日，哈萨克斯坦总统纳扎尔巴耶夫在哈穆斯林宗教事务管理委员会上表示，希望禁止妇女穿戴宗教服饰吉里巴普、禁止男人蓄大胡子，并建议在立法层面上出台相关规定。5月24日，哈萨克斯坦下议院通过了剥夺恐怖分子公民身份的法案。7月25日，哈萨克斯坦宗教事务管理部部长宣布，推行“妇女和宗教计划”和“青年反极端计划”，以抵制极端思潮对妇女和青年的渗透。哈萨克斯坦宗教事务管理部正在起草一项提案，限制公民出国接受宗教教育。

7月11日，塔吉克斯坦总统拉赫蒙也向本国穆斯林呼吁，不再穿戴宗教服饰和蓄大胡子。8月30日，塔吉克斯坦通过的一项法律修正案规定，公民必须以民族传统服饰代替宗教服饰。9月6日，应政府要求，塔吉克斯坦移动运营商向全国六百万手机用户发短信，“尊重传统，让我们把宗教服装变成传统服装”，以此来提醒用户遵守新的法规。

5月2日，吉尔吉斯斯坦在极端势力有深厚影响的南部重镇奥什举行了有一万市民参加的反恐怖主义游行。吉尔吉斯坦总统阿坦巴耶夫5月19日签署旨在抵制极端主义意识形态对年轻人影响的《反恐法修正案》。

6月13日，联合国秘书长古特雷斯在土库曼斯坦阿什哈巴德主持召开了“中亚区域实施联合国全球反恐战略”高级别对话。

总的来说，去极端化在中亚稳步推进，然而，其中还有些漏洞和盲区。比什凯克情报官员称，一些人公开传播伊斯兰极端主义，而吉尔吉斯斯坦是所有极端主义活动的天堂。分析人士乌梅塔利耶娃指出，“我们的安全机构根本没有追踪这些激进运动。事实上，我们缺乏有效的防范制度和法律来识别这种地下激进运动。”

三、非传统安全合作：聚焦禁毒、劳务移民、边界谈判和环境治理

中亚地区面临着不少非传统安全问题，2017年这些问题主要集中于以下四个方面：

禁毒 阿富汗几十年战乱的恶果之一即为制毒贩毒。联合国毒品犯罪办公室一直在协助中亚各国禁毒工作的开展，并提出，毒品来源国、过境国和目的地国的检察官和政府当局应形成治理网络。塔吉克斯坦作为毒品重灾区，其政府特别加大了查处力度，对药房的精神药品进行了严格的审查。10月31日，塔吉克斯坦、哈萨克斯坦、土库曼斯坦、吉尔吉斯斯坦、乌兹别克斯坦、阿塞拜疆及联合国毒品犯罪办事处在阿斯塔纳签署“中亚地区禁毒合作谅解备忘录”。塔吉克斯坦毒品管控机构官员宣布，2017年上半年，塔吉克斯坦走私毒品犯罪率减少了5.8%。

劳务移民 塔吉克斯坦、吉尔吉斯斯坦和乌兹别克斯坦每年都有大批劳务移民去往俄罗斯打工，其中有相当一部分人未办理合法手续而沦为非法移民。随着俄罗斯经济的萎缩，独联体国家居民移民俄罗斯的动力不再。俄罗斯社会分析预测研究所数据显示，2017年第二季度，中亚到俄罗斯的劳工移民数同比下降了26.8%，而俄罗斯科学院监测数据显示，塔吉克斯坦、吉尔吉斯斯坦和乌兹别克斯坦劳务移民的数量有增无减。另外，2016年自俄罗斯至塔吉克斯坦、吉尔吉斯斯坦、乌兹别克斯坦的侨汇分别为19亿美元、17亿美元、27.4亿美元，较上年大幅下降。有批评认为，这意味着俄罗斯逐渐走出经济萎缩之时并

未向移民劳工支付红利。近年还要关注的动向是，如果非法移民、极端分子的“回流”与跨国犯罪结合在一起，将会引发复杂的社会安全问题。

边界谈判　中亚国家的边界是前苏联按民族人口分布划定的，这种分法会导致很多问题。2017年，吉尔吉斯斯坦与塔吉克斯坦、乌兹别克斯坦、哈萨克斯坦准备或正在进行边界谈判和划界工作。不确定的边界在特定时期有可能导致国家间发生严重冲突，因此中亚国家间的划界工作对于维持地区安全稳定还是有重大意义的。

环境治理　中亚位于欧亚大陆腹地，为极度干旱地区，该地区的环境问题往往与水资源和湖泊治理相关。2017年，中亚国家为此做了以下工作。

1月27日，中亚水资源例会在阿什哈巴德召开，此会旨在协调各国政策，拯救咸海。

3月6日，“里海治理与可持续发展”国际研讨会在土库曼斯坦召开。

4月2日，土库曼斯坦庆祝“节水节”，别尔德穆哈梅多夫总统在会上提出，我们将继续采取大规模节水措施以造福人民。

6月19日，拯救咸海基金会在阿什哈巴德召开了“中亚地区合作发展国际研讨会”。

类似的会议数量不少，但没解决什么问题。咸海正在高喊“拯救咸海”声中步入死亡。

四、“颜色革命”：风光不再

吉尔吉斯斯坦的两次“颜色革命”虽已过去多年，却仍是中亚政局挥之不去的阴影。2016年6月，纳扎尔巴耶夫总统曾指出哈萨克斯坦出现了“颜色革命”的迹象。2017年4月12日，普京称，俄罗斯已经意识到世界不同地区正在发生各种形式的“颜色革命”，而俄罗斯不会允许这种情况的发生，并将尽一切可能支持集体安全条约组织的伙伴。

“颜色革命”以非暴力手段挑战威权政体，并试图更改政权，往往以国家领导人选举为契机。2017年，哈萨克斯坦举行了议会上院议员选举，吉尔吉斯斯坦举行了新一届总统大选，土库曼斯坦举行了议会大选，基本上顺利平静。吉尔吉斯斯坦大选在总理索隆拜·热恩别科夫与副总理奥穆尔别克·巴巴诺夫之间展开。选前有民调机构认为巴巴诺夫有80%民众的支持，有很大的胜算。结果，热恩别科夫以54.22%的选票胜出，成功当选总统，而巴巴诺夫以33.49%的选票落选。报道称，塔拉斯有五百人进行抗议，但全国整体上较为平静。

2017年9月，特朗普与纳扎尔巴耶夫进行通话。中亚媒体报道称，特朗普政府视哈萨克斯坦和乌兹别克斯坦为美国在中亚利益之所在。吉尔吉斯斯坦政治分析家萨里耶夫认为，中亚地区安全问题依然严峻，美国将不会像以前那样公开干预，特朗普就任期间不会输出“颜色革命”。

“颜色革命”至少需要三方面的条件：一是要有强有力的外部推手。历史经验表明，必须要有来自西方国家，特别是美国的强力干涉。目前，中亚还不是美国特别关注的核心利益之地，特朗普的执政风格更多的是保守和战略收缩，对中亚没有太多的兴趣，而欧洲早已被暴恐搅得自顾不暇，没有精力顾及中亚的事。二是要有一支受到西方训练的成熟的“人权斗士”队伍。目前中亚还没有这样的队伍。三是这种“革命”还需要相对宽松的活动空间。比如当年的吉尔吉斯斯坦允许很多、基本不受约束、与国外势力相勾结的自由媒体与非政府组织的存在，酿成了大祸。目前，中亚国家早已吸取了当年吉尔吉斯斯坦的沉痛教训，在国家治理上也更加成熟。因此，严格意义上的“颜色革命”近期不会在中亚爆发。

五、上合组织：反极端与扩容

2017年上海合作组织阿斯塔纳峰会上，两个议程得到了最为广泛的关注。

其一是反恐反极端。

峰会通过了《上海合作组织反极端主义公约》。该公约最初是习近平主席2014年提出的重要倡议，各成员国元首在2015年上合组织乌法峰会上就此达成共识，在2017年上合组织阿斯塔纳峰会期间将其签署，并发表了关于共同打击国际恐怖主义的声明，进一步凸显出本组织国家打击“三股势力”的坚定决心，夯实了上合组织执法安全合作的法律基础，相信这将有利于各方深化合作，为国际反恐斗争作出新贡献。

上海合作组织地区反恐机构在2017年的一个重要工作就是加强打击利用互联网传播恐怖主义、分裂主义、极端主义所开展的情报工作。中国公安部在上海合作组织框架下与各国情报部门分享在互联网上打击恐怖主义的经验。另外，如何应对阿富汗的暴恐外溢亦是上海合作组织特别关注的工作。俄罗斯学者罗斯季斯拉夫·伊先科说，中亚地区是一个极其薄弱的地区,遭到破坏的阿富汗对于任何恐怖分子来说都是一个绝佳基地。如果能成功阻止伊斯兰极端分子将阿富汗作为其首个基地，那么解决他们向中亚渗透的问题就成功了一半。这也解释了为何俄罗斯总统普京在峰会上提议恢复上合组织—阿富汗联络小组的工作。此前在莫斯科举行的关于阿富汗问题的谈判中，俄罗斯就邀请了中亚国家参与进来。

俄罗斯国防部长谢尔盖·绍伊古在阿斯塔纳举行的上合组织峰会上会见了中国国防部长常万全，并向他提议签署两国2017—2020年军事合作路线图。两位防长虽未公布路线图的内容，但如绍伊古强调，俄中关系处于高水平的稳定发展中，这是前所未有的。

其二是接纳印度、巴基斯坦为正式成员国，实现了上海合作组织的首次扩容。俄罗斯方面透露，下一个将是伊朗。一年前，俄总统普京就已对此首次表达过支持。如今，上合组织不仅生存了下来，而且正在成为欧亚地区的关键组织之一。印度、巴基斯坦和伊朗这样的地区大国力求成为享有充分权利的上合成员，这个事实本身就证明了这一点。但有日本学者说：印巴两个宿敌的加入有可能使上合组织内部的运营陷入停滞；上合组织采取全体一致作为决定原则，已经被认为决策速度缓慢；如果印度和巴基斯坦将矛盾带入上合组织内，该组织今后将更难做出决策，并且将难以在国际社会扩大影响力。这种说法还是值得重视的。2017年6月9日，印度实现了加入上海合作组织的愿望，但一个星期后便悍然出兵侵入我洞朗地区，嚣张至极。

中国—东盟合作回顾与展望

中国社会科学院亚太与全球战略研究院研究员　陆建人
广西经济管理干部学院经济师　蔡　琦

2017年是东盟成立50年。在这个具有重大历史意义的时刻，中国和东盟举办了一系列纪念活动，总结过去，开创未来。2017年上半年，中国召开了"一带一路"国际合作高峰论坛，这是该年度中国最重要的主场外交活动，得到东盟国家的鼎力支持，不仅全员参加，还签订了丰富的成果文件。2017年下半年，中国举行了中国共产党第十九次全国代表大会，新一届领导人继续坚定不移地开展中国—东盟合作，将东盟放在周边外交的优先地位，进一步加强中国和东盟的友谊，构建中国—东盟命运共同体。以下对2017年中国—东盟合作情况进行全面回顾，并对2018年的合作做一展望。

一、2017年中国—东盟各主要领域合作情况

2017年中国和东盟紧密合作，在政治外交、经济、安全、军事、海上合作、文化教育等各个领域取得了丰硕的成果，向东盟成立50年展示了一份亮眼的成绩单。

（一）政治外交领域：成果亮丽，与时俱进

1.高层互访频繁，增进政治互信，唱响新时代友谊主旋律

2017年东盟各国领导人悉数到访中国，可以称得上是历史最多的一年。1月12—15日，越南国家主席阮富仲将新年首访定在了中国，这

也是在越共十二大连任总书记后阮富仲的首访，中越新春互动对于促进双边合作，稳定两国关系意义重大。4月6—11日，缅甸总统吴廷觉就任总统一年来首次访华，并与习近平主席会面。在缅甸经济形势变差，政府满意度下降的背景下，吴廷觉访华被认为有利于提振缅甸经济。① 5月14—15日，“一带一路高峰论坛”在北京举行，东盟10国中印尼、越南、老挝、菲律宾、马来西亚、柬埔寨、缅甸等7国领导人参会，并与中国领导人会面，泰国、文莱、新加坡3国也派高级别代表参会，表明了东盟国家对与中国发展友好合作关系的重视和对“一带一路”倡议的巨大热情。9月4日，习近平主席在厦门会见来访参加“金砖国家和新兴市场国家与发展中国家对话会”的泰国总理巴育。巴育表达了对于加大高层交往、深化双边合作的期盼，表示积极支持“一带一路”倡议、澜湄机制等有利于地区发展的合作领域。9月12—14日，文莱苏丹哈桑纳尔来访并会见了习近平主席和李克强总理。2017年是中文建交第二个25周年的开局之年，在这承上启下、继往开来的时刻，文莱苏丹的到访有助于两国政治互信不断深化，加强各项合作的沟通协调。9月20日，新加坡总理李显龙访问中国，与习近平主席和李克强总理会面。双方就共同关心的问题交换看法，有助于中新关系的深化和发展。

中国领导人对东盟国家的访问则是在十九大结束之后。11月10—12日，习近平主席出席在越南举行的APEC领导人峰会，并对越南进行国事访问，这是十九大之后习近平主席的首次出访，受到越方的高度重视，越共中央政治局全体委员全部出场，折射出中越“同志加兄弟”的特殊情谊。② 11月13—14日，习近平主席对老挝进行国事访问，老挝方面同样对习近平主席进行高规格的接待，老挝人民革命党中央

① 蒋天：“缅甸总统执政满一周年访华 多方面问题亟待解决”，中青在线，2017年4月4日，http://news.cyol.com/content/2017-04/04/content_15881141.htm。

② “习近平十九大之后的首次出访，有四个‘特殊’”，新华网，2017年11月15日，http://www.xinhuanet.com/world/2017-11/15/c_129741165.htm。

政治局委员悉数出席。越南和老挝都是中国的“好邻居、好朋友、好同志、好伙伴”，中国与两国的友谊也是中国和东盟友谊的缩影。

在习主席访问越南和老挝的同时，李克强总理于11月12—14日对菲律宾进行正式访问，这不仅是十九大之后李克强总理的首次出访，还是时隔十年后中国总理的首次访菲。期间，中菲两国发表了联合声明并签署了14项合作文件，中菲关系如马尼拉的气温在改善中回暖，要把失去的时间找回来。[①]

十九大后中国领导人出访东盟国家，不仅是延续友谊，更重要的是传递了十九大精神。一是十九大作出了“中国特色社会主义进入新时代”这一重大判断。对于东盟而言，新时代意味着更大的市场、更多的机遇、更多的游客、更大的支持、更深的合作。[②] 二是“一带一路”和“人类命运共同体”写入了中国共产党新党章，折射出打造中国—东盟命运共同体的重要性，也再次证明了东盟是中国周边外交的优先方向，具有稳航舵、引方向、定基调的意义。

综上所述，2017年中国和东盟国家领导人频繁的高层交流，使中国和东盟国家的友谊主旋律更加嘹亮。

2.构建新平台，展现新合作，构建下一个50年中国—东盟新关系

2017年8月8日正值东盟成立50周年，中国国家主席习近平向东盟轮值主席国菲律宾总统杜特尔特致电表示祝贺。50年来，尤其自20世纪90年代以来，中国和东盟秉承平等协商、求同存异、合作发展的原则，展开了紧密合作，共同构建了10+1、10+3、东盟地区论坛、大湄公河次区域合作、澜湄合作等多个机制。依托这些机制，在重要的地区问题上，双方进行友好协调和磋商，促进了地区的和平与友好往来。50年来，东盟一体化取得了巨大成功，建成了东盟共同体。中国坚定

① “李克强与菲律宾总统杜特尔特共同会见记者”，中国政府网，2017年11月15日，http://www.gov.cn/premier/2017-11/15/content_5240005.htm。

② “黄溪连大使在与印尼智库媒体新春座谈会上的讲话”，商务部亚洲司网站，2018年2月11日，http://yzs.mofcom.gov.cn/article/u/201802/20180202712345.shtml。

支持东盟共同体建设，愿意与东盟协调配合，共同发展，尤其希望东盟能够参与“一带一路”建设。而2017年5月14—15日“一带一路”国际合作高峰论坛的召开则为中国东盟的关系的发展构建了新平台。

2017年也是“东盟+3”（10+3）机制建立20年。20年来，10+3机制成为东亚合作的主渠道①，引领东亚区域合作，这离不开中国和东盟的合作。中国领导人出席了历次10+3领导人峰会，提出了东亚自贸区、东亚互联互通、东亚减贫等一系列倡议。东盟的中心地位和东盟方式作为东亚区域一体化的必要因素，得到了中国的充分重视。中国和东盟的合作成为推动区域一体化的重要力量，也使中国和东盟的关系进一步升华，展现出勃勃的生机。

中国—东盟关系需要承前启后，着眼未来，抓住历史发展的新机遇，开创发展的新前景。在2017年11月第20次中国—东盟10+1峰会上，李克强总理提出将“2+7合作框架”升级为以政治安全、经贸、人文交流三大支柱为主线，多领域合作的“3+X合作框架”的构想，并对中国—东盟关系更上一层楼提出五点建议：规划中国—东盟关系发展愿景，促进“一带一路”倡议同东盟发展规划对接，稳步加强双方政治安全合作，进一步拉紧经贸合作纽带，不断提升人文交流合作水平。② 这不仅是新时期双方务实合作构想，更是建设“中国—东盟命运共同体”的方向。中国—东盟的新关系意味着加强战略互信，深化战略对接，振兴区域合作，密切人文交流，使中国—东盟命运共同体观念深入人心。③

---

① “东盟与中日韩（10+3）外长会在马尼拉举行”，外交部网站，2017年8月7日，http://www.fmprc.gov.cn/web/wjbz_673089/xghd_673097/t1482905.shtml。

② “李克强在第20次中国—东盟领导人会议上的讲话（全文）”，新华网，2017年11月14日，http://www.xinhuanet.com/world/2017-11/14/c_1121950086.htm。

③ “黄溪连大使在与印尼智库媒体新春座谈会上的讲话”。

（二）经济领域：成果丰富

1.经贸合作迈上新台阶

2017年中国和东盟的经贸关系迈上了新台阶，双边贸易额突破5000亿美元大关，达到5148.2亿美元，同比增长13.8%。东盟10国中，越南、马来西亚、泰国是中国的前三大贸易伙伴，其中，中国和越南的贸易总额首次突破千亿美元。从增长速度来看，2017年中国和东盟各国的进出口额均有上涨，涨幅最高的依次是文莱（36.5%）、老挝（28.6%）、越南（23.5%）。中国对东盟的出口较2016年增加了9%，中国对东盟的进口增加了20.1%。从贸易平衡上看，中国和东盟的贸易顺差日益缩小，从2016年的597.7亿美元降至2017年的434.2亿美元，双方的合作对彼此的惠及正走向均衡。

表1 2017年中国和东盟贸易情况（单位：亿美元）

国别/地区	进出口		出口		进口		差额	
	金额	同比%	金额	同比%	金额	同比%	当年	上年同期
越南	1213.2	23.5	709.9	16.2	503.3	35.4	206.6	239.7
马来西亚	960.3	10.5	417.2	10.8	543	10.2	–125.8	–115.5
泰国	802.9	6	387.1	4.1	415.8	7.9	–28.7	–14.9
新加坡	792.4	12.4	450.2	1.1	342.2	31.6	108	185.3
印度尼西亚	633.2	18.3	347.6	8.2	285.5	33.3	62.1	107.2
菲律宾	512.8	8.5	320.4	7.4	192.3	10.5	128.1	124.6
缅甸	135.4	10.2	90.1	10	45.3	10.5	44.8	40.9
柬埔寨	57.9	21.7	47.8	21.7	10.1	21.3	37.8	31
老挝	30.2	28.6	14.3	44.5	15.9	17	–1.6	–3.7
文莱	10	36.5	6.5	26.8	3.5	58.8	3	3
东盟	5148.2	13.8	2791.2	9	2357	20.1	434.2	597.7

数据来源：商务部亚洲司

2017年也是中国—东盟旅游年，双向旅游交流规模已达到4913万人次，前往东盟国家旅游的中国游客人数为2784万人次，前往中国旅游的东盟国家游客人数为2129万人次。[1] 从中国国家旅游局发布的数据来看，缅甸（第一）、越南（第二）、马来西亚（第八）、菲律宾（第九）、新加坡（第十）、泰国（第十三）、印度尼西亚（第十五）位列来华旅游前15大客源国。[2] 中国前往东盟国家的游客数量也出现突破，前往越南、泰国、新加坡、印尼、柬埔寨的游客数量均为各国榜首，同时，中国首次成为新加坡的最大客源国。

表2　2017年中国前往部分东盟国家游客数量

国家	人次	排名
越南	1290万	1
泰国	980万	1
新加坡	322.7万	1
印度尼西亚	205.9万	1
柬埔寨	120万	1
菲律宾	96.8万	2

2.“一带一路”倡议成果显著

2017年5月，“一带一路”国际合作高峰论坛在北京举行，东盟各成员国积极参与，会上中国和东盟各成员签署了多项涉及经贸、产能、交通、基础设施、工业园、金融的合作文件。2017年12月21日，中泰铁路一期正式开工，泰国总理巴育出席开工仪式，李克强总理致信祝贺。中泰铁路一期虽然只有3.5公里，但是整个大型项目对于中泰关系而言，是合作的新平台，对于“一带一路”倡议，也是成果的落地开花。

---

① “2017中国公民赴老挝人次同比增近六成”，新华丝路，2018年2月2日，http://silkroad.news.cn/2018/0202/82906.shtml。

② “2017年全年旅游市场及综合贡献数据报告”，国家旅游局网站，2018年2月6日，http://www.cnta.gov.cn/zwgk/lysj/201802/t20180206_855832.shtml。

表3 "一带一路"国际合作高峰论坛上中国和部分东盟成员国经济领域成果文件

新加坡	政府间"一带一路"合作谅解备忘录
缅甸	政府间"一带一路"合作谅解备忘录、"一带一路"交通运输领域合作文件、机场扩改建项目贷款协议、经贸合作协议、中缅边境经济合作区的谅解备忘录
泰国	和平利用核能协定，授信额度框架协议
马来西亚	政府间"一带一路"合作谅解备忘录，水资源领域谅解备忘录，《关于加强标准合作，助推"一带一路"建设联合倡议》，化工、冶金、石化等领域产能合作融资合作协议，融资、债券承销合作，授信额度框架协议
柬埔寨	关于加强基础设施领域合作的谅解备忘录，"一带一路"交通运输领域合作文件，建立中柬联合海洋观测站的议定书，公路项目贷款协议，经贸合作协议，《关于加强标准合作，助推"一带一路"建设联合倡议》，工业园、输变电、风电、水坝、卫星、液压器厂等项目贷款协议，融资、债券承销合作，旅游合作备忘录实施方案
印度尼西亚	雅万高铁项目融资协议，经贸合作协议，化工、冶金、石化等领域产能合作融资合作协议
老挝	港口、电力、工业园区等领域基础设施融资合作协议，经贸合作协议，工业园、输变电、风电、水坝、卫星、液压器厂等项目贷款协议
越南	轻轨项目贷款协议、经贸合作协议、电子商务合作的谅解备忘录
菲律宾	经贸合作协议，融资授信额度战略合作框架协议，融资、债券承销合作

3. 区域全面伙伴关系协定谈判取得进展

2017年，中国和东盟加速推进了区域全面伙伴关系协定（RCEP）的谈判，东盟将实质性谈判的重大进展确定为东盟成立50周年的重要成果。[①] 2017年共举行了4次（第17—20次）谈判和两次（第3—4次）部长级会议。经过一系列的努力，11月14日RCEP迎来了首次领导人峰会，发布了《驱动经济一体化，促进包容性发展》的领导人声明，公布了目前RCEP的谈判框架，并指示部长们和谈判团队2018年加紧努

① "《区域全面经济伙伴关系协定》（RCEP）部长级会议发布联合媒体声明"，商务部网站，2017年5月24日，http://fta.mofcom.gov.cn/article/rcep/rcepnews/201705/35040_1.html。

力结束谈判。[1] 虽然RCEP的谈判未能在2017年完成，但在贸易谈判、服务和投资模式方面取得重大进展，且各国均显示出推动区域经济合作的热切愿望，希望达成一个全面灵活、高质高效、互惠互利的合作协定。[2]

（三）安全、军事、海上合作领域

1.南海问题取得重大进展

2017年5月，中国和东盟通过了《南海行为准则》(COC）框架草案，8月6日，中国—东盟外长会正式通过《南海行为准则》框架。以往历年的中国—东盟外长联合公报均有关于南海问题的表述，但此次外长会公报则主要体现了南海问题取得的进展：一是篇幅比往年大为减少；二是东盟10国都充分肯定了同中国合作取得的成果和南海局势的稳定向好，充分肯定了同中国一起制定批准《南海行为准则》(COC）框架。[3] 在11月的第二十次中国—东盟领导峰会上，双方宣布开始对南海行为准则的案文进行磋商。这也是解决南海问题迈出的最实质性的一步。

此外，2017年中国和菲律宾建立了双边磋商机制，第一次磋商会议于5月19日举行，双方交换了各自对南海问题的看法，并对磋商机制《职责范围》初步达成一致，为下一步谈判开了好头。[4] 越南方面，从2017年1月越南国家主席阮富仲对中国的访问中，可以看出越方对

---

① “驱动经济一体化，促进包容性发展——《区域全面经济伙伴关系协定》(RCEP）谈判领导人联合声明”，商务部网站，2017年11月15日，http://fta.mofcom.gov.cn/article/zhengwugk/201711/36157_1.html。

② “RCEP领导人会议彰显各国加强区域经济合作热切愿望”，新华网，2017年11月15日，http://www.xinhuanet.com/2017-11/15/c_1121956443.htm。

③ “王毅谈中方如何看待东盟外长会联合公报”，人民网，2017年8月8日，http://world.people.com.cn/n1/2017/0808/c1002-29456475.html。

④ “中国—菲律宾南海问题双边磋商机制第一次会议联合新闻稿”，外交部网站，2017年5月19日，http://www.fmprc.gov.cn/web/wjbxw_673019/t1463536.shtml。

南海问题态度出现温和变化。中越发布的联合公报指出要管控好南海分歧，不采取使问题复杂化、扩大化的做法，稳定南海局势。[①]

2. 军事、海上合作进一步加强

2017 年5月，菲南部城市马拉维遭遇恐怖分子袭击，杜特尔特总统被迫中断对俄访问，紧急回国处理马拉维危机。2017年6月，中国向菲律宾政府提供价值5000万元人民币的武器和1500万比索的人道主义援助，帮助菲律宾抗击恐怖主义。[②] 这一事件也使东盟认识到反恐合作的重要性。2017年6月和10月，菲律宾、马来西亚和印尼三国分别启动了联合海上巡逻和联合空中巡逻。此后不久，东盟防长间启动了“东盟直接联络沟通机制”。在11月的东盟领导人峰会和东亚领导人峰会上，东盟强调了反恐合作的刻不容缓，东盟将与包括中国在内的对话伙伴国加强反恐合作。[③]

2017年，中国海军编队成功访问菲律宾、越南、马来西亚、缅甸、文莱、柬埔寨、泰国等东盟国家。在菲律宾，杜特尔特总统亲自登上中国长春舰并参观导弹发射平台、作战指挥室等区域。作战指挥室是一艘舰船最核心的部位，开放参观显现出中方和平解决南海问题的最大诚意。[④] 在马来西亚、越南、柬埔寨、泰国，中国舰队开放当地军官、华人华侨代表、民众参观。在缅甸，中缅双方互登军舰参观，[⑤] 并举行

---

① “中越联合公报”，新华网，2017年1月14日，http://www.xinhuanet.com/2017-01/14/c_1120312428.htm。

② “中国军事援助菲律宾 杜特尔特：有这样的朋友真好”，凤凰网，2017年6月29日，http://news.ifeng.com/a/20170629/51342877_0.shtml。

③ “国际观察：聚焦经济融合 推动安全合作——东盟峰会和东亚合作领导人系列会议前瞻”，新华网，2017年11月9日，http://www.xinhuanet.com/2017-11/09/c_1121931666.htm。

④ 徐绿山：“长春舰向菲律宾总统开放作战指挥室彰显最大善意”，中国军网，2017年5月4日，http://www.81.cn/jwsj/2017-05/04/content_7587542.htm。

⑤ “中国海军赴缅甸海军训练基地交流 双方互登军舰参观”，凤凰网，2017年5月20日，http://news.ifeng.com/a/20170520/51127661_0.shtml。

历史上首次海上联合军演。[①] 在文莱，中文海军也举行了海上联合军演。此外，2017年5月，新加坡海军成立50周年活动上，中国海军黄山舰应邀参加并接受检阅。2017年11月，中国海军郑州舰前往泰国参加东盟成立50周年国际舰队检阅活动。这一系列的出访加深了中国和东盟及其成员国的海上合作、增进了友谊与互信。

2017年6月，中国国家发改委、国家海洋局联合发布了《"一带一路"建设海上合作设想》，其中提及实施好《南海及其周边海洋国际合作框架计划（2016—2020年）》，积极推进南海海啸预警中心建设，建立中国—东盟海洋合作中心，为下一步中国东盟的海上合作提供了方向。[②]

（四）文化教育领域

1．人文交流构建中国—东盟关系新支柱

2017年中国和东盟的人文交流秉承共商、共建、共享的原则，取得了多项成果。5月，"一带一路"国际合作高峰论坛召开期间，中国国务院新闻办公室与柬埔寨新闻部、文莱首相府新闻局签署了媒体交流合作备忘录。9月11日，第12届中国—东盟文化论坛召开，论坛聚焦传统艺术的承袭与发展，通过经验交流，探索中国—东盟传统艺术交流的途径与机制，论坛期间还举办了中国—东盟艺术院校校长圆桌会议并通过南宁倡议，推动了中国—东盟传统艺术的交往和发展。[③] 9月24日，澜沧江—湄公河文化论坛在浙江宁波举行，以"同饮一江水，共济文化舟"为主题，中国、泰国、老挝、柬埔寨、缅甸、越南6国文化部长或部长代表就澜湄文化进行探讨，并通过《澜湄文化合作宁波

① "中缅海军首次举行海上联合演练"，中国军网，2017年5月22日，http://www.81.cn/jfjbmap/content/2017-05/22/content_178042.htm。

② "一带一路"建设海上合作设想"，新华网，2017年6月20日，http://www.xinhuanet.com/politics/2017-06/20/c_1121176798.htm。

③ "第12届中国—东盟文化论坛聚焦传统艺术"，文化部网站，2017年9月12日，http://www.mcprc.gov.cn/whzx/ldhd/201709/t20170912_697967.htm。

宣言》，以澜湄文化合作构建澜湄新关系，增进理解与信任，促进民心相通。[①] 11月，中国国务院副总理刘延东访问印尼期间，中国—印尼第三次副总理级人文交流机制会议在印尼梭罗举行。自2015年该机制建立以来，双方签署了7项科技合作文件、共建2个国家级联合实验室和1个技术转移中心。在刘延东副总理此次访问期间，中国和印尼签署了《中国印尼科技创新合作三年行动计划（2018—2020年）（草案）》，双方将继续引领中国东盟的科技创新合作。[②]

2. 教育合作释放新动力

教育合作一直是中国和东盟合作的典范。合作领域宽泛，形式丰富多彩，效果深入民心，使教育合作成果亮眼。2017年中国和东盟在原有合作的基础上，进一步发挥作用，为双方合作注入新动力。3月博鳌亚洲论坛举办期间，中国和东盟的16个省市负责人在“中国—东盟省市长对话”会议上，探讨教育合作的新途径、新内容。5月，“一带一路”国际合作高峰论坛召开期间，中国教育部和老挝教育与体育部签署了教育领域合作文件。7月，第十届中国—东盟教育交流周在贵阳举行，此次活动以“一带一路”为主题，探讨中国—东盟的校企合作，“一带一路”人才培养校企联盟正式揭牌，交流周还通过了《中国—东盟教育合作行动计划（2017—2020年）》。未来三年，中国将向东盟提供不少于2万个的中国政府奖学金名额。9月，中国—东盟教育官员对话会在南宁举行，会议达成了《南宁宣言》，将就中国—东盟职业教育展开全方位、多领域的合作，并确定中国—东盟职业教育联展暨论坛永久落户南宁，每两年举办一次。[③] 这一系列的活动加强了中国—东盟合作的社会基础，尤其是在青年人中建立了人才支撑，促进了合作的提

① “澜沧江—湄公河文化论坛举行”，中国文化部，文化部网站，2017年9月26日，http://www.mcprc.gov.cn/whzx/ldhd/201709/t20170926_697995.htm。

② “‘中印尼科技创新合作论坛’在雅加达开幕”，人民网，2017年11月27日，http://world.people.com.cn/n1/2017/1127/c1002-29669981.html。

③ “2017中国—东盟教育官员对话会讨论通过《南宁宣言》”，人民网，2017年9月12日，http://gx.people.com.cn/n2/2017/0912/c179430-30725227.html。

质升级。

二、中国—东盟合作面临的挑战

2017年中国和东盟的合作取得了令人满意的成绩，但另一方面，东盟区域一体化进程放缓，美国构建印太战略、南海形势的不确定性等因素也给双方的合作带来了挑战。

（一）东盟一体化进程放缓

经历了50年的发展，东盟在一体化方面取得了巨大的成果，但也面临着不少的挑战，这些挑战也在一定程度上制约着东盟和中国合作的深化。一是当前东盟对外和对内均出现贸易保护主义势头。2017年4月东盟财长和央行行长会议发布的联合声明，强调了贸易保护主义将可能成为东盟经济发展的隐忧。倘若增长受阻，东盟一体化进程将放缓，东盟和中国的经贸合作也将难以提升至新的高度。二是东盟国家发展不平衡，且内部身份认同度不高。这使一些东盟成员国将自己的利益放在首位，忽略东盟的集体利益，导致东盟一体化进程速度缓慢。舒适宽松的“东盟方式”的背后，是东盟国家对于地区整合的犹疑。另一方面，亚太的区域一体化进程是以东盟为中心的，东盟主导着包括RCEP、10+3在内的诸多合作进程。如果东盟的决心和效率不够，那么东盟和中国的合作深度和质量都会受到影响。

（二）美国构建印太战略

特朗普执政后，放弃了奥巴马政府的亚太再平衡战略，一度使美国亚洲战略出现真空，但在2017年，美国的印度洋—太平洋战略构想正式浮现，其核心内容是构建美、日、澳、印四国的安全合作，以扼制“中国威胁”。美国的印太战略不但受到日、澳、印的支持，也得到印度尼西亚、新加坡等国的支持，而中国则被看成是印太战略针对的主要对象。[①] 2017年12月，印度举办了首届东盟与印度互联互通峰会，除了东盟外，印尼邀请了唯一的域外国家日本参会，印度有媒体将此次会议解读为抗衡中国“一带一路”倡议的重要举措。[②] 在多国试图拉东盟对抗中国的背景下，中国和东盟的合作面临着挑战。

（三）南海有进展但仍需解决时间

2017年虽然南海局势显著降温，但问题并没有完全解决，不确定因素依然存在。从外部环境看，美国依旧打着“航行自由”的旗号，多次派军舰擅入南海，日本准航母“出云号”也在2017年5—6月间多次在南海徘徊，破坏南海的和平稳定。2017年5月，日本首相安倍晋三访问新西兰，与新西兰总理一道发表声明关切南海“紧张”局势，并提及菲律宾“南海仲裁案”。安倍访问菲律宾期间，与杜特尔特总统大谈南海，声称南海是整个国际社会的“关切”，要求杜特尔特总统按照“南海仲裁案”结果处理南海问题。域外国家的干预使南海问题更加复杂化，不利于中国—东盟合作大局的稳定。

从内部环境来看，虽然菲律宾“南海仲裁案”结果被杜特尔特政府搁置，但菲律宾国内要求中国履行结果的声音不减。另外，越南虽然在中国的干预下停止南海油气开发，但仍在其占领的南海岛礁上大兴基建，东盟外长会议期间越南不顾其他东盟国家的反对坚持将“南海岛礁建设”写入声明，以致声明延后发布，起到非常消极的作用。[③] 印尼将南海的部分海域重新命名为“北纳土纳海”，变相发出不承认南海断续线的信号。综上所述，虽然南海形势整体向好，但一些国家的行为依旧给问题的解决增加了难度和不确定性，也给中国与东盟的合作蒙上阴影。

---

① 吴敏文：“特朗普的‘印太战略’前景如何 有哪些国家参与？”，中新网，2017年11月16日，http://www.chinanews.com/gj/2017/11-16/8377658.shtml。

② “为对抗‘一带一路’印度开与东盟互联互通峰会，日本受邀”，澎湃网，2017年12月11日，http://www.thepaper.cn/newsDetail_forward_1900313。

③ “期待，二　一八‘中国—东盟创新年’”，新华日报，2017年8月8日，http://xh.xhby.net/mp3/pc/c/201708/08/c360705.html。

三、2018年中国—东盟合作展望与建议

2018年是中国—东盟建立战略伙伴关系15年。2013年中国—东盟建立战略伙伴关系10周年之时，习近平访问了印尼并提出了建设“21世纪海上丝绸之路”的畅想。在新的历史时刻，我们预期将有更多具有历史性意义的合作成果。其中，最令人期待的是2017年李克强总理在中国—东盟领导人会上提出的“中国—东盟战略伙伴关系2030愿景”，这是新的15年里中国—东盟合作提质升级、迈向新台阶的宏伟蓝图。2018年也是中国—东盟创新年，在全球经济不景气，各国增长放缓的背景下，创新将为中国和东盟的合作提供新的动力源。中国在互联网+、人工智能、共享经济等创新领域取得了举世瞩目的成绩。中国和东盟的发展将不再局限于增量模式，而是向高科技、高水平、高质量迈进，创新和智慧的火花将为新时期中国和东盟的合作带来闪光点。在此，本文提出以下建议，希望能够促进下一步中国和东盟的合作。

（一）加强高层互访，促进政治互信

2017年中国和东盟取得了许多合作的成果，这与中国和东盟各国密切的政治联络分不开。2018年中国和东盟国家应继续加强高层互访，增加交流沟通，加强政治互信，为合作提供政治保障。其次，要推动制定“中国—东盟战略伙伴关系2030年愿景”，为中国和东盟的下一步合作指明方向。再次，十九大后的中国迎来了新时代，在此环境下，应继续推行“亲、诚、惠、容”的外交政策，坚定不移地实行“睦邻、安邻、富邻”的周边外交方针，继续将东盟作为周边外交的优先方向，争取在“一带一路”倡议、RCEP谈判等方面取得新的重大进展。

（二）以合作促了解，打造中国—东盟命运共同体

2017年的“一带一路”国际合作高峰论坛和双边互访中 ，中国和

东盟国家签订了许多合作协议，要抓紧细化和落实。加快推进“一带一路”倡议在东盟的实施，争取尽快收获早期成果，让双方民众共享合作成果，加深彼此的了解，促进互相信任，增进双方合作的意愿。要强化中国和东盟彼此的认同，密切双方合作，维护双方共同利益，打造中国—东盟命运共同体，创造民心相通、发展相通的良性合作环境。

（三）增加合作的新领域，开拓合作的新动能

随着世界日新月异的革新，中国和东盟的传统合作已经不能满足当前发展的需要，合作的替代性和边际效应也出现递减的现象，因此必须开拓合作的新领域，增减双方合作的意愿。例如，2017年东盟的反恐形势有所严峻，2018年，双方可以在人员培训、信息共享、武器提供、联合演习等方面进一步深化合作，创建原先所没有的新机制。2018年的中国—东盟创新年，双方要紧扣创新的主题，开展创意、科技、人工智能等领域合作，打造中国—东盟科技创新共同体。

（四）妥善解决南海问题

2017年南海行为准则的磋商已经取得了进展，2018年应加速推进磋商，争取早日达成正式的文案。同时还要推进中国和南海声索国的双边谈判，创建新机制。2017年中菲南海双边磋商机制是很好的开端，2018年应继续保持，争取得到突破。对于其他声索国，也可以促成双边磋商机制。对于域外国家的干涉，应坚定地表明立场，同时争取东盟国家的支持，维护南海的和平与稳定。

（五）促进中国—东盟人文交流

人文交流是中国和东盟关系的三大支柱之一，要充分发挥其“催化剂”和“黏合剂”的作用，推动中国—东盟合作的发展。首先，要加强人文领域机制的创新。创造更多的机会展现中国和东盟的传统文化，注重传统文化人才的培养，增加相互之间的了解和沟通，讲好中

国故事，展现东盟风情，促进民心相通，延续中国和东盟的传统友谊。其次，要加强教育领域的合作。加强中国和东盟青少年人才的培养，争取有更多了解彼此语言、文化、传统的人才参与中国和东盟的合作。深化教育合作，共同开发教育资源，创造更多教育、科研人才交流沟通的机会，为中国和东盟的合作添砖加瓦。

非洲形势与中非关系*

浙江师范大学非洲研究院院长　刘鸿武

2017年是非洲大陆的政治与安全局势进一步调整转换的一年，各次区域和重点国家的政治与安全局势有好有坏，但总体上呈现稳定和改善的走向，并出现了许多新特点。

一、非洲政治与安全局势总体稳定

在北非地区，地区政治与安全的总体形势有所好转，但潜在风险和不确定因素依然严重。在经历2010年以来的所谓“阿拉伯之春”混乱局势后，北非诸国近年来原有的政治势力呈回归之势，但世俗力量与宗教力量、区域内力量与外部力量、不同部族民族间力量的博弈难分高下，整个地区政治局势依然前景不明。风险存在的深层原因还是普遍的经济衰退与民生艰难，除个别国家稍好外，整个北非国家自动荡以来就深陷经济衰败困局，国民经济结构更趋脆弱。与此同时，西方大国势力的干涉阴影久挥不去，时时加剧着地区形势的复杂化。经过这些年的反复动荡和折腾，原先经济状态处于非洲大陆前沿的北非地区多数国家，总体上已经不具有明显的优势，相对于一些撒哈拉以南非洲国家近年来的积极变化，北非国家似乎在经历一个漫长的“失去的十年”。昔日非洲大国埃及可谓是积重难返，伤筋动骨，虽架子

* 刘鸿武担任首席专家的国家社科基金重大招标项目《中国对非洲关系的国际战略研究》(15ZDA066) 研究成果。

还在，但要再成为非洲领袖恐怕已是强人所难。利比亚已经是一个半肢解了的国家，难民遍野，恐灾连连，国家复兴遥遥无期，能维持表面的统一已经不易。尤其让人担忧的是，在普遍的经济衰退与民生苦难中，北非成为国际恐怖主义的另一张温床。曾有的现代化、世俗化趋势面临逆转的风险，各种打着宗教名义的宗教极端势力获得滋生的土壤，对地区内国家的政权稳定和政治安全形成隐患，这些都使得北非地区未来的政治发展依然充满变数。不过，总体来看，经过多年动乱消耗，“阿拉伯之春”造成的政治影响及后遗症已经有所缓解。民生厌乱，人心思治，少折腾不折腾成为普遍的社会期待，各方政治力量的博弈胜败格局也趋于明朗化，因而整个地区安全形势不太可再能出现大规模恶化。但是，在这些国家要出现类似部分东非国家那样专注于经济发展与民生改善的强势政党集团和有效能政府，似乎一时也不可能。

在非洲之角及东北非地区，情况呈现某种戏剧性变化，可谓是有喜有忧，总体上是充满着新的希望。在政治和安全方面，各国局势总体平稳，但出现一些动荡冲突。近年来，埃塞俄比亚经济发展成效卓著，国家现代化、工业化、城市化信心高涨，人口红利与政治稳定造就了难得的发展20年机遇期。尤其是中国援助的亚吉铁路通车，打开了这个内陆国家通向外部世界的通道。而执政党总体上掌控着大局，国家整体向上提升，加上非盟驻扎于此，其在非洲和国际上的地位普遍看好。但其国内发展不平衡，长期积累的极度贫困一时不可能彻底消除，脆弱的环境和时常发生的干旱灾难更显示非洲国家实现可持续发展实属不易。长期感受被边缘化的奥罗莫人一度掀起大规模抗议活动，在埃塞俄比亚政府实施全国紧急状态后有所缓和，但是族群发展不平衡、贫富差距大等难题依旧存在。埃革阵执政已经近30年，面临的压力不小。2016年以来，索马里在国家重建的道路上迈出了重要的一步，但已经分裂了一代人的国家要恢复统一和实现稳定，仍然面临重重困难。人为建构的新国家南苏丹内乱不已，作为世界上最贫困国家的状态短期内难有改变。肯尼亚近年经济形势令人鼓舞，肯雅塔新政府发奋有为，志在国家民族复兴，得到国内民众支持，但已经选举化的多党竞争制度设计使得任何中长期的国家发展计划的实施，和大规模基础设施投资的推进都比较艰难。人们普遍期待在在短期内就获得发展成果，而长期累积的政治矛盾、族群矛盾、贫富鸿沟却随时有可能调动起来引发社会动荡。2017年的大选结果一度被宪法法院宣布无效，使这个国家面临政治失控的风险。东非之角的苏丹、吉布提和厄立特里亚等国的发展也面临新的挑战和机遇，吉布提似乎赶上了一个好的发展机遇，借助中国一带一路倡议和中非合作大势，其发展环境正发生重大的变化，有可能走一条特殊的发展之路。总体上，2016—2017年度非洲之角和东北非地区的政治与安全局势呈现平稳的特征，但是国内冲突的顽固性、族群矛盾的持久性和选举政治的不稳定性，仍旧威胁着相关国家的政治发展进程。

在广阔的南部非洲，2016年以来的严重旱灾对该地区各国的社会经济发展造成持续影响，并影响到各国的政治稳定，整个南部非洲超过4000万人口面临严重的粮食匮乏问题，这也暴露出各国国家发展和治理能力的虚弱。在南非举行的市镇选举中，非国大遭遇重挫，丧失了对主要城镇的控制权，而反对党势力大大增强，势必影响到南非政治走势。津巴布韦、莫桑比克、纳米比亚经济出现严重困难，影响到这些国家的政治稳定，执政党的控制力也受到严重削弱。赞比亚于2016年顺利举行大选，执政党爱国阵线得以继续执政，但面临严峻的经济形势，而年底发生的严重霍乱疾病，表明这些非洲国家的公共卫生条件和社会治理依然十分脆弱。

2017年，安哥拉迎来38年来的新总统，安执政党安哥拉人民解放运动（安人运）副主席洛伦索接替多斯桑托斯，宣誓就任安哥拉总统，任期5年。洛伦索生于1954年，曾长期在安人运从事党务和议会工作，2014年任国防部长，2016年任安人运副主席。74岁的多斯桑托斯是非洲执政时间最长的领导人之一，他在1979年9月安哥拉首任总统阿戈什蒂纽·内图去世后就任国家领导人，此后多次连任。

2017年也是津巴布韦政治剧变的一年，已执掌权杖37年并一度宣称要执政到99岁的罗伯特·穆加贝于11月21日宣布辞去总统职务，为“穆加贝时代”画上了句号。11月15日，津巴布韦首都哈拉雷发生政治动荡，随后津军方通过国家电视台发表讲话，表示已接管政府部门，宣称要揪出执政党内的“罪犯”并将其绳之以法。接着发生民众大规模游行现象，人们要求穆加贝立即辞职。在此背景下，执政党津巴布韦非洲民族联盟—爱国阵线（民盟）举行中央特别会议，宣布解除穆加贝的民盟主席兼第一书记职务，并要求穆加贝辞去总统一职，否则将通过议会启动弹劾程序。在各方压力下，穆加贝最终宣布放权，前副总统埃默森·姆南加古瓦被推选为新任总统。穆加贝是非洲最后几位在世的民族解放运动时期的领袖，一生对国家贡献很大，但晚年迟迟不肯放权，又过于倚重其夫人格雷丝，而草草解除副总统姆南加古瓦的职务更是激起民愤，终于导致军方出手干预，执政党与军方配合，主动采取行动，一时保住了政权。

2017年12月18日，南非执政党非洲人国民大会（非国大）第54届全国代表大会选举副总统西里尔·拉马福萨为该党主席，接替现任主席祖马。根据法律规定，拉马福萨将代表非国大参加2019年总统大选。拉马福萨倡导建设清廉政府，推进变革，受到各方欢迎。他当选后，当地货币兰特对美元汇率上涨了4%，股票市场也反响积极，似乎给萎靡不振的南非经济带来一线希望。自从1994年种族隔离制度被废除后，非国大一直在南非执掌政权，但近年来的经济危机让其陷入困局。人们期待拉马福萨能够带领非国大给南非带来新的希望与变革，但目前祖马依然在位，两人关系如何协调配合，会否形成“一国二主”局面让人生疑，这也让两年后非国大能否保住执政党地位增加了不确定因素。

在非洲大湖地区和东非地区，2016—2017年的政治进程有许多挑战与困难。自2015年4月底布隆迪出现政治危机和动荡以来，大湖地区国家因修宪和总统大选引发国际社会普遍关注，尤其是布隆迪和刚果（金），执政党与反对派之间的矛盾一时难以缓解。在坦桑尼亚，自马古富力总统执政以来，执政党与反对党之间的斗争也日趋激烈。马是一个相对强势的总统，大力倡导反腐，推进经济发展。乌干达宪法取消了总统任期限制，但现任总统穆塞韦尼在2021年总统大选中将面临着总统候选人年龄的限制，修宪提议已经列入乌干达政治议程。坦桑尼亚和刚果（金）没有因现任总统面临宪法约束而正式提出修宪，已经实现修宪的国家有卢旺达。在刚果（金），2016至2017年政治形势恶化，现任总统约瑟夫·卡比拉违背宪法规定，有意拖延选举致使刚果陷入一场选举冲突。尽管在内外压力和主教调解下于2016年12月31日政府与反对派签署了《圣西尔维斯特（Saint Sylvester）协议》，规定选举应于2017年底举行，但是由于卡比拉的暧昧态度，政府对反对派的强力打压，以及反对派内部的分裂等因素，刚果（金）能否顺利完成总统权力过渡仍然面临严峻挑战。

从2016年至2017年非洲选举来看，非洲国家之间有意识地加强了彼此之间的政治合作，"逢选必乱"的局面得到了有效遏制。总体上看，非洲现任总统参与竞选之时，其优势仍旧是反对党难以比拟的，如赞比亚总统利用手中职权，以欠税为由查封了赞比亚主要反对派纸媒《赞比亚邮报》。加纳被西方称为非洲民主的样板，但2016年大选耗资巨大，可谓劳民伤财。在冈比亚，2016年12月冈比亚选举委员会宣布候选人巴罗赢得45.54%的选票而当总统，但执政20年的时任总统叶海亚·贾梅不接受选举结果，要求重新举行大选。2017年1月19日，巴罗在位于达喀尔的冈比亚驻塞内加尔大使馆宣誓就任冈比亚总统。同一天，联合国安理会一致通过决议，要求将权力移交给巴罗。在内外压力下，贾梅宣布放弃总统权力，冈比亚政治危机得以和平解决。在加蓬，现任总统邦戈以微弱优势赢得大选，但国内一度出现了暴力抗议活动。

2017年的肯尼亚大选也一波多折，3个月内举行了两次总统选举。8月8日肯举行总统大选，计票结果显示，朱比利党候选人肯雅塔获得连任，但肯雅塔的主要竞争者“国家超级联盟”候选人奥廷加拒绝接受选举结果，并向最高法院提起诉讼，要求重新举行大选。9月1日，肯最高法院裁定8月大选结果无效。在10月举行的总统重新选举中，肯雅塔再次获胜，这一结果虽然再次受到挑战，但最高法院裁定总统重选结果有效。11月28日肯雅塔在首都内罗毕宣誓就职，开启第二个总统任期。他在就职仪式上说，大选过程正式结束，他将致力于实现国家团结与繁荣，“将成为全肯尼亚人民的总统”。

值得关注的是2017年非洲政治局势变动出现的一些新特点。首先，津巴布韦政局虽然发生重大转折，但总统权力却以相对和平的方式在执政党内部获得更替，这可能开辟国家新的改革开放进程。津巴布韦的现象表明，西方强权外部干预的减少使得非洲国家有可能以自主的方式解决自己的问题，这与前些年西方强势介入非洲引发严重动乱甚至战争的情况有了很大的不同。同样的，肯尼亚大选引发的动荡在总体上得到了控制，也反映了西方对非干涉力量的衰退与非洲自主发展空间的增长。

事实上，近年来，欧美国家因内部问题困扰而对非洲事实的关注和干涉都有所下降。2017年特朗普上台后，受“美国优先”总体政策的影响，非洲在美国内政外交中的地位明显下降。特朗普在竞选时就表现出对非洲的忽视，对非政策阐述甚少。他将奥巴马时期遣非特使全数撤回，就职后仅向非洲派遣少数特使。上台近一年仍未提名负责对非事务的助理国务卿，也不太可能提出一个明确的非洲战略或政策框架。他宣称要严格限制非洲赴美难民人数，对非洲国家表现出明显的轻视态度。由于美国日益转向贸易保护主义，把贸易协定重点从多边转向双边，以往美国通过的《非洲成长与机会法案》《总统紧急援助计划》《非洲电力计划》《非洲青年领袖计划》等对非优惠安排都可能搁浅。新政府上台后，美国对非援助将大幅缩水，国务院和美国际开发署（USAid）预算缩减30%，取消许多对外援助执行组织机构的资金投入。在反恐领域，美国集中力量打击ISIS，进一步缩减一般性反恐行动经费。2016年，美国用于一般性反恐行动的费用为79亿美元，而2017年的数额不到其30%。不过，这一切并不意味着特朗普政府会完全忽视非洲，非洲是美国全球反恐战略的重要一环，安全问题仍是非洲拉住美国的重要议题领域。

二、非洲经济进一步回暖前景可期

发展是非洲变革的基础，这方面非洲大陆希望与困难并存。2001—2014年，非洲大陆的平均经济增长率超过了5%，呈现难得的发展势头。但是2015年以来，受大宗商品价格低迷、全球经济复苏乏力和恶劣的天气等因素的影响，非洲经济增速大幅下滑。2016年，非洲大陆作为一个整体，全洲经济增长趋势总体下滑，从2015年的3.4%下降至2.2%。2017年则有所回升，大致可达到3%左右。2016年，非洲的石油、矿产品输出国经济继续下滑，如阿尔及利亚、安哥拉、苏丹的平均实际增长率仅为1.6%，尼日利亚则衰退至–1.5%，呈现严重的经济困境，而南非增长率也仅约为0.4%。不过，非洲大陆也有经济亮点，尤其是传统农产品出口国依然保持稳定增长，2016年平均增长了3.0%，接近于2015年非洲整体创纪录的3.3%。此外，也有相当一部分非洲国家发展势头强劲，如卢旺达、肯尼亚、吉布提、坦桑尼亚和埃塞俄比亚2016年的经济增长率均在6%以上，这进一步强化了非洲大陆国别经济发展不平衡的趋势。

从非洲大陆各次区域来看。东部非洲增长情况相对最好，但平均增长率也从2015年的6.5%下降到5.3%。北部非洲名列第二，平均增长率达到3%。南部非洲名列第三，为1.1%，比起2015年的1.9%有所下降。中部非洲和西部非洲则分别仅增长了0.8%和0.4%。2016年以来，一些国家发生了较大的军事冲突，如布隆迪、中非共和国、刚果（金）、利比亚、马里、尼日利亚、索马里和南苏丹等，致使这些国家经济进一步放缓。

2016年是联合国提出的2030年可持续发展目标的开局之年，根据联合国贸发会议预测，发展中国家每年需增加2.5万亿美元的投资才可以实现2030年可持续发展目标，而世界银行估计非洲基础设施投资每年需要1200亿—1500亿美元，但目前缺口为600亿—800亿美元，因而非洲和其他发展中国家都面临资金严重缺口及维持经济持续增长的严峻挑战。受大宗商品价格走低等因素影响，2016年非洲大陆FDI流量持续下挫，较2015年下降3%，降至590亿美元。2016年，国际对非直接投资持续下挫，而占全球FDI流入比重有所上升。在地区分布上，北非、西非和东非的FDI流入量增加，而南部非洲和中部非洲的FDI流入量下降。其中，西非FDI流入增长了12%，主要源于尼日利亚投资的复苏（比2015年上升45%）；东非涨幅最大，较上年增长了13%，其中埃塞俄比亚上升幅度最大（主要源于基础设施和制造业的投资），而肯尼亚、坦桑尼亚FDI流入量缩减（前者主要是因为大选带来的不确定性，后者则源于对其监管环境及外资企业税收政策的担心）；南部非洲FDI流入量同比缩减了18%，其中南非的表现依然不佳，但比2015年低谷时有较大增长；中部非洲FDI流入量下降了15%，不过刚果（布）却因中国投资的持续增加而增幅较大。

在外资来源地上，美、英、法仍占据非洲前三大外资来源地，都超过了500亿美元。中国居第四位，超过300亿美元。其次是南非和意大利，达到200亿美元以上。其他重要的投资国家还有瑞士、印度、新加坡、马来西亚，也在100亿美元左右。目前，新兴经济体已成为非洲重要的外资来源地，巴林、中国、印度、卡塔尔、南非和阿联酋是目前非洲外资的最重要新兴来源地，尤其显著的是中东国家，在过去十年间为非洲地区注入了1000余亿美元的投资。在投资方式上，国际对非投资仍以绿地投资为主。值得一提的是，中国对非直接投资存量在2010—2015年间增长了近3倍，成为非洲最大的绿地投资来源国。近年来，撒哈拉以南非洲营商环境逐渐趋于改善，总体向好，据世界银行发布的2018年全球营商环境报告（Doing Business 2018），毛里求斯得分77.54，名列全球第25位，居非洲首位。非洲其他排名靠前国家为卢旺达（41位）、摩洛哥（69位）、肯尼亚（80位）、博茨瓦纳（81位）、南非（82位）。

在贸易方面，受制于全球经济疲软、石油和商品价格的持续走低，以及恶劣的干旱天气等因素，2016年非洲的货物贸易总额为11420亿美元，同比下降31.89%。其中出口额为3276.55亿美元，同比下降15.40%，进口额为4501.69亿美元，同比下降17.08%。同时，非洲对外贸易的国别集中度依然突出。2016年非洲的十大出口国分别为南非、尼日利亚、阿尔及利亚、安哥拉、摩洛哥、埃及、突尼斯、科特迪瓦、加纳、博茨瓦纳。这些国家出口总额合计为2514.2亿美元，占非洲出口总额的76.73%。十大进口国为南非、埃及、阿尔及利亚、摩洛哥、尼日利亚、埃塞俄比亚、突尼斯、肯尼亚、加纳、安哥拉、(如表2)。进口总额合计3236.97亿美元，占非洲进口总额的71.91%。与去年相比，这些国家的进口额大部分是下降的。其中，埃塞俄比亚的进口额下降幅度最大为37.23%，尼日利亚是十国中唯一一个进口额增加的国家。从商品结构上看，非洲出口总额比重中，“矿物燃料、矿物油及其蒸馏产品”；“天然或养殖珍珠、宝石或半宝石、贵金属、贵金属及其制品，仿首饰，硬币”等种类所占的比例分别为30.84%、8.95%，分别是第一和第二大出口商品。但是与2015年相比，这两类商品呈较明显的下降趋势，尤其是前者。相反，“车辆机器零件、附件，但铁道及电车道车辆除外”；“可可及可可制品”；“非针织或非钩编的服装”等商品在非洲出口中所占的份额上升幅度较大。这说明非洲以矿产品为主的单一出口商品结构趋于改善，制造品正在成为非洲的主要出口商品。

在贸易对象方面，2016年非洲对非洲大陆以外的贸易额为6829.45亿美元，同比下降14.2%，其占非洲进出口总额的比重为87.8%；区域内部贸易发展水平依然没有较大的起色，2016年非洲区域内部贸易额为948.79亿美元，其占非洲进出口总额的比重为12.2%，这表明非洲贸易和经济发展的对外依存度依然很高，而内部的一体化程度却进展缓慢。为此，近年非洲积极推进区域经济一体化进程。2015年6月15日，非洲联盟国家元首就建立由54个国家组成的大陆自由贸易区（CFTA）开启了谈判，该谈判计划将于2017年10月实施。如果计划实施成功，按国家数量计算，非洲大陆将建立世界上最大的自由贸易区，成为覆盖十亿人口，经济总量约3万亿美元的单一市场。CFTA的目标是实现规模经济、吸引更多的投资。同时，鼓励在大陆内进行资源配置，支持制造业的发展，提高非洲工业产品制造商的竞争力和生产力。区域经济共同体通过CFTA合作有助于加速区域项目的进展，解除贸易和产业发展（例如跨境基础设施）的约束，连接非洲主要城市中心，降低大陆区域内贸易的成本。2016年2月，CFTA谈判论坛制定了议事规则，同年5月定义了谈判的指导方针以及技术工作组的责任范围。非洲联盟委员会、联合国非洲经济委员会、联合国贸易和发展会议为CFTA关于货物和服务贸易协定准备了一份框架草案协议。CFTA谈判是在世界几个大型贸易协定，例如，跨太平洋伙伴关系协议（TPP）、跨大西洋贸易与投资伙伴协定（TTIP）和区域全面经济伙伴关系（RCEP）谈判的背景下进行的。随着美国总统特朗普上台后宣布退出TPP，以及TTIP多边贸易协定、区域全面经济伙伴关系的不受美特朗普政府的欢迎，对非洲区域内贸易可能产生不利的影响，这些也给CFTA快速、有效地建立提供了更大的动力，从而为非洲经济带来内部新动力。

非洲是世界上最后一个没有垄断电子商务平台的大陆。非洲尼日利亚、南非、肯尼亚、埃及等国电子商务较为发达，已经出现Jumia、Kilimall、Takealot、Konga等本土电子商务平台，但是其经营时间较短，平均为3—4年，其他非洲本土电子商务平台仍然处于酝酿期。非洲大部分国家3G网络基本覆盖，4G网络覆盖部分核心区域，非洲国家快速增长的年轻人口数量带动了网络发展需求。非洲拥有全球范围内增长速度最快的智能手机市场，以M-PESA为代表的移动支付在肯尼亚、坦桑尼亚等东非国家发展迅速，而Jumia Pay、Konga Pay则在西非尼日利亚开始普及，可以解决网络购物支付问题。非洲国家物流发展迅速，基础设施逐步完善，部分非洲沿岸国家铺设了宽带光纤电缆。展望未来，非洲电子商务市场潜力巨大，中国电子商务企业可以积极开拓非洲市场，推动双边跨境贸易实现跨越式发展。

多年来，非洲各国的税收收入水平一直较平稳，2005—2012年税收收入占国内总收入比重基本保持50%左右，2012—2015年，税收占国内总收入的比重有所提升，2015年达到了63%。非洲税法结构具有规范性，但税收法规尚未健全。虽然每个国家的税制不同，但大部分非洲国家实行政府分级税收管理体制。当前，多数非洲国家处于经济改革阶段，各国出台的税收法律往往不成熟，缺乏足够的稳定性。很多在非投资企业常常意外违规，遭遇巨额罚款等税务问题。我国在非投资企业需要及时跟踪了解非洲各国税法动态，通过合理税收筹划降低税务成本，我国政府部门需要加强与非洲国家的税务合作，以为更多在非投资企业提供税收服务。

三、非洲社会与人文发展的新趋势

非洲大陆有54个国家，社会形态、文化结构方面的差异很大。要真正认识把握非洲，把握非洲特性，尤其需要从文化、传统、社会方面多做努力。非洲是世界上人口增长最快的大陆，也是全球生育率最高的地区。截至2017年6月，非洲人口总数已达到12亿，占世界总人口的16.36%。非洲人口的平均年龄为19.5岁，是世界上“最年轻的大陆”。据统计，2000年至2017年间，非洲人口数量增长了4.31亿。[①]有报道认为，非洲人口在2030年将会达到17亿，约占世界总人口的20%；到了2050年，非洲人口总数将达到25亿，约占世界总人口的

① Worldometers, “africa population,” http://www.worldometers.info/world-population/africa-population/.

25%。[①] 当前，非洲大陆18.5岁以下的人口占总人口的比例高达50%，其中15岁以下儿童占总人口的41%，15—24岁青年人口占总人口的19%，65岁以上人口占总人口的比例仅为4%。人口的快速增长及年轻化，使得每年至少有超过1000万的新增劳动人口涌入就业市场。2016年，非洲的人类发展指数虽有提高，但仍不容乐观。快速增长的人口、有限的就业机会、低下的教育质量、悬殊的贫富差距等仍然是阻碍非洲发展的关键因素。据联合国开发计划署发布的最新报告显示：2016年非洲的人类发展指数（HDI）持续改善，增幅居世界第三位，仅次于东亚和南亚地区。报告显示：非洲国家在公共卫生支出和教育支出方面呈逐年增加趋势，部分国家的公共卫生支出占到国内生产总值的8%；在教育支出方面，加纳、马拉维、摩洛哥、莫桑比克、南非、斯威士兰和突尼斯的公共教育支出都占GDP的6%以上。在人均寿命方面，随着儿童和产妇死亡率的降低，非洲国家的人均寿命也有所增长。截至2016年，北非国家的人均预期寿命为72岁，撒哈拉以南非洲的预期寿命则提高到58岁。但是从公共卫生和医疗的人均支出看，非洲国家仍然很低，2016年仅为134美元/人。在教育发展方面，截至2016年底，撒哈拉以南非洲的青少年识字率仍然是世界最低，女性为62.7%，男性为74.7%。[②]

虽然非洲许多国家的人类发展指数在不断提高，但贫困问题仍很突出。据研究，撒哈拉以南非洲中有54%的人口仍然生活在贫困线以下[③]，突出问题是不卫生的饮用水、卫生设施的匮乏、糟糕的居住条件等。在人类发展指数较低的非洲国家，每五个城市居民中就有三个居民是住在贫民窟的。[④] 此外，由于早婚早育、健康不佳等原因导致产妇

---

① Pitamber S. and B. Foko, *The Political Economy of Job Creation for Youth: Lessons from Rwanda and Côte d'Ivoire*, 2017, p. 2.

② UNSD, *African Economic Outlook 2016*, United Nations Statistical Division, 2016, p. 102.

③ Alkire S., C. Jindra, G. Robles and A. Vaz, "Multidimensional poverty in Africa," Policy and Human Development Initiative, United Kingdom Press, 2016, p. 36.

④ UNSD, *African Economic Outlook 2016*, p. 105.

死亡率仍然很高。在对42个非洲国家进行调查的数据显示：每10万个产妇当中，因分娩而死亡的妇女从40人到1100人不等。[①]

快速增长的人口、有限的就业机会、教育质量的低下、贫富差距的悬殊等仍然是阻碍非洲国家发展的重要因素。要解决上述问题，根本出路是创造更多的就业机会，而这只有通过加快经济发展，加大教育投资和人力资源的开发，早日实现工业化才能达成。目前，非洲有超过3/5的人口年龄低于35岁，拥有全世界最年轻的人口结构。预计到2025年，非洲将拥有2.26亿15—24岁之间的年轻人，占全球1/4。为了促进青年就业，赞比亚、肯尼亚、尼日利亚等非洲各国家政府和国际组织都相继出台了一系列政策，努力为青年就业创造机会。政府积极采取措施，开展多方合作，促进就业计划的实施，取得一定成效，但大多数非洲国家就业形势依然十分严峻。

非洲大陆的疾病控制是社会治理与国家安全的关键领域，挑战与压力一直很大。2015年，非洲爆发的埃博拉疫情，给非洲地区尤其是西非地区造成很大危害。经过非洲国家艰苦努力和国际社会的支援，疫情逐渐获得控制。2017年，埃博拉疫情又在个别国家重新复发，在安哥拉、赞比亚等国家还出现了脑膜炎、霍乱等疫情，并造成了相当数量的人员死亡。根据安哥拉卫生部2017年2月的公告，自2016年12月至2017年2月3日，已发现霍乱疑似病例145例，死亡6例。[②] 2017年底，赞比亚霍乱疫情严重，国家甚至宣布进入卫生紧急状态。不过，由于各国疫情应对能力的提高，以及国际社会的援助支持，疫情都得到了有效的控制，没有出现大规模的疫病流行和人员病亡。艾滋病依然是困扰非洲大陆的恶性传染病，国际组织和世界各国也推出了更多针对性措施预防和控制艾滋病的母婴传播。疟疾一直是威胁非洲人民健康的重要因素，世界卫生组织2016年底发布的《2016年世界疟疾报告》

---

① UNSD, *African Economic Outlook 2016*, p. 99 .

② “赴安哥拉务工人员请谨防霍乱疫情”，央广网，2017年2月15日，http://news.cnr.cn/native/city/20170215/t20170215_523602504.shtml.

显示，2015年全球共有2.12亿疟疾新增病例和42.9万例死亡病例，而90%的疟疾病例和92%的疟疾死亡发生在撒哈拉以南非洲。[①] 近年由于各国的重视和重金投入，疟疾的防控有很大起色。2010—2015年间，非洲疟疾的死亡率的改善高于世界其他地区，非洲地区的疟疾死亡率降低了31%，世界平均水平为29%。中国在非洲疾病防控中扮演着积极角色，努力将中国的经验与对非合作结合起来，同时，中国与世界卫生组织、美国和欧洲等国家也展开了有效的合作。2017年5月31日，在第70届世界卫生大会上，来自埃塞俄比亚的特沃德罗斯·阿达诺姆当选为世界卫生组织新任总干事，这是自世界卫生组织成立以来的首位来自非洲地区的总干事。

截至2017年6月，非洲拥有超过12亿的人口，占全球总人口的六分之一，预计2050年非洲人口有望翻倍，2100年预计将突破40亿，占全球总人口的比例届时将上升到40%左右。目前非洲15—24岁的青年占全球青年总数的1/5，2025年将为1/4。非洲作为全球人口结构最年轻的大陆拥有巨大的人口潜力。2017年举行的非盟第二十八届和第二十九届峰会都以"通过投资青年，利用人口红利"(Harnessing the Demographic Dividend through Investments in Youth)为主题进行讨论，希望通过加大对非洲青年的投资来推动非盟"2063年议程"，以及联合国2030年可持续发展目标，并为此制定了《"通过投资青年，驾驭人口红利"路线图》。在青年教育方面，非盟2016年1月通过了《非洲大陆教育战略（2016—2025年）》(Continental Education Strategy for Africa 2016—2025)，该战略强调了教育培训对非洲繁荣的重要作用，旨在推动非盟国家和次区域组织重视教育培训，为非洲大陆培养新一代非洲人。非洲在青年人口快速增长之际，为确保青年人口享有和平、健康与繁荣的未来，需要在教育、就业、卫生健康、治理决策参与等方面加大对青年的投资，提高青年的教育机会和技能积累，减少青年失业

① WHO, *2016 World Malaria Report*, World Health Organization, 2017.

率高和就业不充分问题，促进青年医疗健康之平等，鼓励青年有效的政治和公共参与，非洲因此将收获丰厚的青年红利。

贫困问题在许多非洲国家依然比较突出。目前非洲大陆12亿人口中，约5.44亿人仍然处于多维贫困状态，贫困发生率高达60%。[①]其中，赤道几内亚、马达加斯加、津巴布韦国家贫困线以下人口比例高达70%以上。不过，近年来一些非洲国家在减贫方面取得了显著成效。其中卢旺达的成效最显著，其次是加纳、利比里亚、科摩罗和刚果（金）。在非洲，约有四分之一的人口营养不良。世界银行和联合国粮食计划署的统计资料显示，近十多年来，营养不良对非洲GDP的影响由2%—3%提高到非洲16%。非洲开发银行指出，非洲国家每年因营养不良问题造成GDP损失11%，而大约20%的产妇死亡与怀孕期间营养不良有关。[②]

非洲大陆许多国家经济一直严重依赖自然资源，对环境的适应能力也比较差。目前矿产资源在许多非洲国家的国民生产总值（GDP）中占有很大的比重，有的甚至高达80%。非洲许多国家为资源型国家，如外汇收入超过50%以上靠石油和天然气的国家有：阿尔及利亚、利比亚、乍得、尼日利亚、安哥拉、赤道几内亚、苏丹、南苏丹、喀麦隆、刚果和加蓬。除石油天然气外，其他的矿产品出口如钻石、黄金、铂族元素、铀矿、铝土矿等都是一些非洲国家的最重要外汇来源。

四、中非合作关系持续提升成效显著

2016年以来，中非新型战略伙伴关系得到了进一步深化，双边外交成果丰富，中非合作朝着更加全方位的方向发展。这一时期中非政治关系呈现如下特点。

① Alkire S., C. Jindra, G. Robles and A. Vaz, “Multidimensional poverty in Africa” .

② Adesina, A., “Keynote Address at the World Food Prize,” Des Moines, Iowa, October 13, 2016.

第一，中非传统友谊进一步深化。

（1）中非高层之间访问频繁，成果丰硕。2016年7月4日至8日，刚果共和国总统德尼·萨苏—恩格索（Denis Sassou-Nguesso）携夫人及经济、工业发展和私营企业促进国务部长等访问中国。这是他连任总统后第一次出访非洲大陆以外国家，首选中国，意义重大，凸显了中刚两国政治关系的重要性。2016年8月9日至14日，外交部长王毅访问肯尼亚、乌干达。中肯双方就构建东非铁路联通达成共识；中乌双方在基础设施、工业园建设、开发旅游等多个领域达成合作协议。2016年9月2日，习近平主席会见塞内加尔总统萨勒（Macky Sall），提出中塞应继续深化经贸合作，同时加强民间往来和人文交流。2016年9月3日，习近平主席在杭州会见乍得总统代比（Idriss Déby），双方在可再生能源、医疗卫生等领域达成了合作协议。2016年10月10日，李克强总理在澳门会见来华出席"中国—葡语国家经贸合作论坛"的莫桑比克总理多罗萨里奥（Carlos Agostinho do Rosario）、几内亚比绍总理巴西罗·贾（Baciro Djá）、佛得角总理席尔瓦（Ulisses Correia e Silva），表示了中方愿意同非洲葡语国家继续加深经贸合作的意愿。2016年10月27—31日，苏丹共和国外交部长易卜拉欣·艾哈迈德·甘杜尔（Ibrahim Ahmed Ghandour）访问中国，中苏双方在探讨石油领域合作问题的同时也表示将共同推动苏丹产业升级，实现苏丹经济转型。2016年11月2日，习近平会见了来访的几内亚总统孔戴（Alpha Condé），两国元首共同见证了外交、经济、航空等领域双边合作文件的签署。

2017年1月7—12日，外交部长王毅访问马达加斯加、赞比亚、坦桑尼亚、尼日利亚和刚果（布）共和国。2017年1月9日，习近平主席会见来访的津巴布韦总统穆加贝（Robert Gabriel Mugabe），穆加贝总统是新年首位来访的非洲国家元首，体现了中津传统友谊经得起时间和国际风云变幻的考验，历久弥坚。2017年3月13—19日，布隆迪对外关系与国际合作部长阿兰·艾梅·尼亚米特韦（Alain Aimé Nyamitwe）访问中国。2017年3月20—22日，国务委员杨洁篪访问埃塞俄比亚和几内亚，此访旨在落实中非合作论坛约翰内斯堡峰会成果，进一步加深中埃、中几在各个领域的互利合作。2017年3月27日，习近平主席同来访的马达加斯加总统埃里（Hery Rajaonarimampianina）举行会谈，双方共同庆祝建交45周年并在能源、港口和机场建设等领域达成新的合作。2017年4月10—13日，纳米比亚共和国副总理兼国际关系与合作部长内通博·南迪—恩代特瓦（Netumbo Nandi–Ndaitwah）访问中国。2017年5月19日至23日，外交部长王毅访问毛里塔尼亚、佛得角、马里和科特迪瓦四国。2017年6月1日至9日，国务委员王勇访问尼日尔、安哥拉和赞比亚三国。2017年6月20日至25日，加纳共和国副总统马哈茂杜·巴武米亚（Mahamudu Bawumia）访问中国，巴武米亚对中国企业进入加纳市场表示欢迎，并希望中国企业能继续参与加纳的基础设施建设。

（2）中国与非洲国家的伙伴关系得到了扩展。中国已经与南非确立了全面战略伙伴关系，与埃及确立了战略合作伙伴关系，与尼日利亚确立了战略伙伴关系，与埃塞俄比亚确立了可信赖合作伙伴关系。除了传统“伙伴关系”国家外，2016年5月，中国与摩洛哥建立战略伙伴关系。2016年11月30日至12月6日，塞拉利昂共和国总统欧内斯特·巴伊·科罗马（Ernest Bai Koroma）对中国进行国事访问，两国元首决定将中塞关系提升为全面战略合作伙伴关系，以落实中非合作论坛约翰内斯堡峰会成果为契机，全面拓展和深化两国各领域友好互利合作，更好造福两国人民。[①] 2017年3月27日，在中国同马达加斯加建交45周年之际，双方建立全面合作伙伴关系。2017年5月15日，习近平主席在与肯尼亚总统肯雅塔（Uhuru Kenyatta）的会晤中提议将中肯关系定位提升为全面战略合作伙伴关系，在与埃塞俄比亚总理海尔马里亚姆（Hailemariam Desalegn）的会晤中提议将中埃关系定位提升为

---

① “习近平同塞拉利昂总统科罗马举行会谈”，新华网，2016年12月1日，http://news.xinhuanet.com/politics/2016-12/01/c_1120035198.htm。

全面战略合作伙伴关系。

（3）中国在非洲收获了新朋友。2016年3月17日，中国与冈比亚恢复中断了20余年的外交关系。2016年12月26日，中国与圣多美和普林西比（简称“圣普”）恢复外交关系。2017年4月12—18日，圣普民主共和国总理帕特里斯·特罗瓦达（Patrice Emery Trovoada）访问中国，并表示要向中国学习发展经验，双方就经济技术、人员往来、基础设施等领域签署了多份合作文件。2017年7月31日至8月6日，冈比亚共和国外交、国际合作和侨民事务部长乌赛努·达博（Ousainou Darboe）访问中国，中冈两国签署了自贸协定，中国将对冈比亚旅游业、农业和服务业进行投资。

第二，中非政治交往推动中非合作更加务实。中国与非洲在平等互利、共同发展的基础上在农业、基础设施、人才培训、金融等领域进行了深入的合作，切实造福双方人民。2016年10月5日，国家发展和改革委员会主任徐绍史作为国家主席习近平特使赴埃塞俄比亚出席亚的斯亚贝巴至吉布提铁路通车仪式。亚吉铁路是非洲第一条全线采用中国电气化铁路标准施工的现代电气化铁路，被誉为“新时期的坦赞铁路”。2016年12月6—9日，加蓬共和国总统阿里·邦戈·翁丁巴（Ali bongo ondingba）对中国进行国事访问。邦戈呼吁中国企业到加蓬投资项目，并与中国签署系列合作协议，内容涵盖基础设施和公路建设，以及教育和文化等领域，其中包括在加蓬首都利伯维尔修建一座加蓬国民议会大厦。2017年5月30日至6月1日，国务委员王勇作为国家主席习近平特使赴肯尼亚出席“蒙巴萨—内罗毕”铁路通车仪式。蒙内铁路是肯尼亚近百年来新建的第一条铁路，是肯尼亚独立以来修建的最大基建项目。值得注意的是，中国不仅帮助非洲国家修建基础设施，还为非洲各国培训施工人才，使非洲得以学习中国经验，实现可持续发展。

第三，“一带一路”建设在非洲取得新成果。虽然“一带一路”倡议仅直接影响到东非和北非地区，但不可忽视的是，“一带一路”倡议与非洲国家共同提出的《2063年议程》密切相关，它已经给整个非洲东部沿海地区乃至整个非洲大陆带来了深刻的影响。“一带一路”倡议将助力非洲发展，实现非洲与中国市场的更好连接，实现非洲与欧洲和中东市场的更好连接，从而给非洲带来一个不一样的未来。2017年3月27日，习近平主席在与马达加斯加总统埃里会晤时表示欢迎马达加斯加积极参与“一带一路”建设，愿支持马达加斯加发挥“一带一路”连接非洲的桥梁和纽带作用，并在中非“十大合作计划”和“一带一路”倡议框架内，同其加强对接。[①] 2017年5月15日，习近平主席在人民大会堂会见来华出席“一带一路”国际合作高峰论坛的肯尼亚总统乌胡鲁·肯雅塔，肯方表示积极参与“一带一路”建设，密切同中国经贸、投资、能源、旅游、基础设施等合作，加强在非洲和平与发展问题上协调合作，发展强劲的肯中全面战略合作伙伴关系和非中关系。[②] 同日，习近平主席在人民大会堂会见了来华出席“一带一路”国际合作高峰论坛的埃塞俄比亚总理海尔马里亚姆，并祝贺埃塞俄比亚加入亚洲基础设施投资银行，支持埃方继续发挥“一带一路”连接非洲的桥梁和纽带作用。

2017年5月31日肯尼亚蒙巴萨—内罗毕标轨铁路（简称“蒙内铁路”）正式通车。蒙内铁路是肯尼亚独立以来最大的基础设施建设工程，肯尼亚总统肯雅塔称赞它“将改变我们普通老百姓的生活面貌”。蒙内铁路全长约480公里，于2014年12月开工。蒙内铁路由中国交通建设股份有限公司所属中国路桥承建，全部采用中国标准、装备、技术、管理，开启了中国铁路全产业链境外合作的新模式。蒙内铁路是东非铁路网的起始段。根据远期规划，蒙内铁路将连接乌干达、卢旺达、布隆迪、南苏丹等东非国家，成为东非一条“铁路大动脉”，有助于推

---

① “习近平同马达加斯加总统埃里举行会谈”，外交部网站，2017年3月27日，http://www.fmprc.gov.cn/web/wjdt_674879/gjldrhd_674881/t1449093.shtml。

② “习近平会见肯尼亚总统肯雅塔”，外交部网站，2017年5月15日，http://www.fmprc.gov.cn/web/wjdt_674879/gjldrhd_674881/t1461738.shtml。

动东非地区互联互通和一体化建设。

2017年8月1日，中国人民解放军驻吉布提保障基地部队进驻营区仪式在基地营区举行。中国首个海外保障基地建成并投入使用，有利于中方更好地履行在亚丁湾和索马里海域护航以及开展人道主义救援等国际义务，也有利于带动吉经济社会发展，有利于中方为维护非洲和世界的和平与稳定作出新的更大贡献。

2016年7月以来，中国高层多次访问东非地区，覆盖了埃塞俄比亚、肯尼亚、乌干达、坦桑尼亚等东非地区具有重要影响力的国家，凸显了中国推动“海上丝绸之路”建设的战略决心，也说明非洲国家在“海上丝绸之路”战略上的重要性。此外，中国资助的铁路和交通网络有效地将肯尼亚、埃塞俄比亚、坦桑尼亚和卢旺达等其他东非国家纳入“一带一路”之中，实现了“一带一路”倡议与非洲国家发展战略的有效对接，起到了良好的示范效应。

此外，2016年7月至2017年6月底，中国国家主席特使赴非参加各类就职典礼的情况主要有：(1) 2016年8月8日，司法部部长吴爱英作为国家主席习近平特使，赴乍得出席代比总统就职仪式。(2) 2016年9月13日，全国政协副主席马飚作为国家主席习近平特使赴赞比亚首都卢萨卡出席伦古（Edgar C. Lungu）总统就职仪式。(3) 2017年1月7日全国政协副主席王正伟作为国家主席习近平特使出席加纳新总统阿库福—阿多（Nana Akufo-Addo）就职仪式。(4) 2017年2月18日，全国政协副主席马培华作为国家主席习近平特使出席巴罗（Adama Barrow）总统就职仪式暨冈比亚独立日庆典。总体看来，中非高层互访仍保持了稳健的发展态势，也说明中非政治关系的稳定与持续性。

2016年6月21日，“中非减贫发展高端对话会暨中非智库论坛”开幕式在亚的斯亚贝巴非盟会议中心举行。中国外交部长王毅与非盟委员会主席法基（Moussa Faki Mahamat）共同出席活动并致辞。中国同非洲交流治国理政经验，是“构建人类命运共同体”的重要体现，使得“真实亲诚”的中国对非政策理念和正确义利观更加深入人心，有助于中非共享优秀发展理念。正如法基所表示的，“一直以来，非洲与中国也在互学互鉴……我们（非洲）从中国的发展中分享到的首要经验是：中国为实现脱贫及其所一直推崇的自力更生信条付出了巨大的努力。”①

2016年7月29日，“中非合作论坛约翰内斯堡峰会成果落实协调人会议”在北京举行。非盟轮值主席国乍得外长法基出席会议开幕式并致辞，商务部高虎城部长、外交部王毅部长、南非国际关系与合作部马沙巴内（Maite Nkoana-Mashabane）部长等中非协调人出席全体会。中非合作论坛从建立之初就是中非开展务实合作的多边舞台，以“中非合作论坛”为平台的多边外交一方面有助于增进中国同非洲各国的直接往来，保持中非领导人互访和对话势头，加强沟通，加深友谊，增进相互了解和信任，实现政治、外交、经济上的相互扶持；另一方面有助于中国将整个非洲作为整体，加强同非盟的往来与合作。以论坛为基础的中非互动已经成为巩固和加强中国与非洲国家友好关系的关键。

2016年9月4日至5日，在中国杭州G20峰会上，金砖国家领导人举行了非正式会晤。会晤期间，习近平主席与南非总统祖马（Jacob Zuma）进行了会谈。祖马总统表示颇为赞同G20杭州峰会上习主席提出的全球治理的中国方案，他认为这不仅会促进非洲经济的增长，也会为全球经济增长做出贡献。祖马还表示，中国经济发展的经验值得其他国家借鉴。②2016年10月15—16日的金砖国家果阿峰会上，习近平主席同南非总统祖马进行了会谈，双方对加强务实合作、推动双边关系发展达成新的共识。③中国与南非在金砖峰会内的磋商与合作有助于双方全面战略伙伴关系的深化，协调立场，共同推进金砖国家发展。

---

① “商务部召开中非合作论坛约翰内斯堡峰会成果落实协调人会议经贸筹备工作专题新闻发布会”，中央政府网，2016年7月26日，http://www.gov.cn/xinwen/2016-07/26/content_5095100.htm。

② “习近平会见南非总统祖马”，新华网，2016年9月3日，http://news.xinhuanet.com/politics/2016-09/03/c_1119505419.htm。

③ “习近平会见南非总统祖马”，国家信访局网站，2016年10月17日，http://www.gjxfj.gov.cn/2016-10/17/c_135759586.htm，2016-10-17。

中国与非洲国家多边外交的开展有助于加强中非在国际事务中的团结与合作，对重大国际和地区问题经常交换看法、协调立场，在涉及各自国家主权、领土完整、民族尊严和人权等重大问题上相互支持。总的说来，中国在非洲的多边外交加强了中国同非洲整体的外交关系，多边外交已经成为中国在非洲扩大辐射力和作用力，扩展互利共赢合作的重要渠道。

中国先后与冈比亚、圣多美和普林西比恢复外交关系是2016年以来中非政治交往的重大事件。2016年3月17日，中华人民共和国宣布和冈比亚全面恢复大使级外交关系，外交部长王毅和冈比亚外交部长盖伊（Neneh Macdouall Gaye）举行双边会谈，并代表各自政府签署了《中华人民共和国和冈比亚伊斯兰共和国关于恢复外交关系的联合公报》。[①] 早在1968年，仅独立三年之久的冈比亚便与台湾当局建立了“外交”关系。20世纪六七十年代受中非建交大潮驱动，冈比亚抛弃台湾，在1974年12月14日与中华人民共和国建交。但在1995年，李登辉当局的“银弹外交”使得冈比亚再次向台湾靠拢。1995年7月13日，冈比亚政府和台湾当局恢复所谓的“外交关系”。同年7月25日，中国宣布中止同冈比亚的外交关系。直到2013年11月15日，冈比亚才单方面宣布同台湾断绝“外交关系”。在经历两年多空窗期后，冈比亚才等到与中国关系的正常化。中冈复交不仅使两国关系重回正确轨道，而且为两国互利合作开辟了广阔前景。

继中国与冈比亚恢复外交关系之后，2016年12月26日，中国与非洲岛国圣多美和普林西比民主共和国恢复了断绝近20年的外交关系。中国与圣多美和普林西比曾于1975年7月12日建交，李登辉时期通过“银弹外交”换取圣多美和普林西比1997年同台湾当局进行所谓“建交”，中国政府于同年7月11日宣布中止同圣多美和普林西比的外交关

---

① “中华人民共和国和冈比亚伊斯兰共和国关于恢复外交关系的联合公报”，新华网，2016年3月17日，http://news.xinhuanet.com/politics/2016-03/17/c_1118366304.htm。

系并停止执行两国政府间一切协议。在2016年12月20日圣多美和普林西比宣布与台湾断绝所谓的“外交关系”后，中国政府迅速采取行动。12月26日，外交部长王毅在北京与圣多美和普林西比外长博特略（Urbino Botelho）举行会谈。会谈后两国外长签署了《中华人民共和国和圣多美和普林西比民主共和国关于恢复外交关系的联合公报》。圣多美和普林西比外长博特略表示，中国是有重要国际影响的大国，是非洲的真诚朋友和合作伙伴。圣多美和普林西比在审时度势基础上，决定纠正历史错误，恢复与中国的外交关系，翻开两国关系新篇章。圣多美和普林西比愿与中方互相尊重主权和领土完整、互不干涉内政，坚定奉行一个中国原则，尊重和支持中方的核心利益和重大关切。[①]

随着中非关系的升温，中国与非洲的进出口额在2003—2011年一直保持在平均35%的高速增长（2009年经济危机为负增长），但是这种增长趋势从2012年起有所放缓，2012年增长率降至17%、2013年和2014年分别降至5%，2015和2016年两年均出现负增长。2016年，中国对非洲进出口额为1445.93亿美元，同比下降16%。中国对非洲的出口和进口也呈现相似的变化趋势。在2016年，中国对非洲的出口和进口双双下降，出口为898.68亿美元，同比下降15%，进口为547.25亿美元，同比下降19%。由于近年来中国对非洲进口的下降，中国与非洲的贸易逆差在2012年达到峰值后开始回落，2015年和2016年，中国与非洲存在贸易顺差。贸易顺差为351.42亿美元，同比下降9%。2017年，中国与非洲的进出口贸易有望恢复正增长。据中国海关统计，2017年前5个月，中国与非洲进出口总额为701.4亿美元，同比增长22.2%，超出中国同期外贸总体增幅9.2个百分点。其中，中国对非出口382.9亿美元，同比增长7.0%，自非进口318.5亿美元，同比增长47.8%；顺差64.4亿美元，同比下降54.5%。

---

① “中国与圣多美和普林西比复交公报签字仪式在北京举行”，央视网，2016年12月26日，http://news.cctv.com/2016/12/26/ARTITrj9yVvi5FtZdFWCgSwq161226.shtml。

2018年将是中国外交的非洲年，将在中国召开中非合作论坛新一届峰会和部长级会议，同时在南非召开金砖国家领导人新一届峰会，这些重大活动都将大大推进中非全方位合作的水平，助推非洲经济形势向好，中非战略合作伙伴关系及在各领域合作也有望在2018年获得更大的发展和提升。

拉美形势与中拉关系

中国社会科学院拉美研究所研究员　徐世澄

世界正处于大发展大变革和大调整中，拉美和加勒比地区也不例外。2017年，随着国际国内形势的变化，拉美和加勒比国家都面临变革的巨大压力，不少国家都试图通过各种改革和政策调整，发展本国经济和改善民生，以适应形势的变化。2017年拉美政局总体稳定，局部动荡；经济形势略有好转，但依然脆弱；美拉关系紧张，拉美外交关系更加多元化，但拉美的团结有所弱化，拉美一体化形势不容乐观。

一、政局总体稳定，局部动荡

2017年拉美政局总体稳定，2015年后期开始的“左退右进”的态势仍在继续；无论是左翼执政的国家，还是右翼执政的国家，都程度不同地发生治理危机，出现局部动荡。

2017年拉美有三个国家举行大选：厄瓜多尔和智利的选举进程比较顺利，但洪都拉斯选举的结果引发争议。厄瓜多尔左翼执政党主权祖国联盟候选人莱宁·莫雷诺在4月2日第二轮大选中获胜。但莫雷诺5月25日就任总统后，采取了调整经济发展方针，与反对派和持不同政见的非政府组织进行对话，和反对政府内高官腐败等政策，遭到前总统科雷亚和执政党内部一些人的反对，执政党内部分歧严重。科雷亚指责莫雷诺背叛了“公民革命”，是“叛徒”。科雷亚的主要支持者、副总统格拉斯因涉嫌贪污于10月先是被预防性羁押关进监狱，12月又被判处6年徒刑。科雷亚认为这是政治迫害。10月，主权祖国联盟内科雷亚派宣布解除莫雷诺党主席的职务，任命前国防部长帕蒂尼奥为党主席。莫雷诺状告法庭，指责未经召开党代会就解除其党主席职务违反了党章，全国选举委员会支持莫雷诺，恢复其党主席职务，现该党已处在分裂状态。莫雷诺宣布将在2018年2月4日举行公投，公投一个主要内容就是关于包括总统职务在内的公职无限期连选连任，科雷亚认为此次公投的目的是不让他2021年再次参加竞选总统，两人矛盾加深。

中左派执政的智利于11月19日举行第一轮大选，由于参加竞选的8名总统候选人得票均未超过法定的一半，12月17日举行第二轮大选，在第一轮得票前两名的候选人中选举产生总统。选举结果，中右翼“智利前进”联盟候选人、前总统皮涅拉以超出9%的优势战胜中左执政“多数力量”联盟候选人吉耶当选总统。选举结果表明，智利的政坛再次向右转。皮涅拉将于2018年3月11日接替巴切莱特，再次就任总统。

中美洲的洪都拉斯于11月26日举行大选。选举当晚，洪都拉斯最高选举法庭发表第一份公报，称据57%选票统计，左翼反对派联盟候选人萨尔瓦多·纳斯拉亚得票45.17%；现总统、右翼国民党埃尔南德斯得票40.21%。纳斯拉亚领先5%，两人都声称自己当选总统。但随后，自动计票系统发生故障，计票突然中止。11月29日，选举法庭通过人工计票，宣布埃尔南德斯得票已超过纳斯拉亚，纳斯拉亚不服，指责选举舞弊，号召支持者举行抗议。12月4日，选举法庭主席戴维·马塔莫罗斯宣布埃尔南德斯当选总统，纳斯拉亚拒绝承认选举结果，要求重新计票。与此同时，洪都拉斯各地抗议不断，政府一度宣布停止宪法保障和实行宵禁，派军警镇压示威人群，双方发生冲突，致使30多人死亡，数百人受伤。曾派人观察洪都拉斯大选的美洲国家组织秘书长建议洪都拉斯重新举行大选，遭到当局拒绝。12月17日，洪最高选举法庭正式宣布选举进程已经结束，现总统埃尔南德斯得票率为42.95%，以1.71%的微弱优势战胜纳斯拉亚（41.24%），再次当选总统。巴西、阿根廷、秘鲁、墨西哥等拉美国家和美国、加拿大、法国、俄罗斯、日本等国已承认埃尔南德斯当选，但洪都拉斯国内抗议仍继续不断。

2017年，拉美多国进行了多项改革。巴西总统特梅尔尽管身背腐败的指控，其民众支持率降低到7%，但他还是在7月通过了劳工法改革，并着手进行养老金制度的改革。智利中左翼巴切莱特第二任内颁布并实施了劳工、税收、教育和养老金等方面的改革，并提出了宪法修改草案。阿根廷总统马克里10月30日宣布，将继续以完善税收制度、创造就业和改革司法行政体制等三方面为中心，进一步推进政治经济全方位改革计划，以实现国家现代化。尽管这些改革的成效有差异，而且由于改革触及到一部分人的利益，所以都引起了一些阶层民众的反对，如巴西、阿根廷和智利的养老金改革引起了部分民众的抗议，但改革已成为拉美大多数国家，无论是右翼还是左翼政府的大势所趋。

委内瑞拉政局趋于稳定。2017年3—7月底，由于经济危机加剧，委内瑞拉政局持续出现动荡，左翼马杜罗政府与右翼反对派民主团结联盟控制的国会之间的“府院之争”愈演愈烈，反对派抗议不断，暴力冲突一度加剧，致使130多人死亡，数百人受伤。7月30日，委举行制宪大会选举；8月4日，委制宪大会正式成立，国会被边缘化，之后，委政局趋于稳定。在10月15日举行的州长选举中，执政党统一社会主义党赢得23个州中18个州的州长职位。12月10日，又举行全国335个市的市长选举，由于主要反对党拒绝参选，执政党赢得305个市长职位。通过三场选举，委统一社会主义党的执政地位得到巩固。12月，委政府与反对派民主团结联盟在多米尼加共和国进行了两次对话，2018年1月11—12日又举行了对话，尽管取得了一些进展，但双方分歧严重。马杜罗总统宣布，2018年将举行总统选举，他将参加竞选。

因秘鲁现总统库琴斯基涉嫌腐败，12月15日，秘鲁国会以93票赞同，17票反对的投票结果，通过反对党人民力量党议员提出的一项弹劾总统的动议。秘鲁一院制国会共130席，执政党秘鲁人变革党只占18席，而主要反对党、前总统藤森长女藤森庆子控制的人民力量党占73

席。12月21日，秘鲁国会对上述弹劾案进行辩论和投票，按照国会力量的对比状况及12月15日投票的状况，弹劾案通过(需87票赞同)应该不成问题。但出乎意外的是，以藤森庆子的弟弟藤森健次为首的10名人民力量党议员在关键时刻投了弃权票，赞同弹劾的票只获79票，不足87票，使库琴斯基躲过此劫，没有被罢免。

三天后，12月24日，库琴斯基总统宣布，出于人道主义原因，给予现年79岁的前总统藤森赦免。赦免藤森在秘鲁引起广泛争议。藤森曾三次当选秘鲁总统，任内，他在经济上实施激进改革，控制住超级通货膨胀；政治上，他以强有力的手段打击“光辉道路”等恐怖主义组织，使恐怖活动大为减少。但藤森也滥用职权，通过谋杀、绑架等非法手段打击政敌。因此，2009年，秘鲁特别法庭以“践踏人权罪”判处藤森25年监禁。2017年12月11日，因血压异常和心律不齐再次住院的藤森本人向监狱当局提交了一份人道主义赦免的申请，一个医疗委员会出具了证明，证明藤森患有“不断恶化且无法治愈的病”。此前，藤森也曾多次申请大赦，均遭拒绝。评论认为，这次库琴斯基赦免藤森，肯定与人民力量党内的藤森健次派有过交易，但库琴斯基本人坚决否认，称大赦藤森只是为了全国和解，他不希望藤森死在狱中。库琴斯基腐败丑闻被曝光以及他宣布大赦藤森，遭到民众大规模的抗议，并引发政府一些部长和高官的反对和请辞，使库琴斯基的执政地位处于危机。2018年1月9日，库琴斯基宣布秘鲁组成新内阁，19名部长中新部长有8名。

二、拉美经济恢复增长但依然相当脆弱

受外部经济形势的不利影响和国内经济结构的制约，2015和2016年拉美经济连续两年先后出现–0.2%和–0.8%的负增长。据联合国拉美经委会2017年12月的报告，2017年由于国际市场上初级产品价格的上涨、拉美外贸增长和本地区内需增加等原因，拉美经济在连续两年衰

退后终于走出低谷，重新步入增长轨道，增长率为1.3%。2017年，拉美出口增长11%，进口增长8%，出口商品价格平均增长3%，其中油价上涨12%，矿产品上涨6%。一些拉美国家进行了结构性改革，增加了对基础设施投资，拉动了内需的增长，为地区经济的发展奠定了较好基础。2017年头三季度拉美内需平均增长1.5%，个人消费增长1.7%，公共消费增长0.1%，同期投资增长2.3%。按小地区来看，南美洲地区2015年和2016年增长为–1.6%和–2.3%，2017年恢复增长到0.8%；2017年中美洲平均增长3.3%，加勒比地区平均增长0.1%。按国家来看，2017年巴西增长0.9%，阿根廷2.9%，墨西哥2.2%，增长最快的是巴拿马5.3%和多米尼加共和国4.8%，其次是安提瓜和巴布达4.5%，玻利维亚、哥斯达黎加和洪都拉斯3.9%。古巴经济增长1.6%，扭转了2016年–0.9%衰退的局面。委内瑞拉经济为拉美最差，为–9.5%。出现负增长的国家还有多米尼克、特立尼达和多巴哥、苏里南。2017年拉美公共债务占GDP的比重（负债率）与2016年持平，为38.6%，其中在牙买加负债率最高为110%，巴巴多斯为103%，巴西74%，阿根廷54%，洪都拉斯48%，委内瑞拉和哥斯达黎加47%，最低为秘鲁和巴拉圭21%。

应该看到，拉美经济还相当脆弱，2017年拉美经济增长速度不及世界经济增长速度（2.9%），不及发达国家增长速度（2.1%），更不及新兴国家增长速度（4.5%），也没能恢复到2008年国际金融危机前本地区的增长速度。拉美经济结构性失衡问题仍比较突出，不少国家政府财政赤字继续扩大。2017年拉美地区的政府收支赤字约为–3355亿美元，占GDP的6.1%；内部储蓄不足，投资率仍较低；大部分拉美国家的失业率居高不下，据拉美经委会统计，拉美地区失业率从2016年的8.9%增长到2017年的9.4%；大部分拉美国家的政府债务负担较重。

国际金融机构和经济学家警告说，拉美经济在复苏进程中仍面临着美国和一些西方国家保护主义抬头和去全球化倾向加剧、美联储加息周期冲击、拉美多国政府更迭、财政赤字攀升和贫困人口增加等多重挑战，只有稳妥应对，拉美经济才有望迎来一轮长周期增长而不是昙花一现的反弹。从拉美国家本身来说，大多数拉美国家仍未摆脱依赖少数几种初级产品出口的经济模式，经济结构性改革还需要深入进行。因此，尽管拉美经委会、世界银行和国际货币基金组织预计2018年经济会有2.2%左右的继续增长，但总体来说，拉美和加勒比地区经济发展的速度仍将比较缓慢。

三、拉美国家外交更加多元化

2017年拉美外交关系的特点是美拉关系趋于紧张，拉美国家外交更加多元化。特朗普就任总统后近一年来，美国对拉美的政策及美拉关系发生了重要变化。特朗普政府竭力保持和加强与阿根廷、巴西、秘鲁和哥伦比亚等亲美国家的关系。2017年，特朗普曾邀请秘鲁、阿根廷、哥伦比亚、巴拿马等国家的总统访美。8月，美国副总统彭斯访问了哥伦比亚、阿根廷、智利和巴拿马4国。

另一方面，特朗普所采取“美国优先”的一系列民粹主义政策措施使其与邻国墨西哥及左翼执政的古巴、委内瑞拉等国的关系明显恶化。1月23日，特朗普签署行政命令,正式宣布美国退出跨太平洋伙伴关系协定(TPP)。拉美智利、墨西哥和秘鲁三国是TPP的签字国，美国的退出无疑损害了这三国的经济利益。特朗普多次提出要重新谈判或废除与墨西哥、加拿大签署的北美自由贸易协定（NAFTA），声称NAFTA是美国的灾难，影响了美国就业和企业的发展。自2017年8月起至11月，美、墨、加三国已就重新谈判NAFTA举行了六轮谈判。谈判虽然取得了一些进展，但在一些关键问题上并没有达成协议。11月29日，墨西哥经济部长瓜哈尔多提议，重新谈判可延长到2018年底。特朗普政府还下令驱逐在美国的、大部分为拉美的非法移民，并宣布将终止对尼加拉瓜、萨尔瓦多、海地等40多万拉美移民的临时保护地位（TPS）；特朗普政府大幅度减少了2017—2018财政年度对拉美国家的援助，对左翼执政的委内瑞拉、古巴和厄瓜多尔不再提供任何援助，对其他拉美国家的援助也有不同程度的削减。

特朗普多次宣称要在美墨边界修建隔离墙，并要求墨西哥政府为美修建隔离墙全部买单；他还多次指责在美国的墨西哥人是“强奸犯”和“毒贩”，扬言要遣返所有在美的墨西哥非法移民，这一切都导致美墨关系恶化，使墨西哥总统培尼亚不得不取消了访美的计划。特朗普加紧对古巴的封锁，6月16日，他在迈阿密发表了对古巴的“新政”，签署了《关于加强美国对古巴政策的总统国家安全备忘录》，宣布废除奥巴马2016年10月14日颁布的《古美关系正常化》政策的总统指示。特朗普对古巴的“新政”一是限制美国企业与古巴军队相关企业的经贸往来，以切断古巴政府的收入来源；二是加强对美国人到古巴旅行的限制和监控。9月底、10月初，特朗普政府借口“听力门”事件，撤回了美驻古使馆的大部分外交官，并驱逐15名古驻美使馆外交官。特朗普上台以来，多次指责委内瑞拉马杜罗政府是独裁政府，甚至扬言要对委进行军事干涉。特朗普政府已对委内瑞拉进行了八轮制裁，宣布对包括委总统和副总统在内的数十名党政军高官和制宪大会代表进行制裁。8月25日，特朗普总统又签署行政命令，对委政府及其国有石油公司施加经济和金融制裁，禁止美国实体或个人与委政府及其国有石油公司进行债权和资产交易，禁止向委政府支付红利，企图在经济上扼杀委内瑞拉，致使美委关系进一步恶化。

特朗普的贸易保护主义政策和对拉美移民的驱逐政策，引起了墨西哥等拉美国家，甚至拉美一些右翼政党执政的国家的不满。但大多数拉美国家对特朗普的批评是温和有节制的。与此同时，拉美国家越来越感到，拉美国家的对外关系应该多元化，拉美国家本身应该加强团结，促进拉美一体化的进程。2017年，拉美国家加强了与亚太国家的关系，特别是中国、印度、日本、韩国等国的政治、经贸往来。拉美与欧盟，特别是与西班牙、法国、德国加强了联系。

2017年，拉美一体化进程并不顺利，拉美国家的团结有所弱化。

拉美主要国家阿根廷、巴西、墨西哥、智利、秘鲁等多国总统缺席1月在多米尼加共和国召开的第五届拉共体的峰会，原定在8月于萨尔瓦多召开的拉共体和欧盟的峰会也因对待委内瑞拉危机的立场的分歧而取消。在2017年召开的美洲国家组织和其他国际组织的多次会议上，拉美国家对待委内瑞拉问题的立场明显分化。“南美洲国家联盟”等一些拉美一体化组织陷于停顿状态。秘鲁、哥伦比亚、墨西哥、智利组成的“太平洋联盟”与以古巴、委内瑞拉、尼加拉瓜等左翼国家为主的“美洲玻利瓦尔联盟”在一体化方向等方面严重对立。阿根廷、巴西政局发生变化后，在南方共同市场内部，阿根廷、巴西、巴拉圭公开表示要开除成员国委内瑞拉。

四、中拉关系全面发展

2017年，中拉关系继续得到全方位、多层次的发展。中国提出的“一带一路”倡议得到拉美国家的广泛响应，拉美成为“21世纪海上丝绸之路”的自然延伸和不可或缺的重要参与者。拉美大多数国家把中国倡议的“一带一路”视为吸引中国投资进而带动本国经济增长的机会，加强与中国的合作是拉美多数国家的战略选择。5月，阿根廷总统马克里、智利总统巴切莱特出席在北京举行的“一带一路”国际合作高峰论坛并对我国进行国事访问。8月底9月初，巴西总统特梅尔对我国进行国事访问并出席金砖国家领导人厦门第九次会晤，墨西哥总统培尼亚到厦门参加新兴市场国家与发展中国家对话会。10月17—18日，在智利首都圣地亚哥举行第一届拉共体中国高级别学术论坛暨第四届中国拉共体智库论坛。11月9—11日，首届“中国—拉美国际博览会”在珠海国际会展中心举行。2017年，中拉贸易额在连续两年出现负增长之后，有较大幅度的回升，拉美对中国出口增长了23%。

2017年中拉关系中的一件大事是中国与巴拿马建交。6月13日，中国外长王毅同巴拿马共和国副总统兼外长德圣马洛，在北京举行会谈并签署《中华人民共和国和巴拿马共和国关于建立外交关系的联合公报》。11月16—22日，巴拿马共和国总统胡安·卡洛斯·巴雷拉·罗德里格斯对中国进行了国事访问。访问期间，中巴两国签署了共建“一带一路”、经贸、投资、海运、铁路、人力资源、产业园区、农业、质检、民航、旅游等领域双边合作文件。中国与巴拿马建交具有重要意义，习近平主席在会见巴拿马总统时说，中方把拉美看作“一带一路”建设不可或缺的重要参与方，巴拿马完全可以成为“21世纪海上丝绸之路”向拉美自然延伸的重要承接地。中国与巴拿马建交后，中国同拉美和加勒比33个国家的建交国增加到22国，中巴建交必将促进拉美和加勒比11个未建交国在一个中国原则的基础上，逐步与我国建立正式外交关系。

第三章　主要国家内外政策

美国特朗普政府“印太战略”初析[①]

同济大学国际与公共事务研究院院长、教授　夏立平
上海海事大学马克思主义学院讲师　谢　茜

在美国总统特朗普2017年11月访问亚洲五国之前和期间，特朗普政府推出“印太战略”(the Indo-Pacific Strategy)，企图维护和扩大美国在该地区的利益与保持有利于美国的地区战略平衡。该战略如果进一步充实，将增加印太地区形势的不稳定性和不确定性。本文在研究特朗普政府公布的《美国国家安全战略报告2017》和特朗普总统本人及其政府高官相关言论的基础上，尝试解析特朗普政府的“印太战略”。

一、特朗普政府推出“印太战略”的背景

（一）应对世界大变局和替代奥巴马政府“亚太再平衡”战略

进入21世纪以来，中国和一批发展中国家迅速崛起，亚洲正在整体崛起，世界经济和政治的重心开始从大西洋两岸向亚太地区转移，国际体系正在经历四百年来未有之大变局。

在这种形势下，美国奥巴马政府实施“亚太再平衡”战略，开始将美国全球战略和军事战略的重点转向亚太地区，以保持美国在亚太

① 本文是国家社科基金重点项目“构建新型大国关系的理论建构与方略选择”(项目批准号：14AZD060) 的中期成果之一，亦获得中国海洋发展研究会“美国在亚太地区海权联盟体系研究”(项目编号：CAMAZD201608) 和国家社科基金重大课题“习近平治国理念之外交战略思想研究”(项目编号：15ZDC002) 资助。

地区的领导地位从而保持在世界的领导地位，牵制和制约正在迅速崛起的中国。但奥巴马政府“亚太再平衡”战略遭遇挫折，主要表现在：美国“亚太再平衡”战略向其盟国和盟友发出错误信号，使这些国家认为如果它们在与中国的海上领土主权和海洋权益争端中发生武装冲突，美国便会在军事上卷入支持它们。因此日本和菲律宾在2010年以后一段时间分别在钓鱼岛和黄岩岛问题上对中国采取强硬立场，导致东海和南海形势紧张。奥巴马政府还在地缘政治上企图以南海问题为抓手形成问题型联盟，企图促成区域外大国与某些东南亚国家共同针对中国的态势。由于中国应对得当，既在涉及领土主权和海洋权益问题上坚定维权，又采取有效措施维稳，因此“亚太再平衡”战略在东海和南海制约中国的企图失败了。同时，中国大力推进“一带一路”，印度洋已经成为中国“21世纪海上丝绸之路”的重要发展方向。

针对这种情况，特朗普政府用“印太战略”替代“亚太再平衡”战略，企图将美国亚太防线扩大到印度洋地区，将印度纳入美国势力范围，更多借用印度来制约中国。

（二）特朗普政府建制派精英与日本现政府一拍即合

实际上，奥巴马政府为了推行其“亚太再平衡”战略，已经开始将太平洋和印度洋这两洋区域整合到一个统一的概念系统中。2011年11月，时任美国国务卿希拉里·克林顿在发表的标志着奥巴马政府“亚太再平衡”战略出台的文章中，强调印太地区对于美国的战略重要性。她指出，从印度次大陆到美国西海岸的横跨太平洋和印度洋的广阔地区正在被航运和战略日益紧密地联系在一起。这一区域占据世界人口的一半，是全球经济的关键引擎，也是美国关键盟国和重要新兴大国中国、印度等国的聚集地。为维护该地区的和平与稳定，以及确保美国在该区域的战略利益，美国将调整在印度洋和太平洋区域的军力部署，将这两洋区域整合为一个统一的可操作的概念系统，进一步发展与澳大利亚的军事同盟关系，将其由太平洋伙伴关系提升为印太伙伴关系。[1] 2012年1月，美国防部公布的美国国防战略方针指出："美国的经济与安全利益不可分割地维系于从西太平洋和东亚延伸到印度洋和南亚的这一弧形地带的事态发展"，美国的军事力量"势必将向这一地区平衡"。[2] 2013年4月，时任美军太平洋总部司令塞缪尔·洛克利尔(Samuel Locklear)海军上将在美国国会听证会上，详细论证了"印度洋—亚洲太平洋"区域在美国全球战略中日益增长的重要性和面临的安全挑战，以及奥巴马政府"亚太再平衡"战略已经和行将采取的战略步骤。[3] 2013年7月，时任美国副总统乔·拜登(Joe Biden)访问印度和新加坡时，称美国现在实质上将印太看作一个地区，将印度向东看战略和外交接触看作亚洲未来不可分割的组成部分。[4] 这些表明，当时奥巴马政府试图在推行"亚太再平衡"战略框架下建构印度洋和太平洋两洋战略上的联系。

2013年3月，日本首相安倍晋三在美国演讲中谈到日本在太平洋和印度洋两个地区汇合的利益时，使用了"印太"这一术语。[5] 在2017年11月特朗普总统访问亚洲之前，特朗普政府建制派精英急于推出一个不同于奥巴马政府的特朗普政府亚太战略，因此接受了日本安倍晋三的"印太"战略概念，双方可以说一拍即合。2017年10月18日，美国

---

① Hillary R. Clinton, "America's Pacific Century," *Foreign Policy*, November 2011, pp. 57, 59, 62-63.

② U.S. Department of Defense, "Sustaining U.S. Global Leadership: Priorities for 21st Century Defense," January 2012, http://www.defense.gov/news/Defense_Strategic_Guidance.pdf.（上网时间：2012年1月5日）

③ Admiral Samuel J. Locklear, Commander of United States Pacific Command, testified before U.S. Senate Committee on Armed Services, "U.S. Pacific Command programs and Operations," April 9, 2013, https://www.c-span.org/video/?311961-1/us-pacific-command-operations#.(上网时间：2013年4月9日)

④ J. Biden, "Remarks by Vice President Joe Biden on Asia-Pacific Policy," July 19, 2013, http://www.whitehouse.gov/the-press-office/2013/07/19/remarks-vice-president-joe-biden-asia-pacific-policy.（上网时间：2018年1月2日）

⑤ "Japan Is Back," Speech by Prime Minister Shinzo Abe at the Center for Strategic and International Studies(CSIS), Washington, DC, February 22, 2013, http://www.mofa.go.jp/announce/pm/abe/us_20130222en.html.（上网时间：2018年1月2日）

国务卿蒂勒森(Rex W. Tillerson)在华盛顿智库战略与国际问题研究中心发表题为《确定下一个世纪我们与印度的关系》的演讲，宣称“在未来一百年，印太地区继续保持自由和开放是至关重要的”；“美国和印度是有着不断增加战略汇聚点的全球伙伴，这对未来一百年将有深远的影响”；“正在上升的德里—华盛顿战略伙伴建立在对法治、航行自由、普世价值和自由贸易共同承诺的基础上。美印两国是全球稳定的两大挡书板”。[①] 11月2日，在特朗普出访亚洲前夕，总统国家安全事务助理麦克马斯特（H. R. McMaster）告诉记者：“总统此行将着眼于三个目标。首先是加强国际社会实现朝鲜无核化的决心；二是推动建设自由开放的印度洋—太平洋地区；三是通过公平互惠的贸易和经济交往来推动美国的繁荣。”[②] 11月10日，特朗普总统在越南举行的亚太经济合作组织(APEC)工商领导人峰会上发表讲话时宣称：“我来到这里倡导和平，促进安全，并与你们一起实现印度—太平洋地区真正的自由和开放。我们为此感到骄傲，我们都是主权国家，我们要求繁荣昌盛，人人都希望兴旺发达。”[③] 在大约半小时的讲话中，他至少十次提到“印度洋—太平洋地区”。12月18日，特朗普总统签发的《美国国家安全战略报告2017》提出：“我们将确保世界关键地区的实力平衡继续有利于美国，如：印度—太平洋、欧洲，以及中东。”[④] 该报告将印太地区列为美

---

① Rex W. Tillerson, Secretary of State, “Remarks on ‘Defining Our Relationship With India for the Next Century’,” at Center for Strategic & International Studies, Washington, DC, the U.S., October 18, 2017, https://www.state.gov/secretary/remarks/2017/10/274913.htm.（上网时间：2017年10月19日）

② “National Security Adviser H. R. McMaster updated reporters on the president’ s upcoming trip to Asia,” White House Daily Briefing, Washington, DC, November 2, 2017, https://www.c-span.org/video/?436740-1/white-house-briefs-reporters-presidents-trip-asia#.（上网时间：2017年11月2日）

③ Kevin Liptak and Dan Merica, “Trump delivers ‘America first’ speech at Asia-Pacific economic summit,” *CNN*, November 10, 2017, http://edition.cnn.com/2017/11/10/politics/donald-trump-apec-vietnam-trade/index.html.（上网时间：2017年11月10日）

④ The White House, *National Security Strategy of the United States*, December, 2017, available at：https://www.whitehouse.gov/wp-content/uploads/2017/12/NSS-Final-12-18-2017-0905.pdf.（上网时间：2017年12月18日）

国地区战略的首位，以一个部分详细阐述了美国印太战略的主要内容。这标志着该战略基本成形。

（三）美日利用澳印和其他印太国家对中国崛起的担心推销该战略

2007 年，印度学者格普利特·S. 库拉纳(Gurpreet S. Khurana)在《海上通道安全：印度—日本合作的前景》一文中将“印太地区”定义为“从东非和西亚的沿海地区，经过印度洋和西太平洋，直到东亚的沿海地区”。[①] 近年来，印度、澳大利亚和一些东亚国家对中国的迅速崛起感到担忧，希望利用美国在安全上制约中国。2012年末和2013年初，时任印度总理曼莫汉·辛格（Manmohan Singh）在界定印度与东盟和日本关系时使用了“印太”概念。[②] 2013年5月，澳大利亚政府颁布的《澳大利亚国防白皮书》正式使用“印太地区”概念，提出：“印太地区对于澳大利亚来说至关重要，与印度建立密切的战略伙伴关系是澳大利亚战略的重要组成部分”。[③]

近年来，中国的迅速崛起也引起一些东亚国家担心中国在海上安全方面可能对它们构成挑战。在这种情况下，特朗普政府和日本安倍内阁利用这些国家对中国的担忧，向这些国家大力推销“印太战略”，企图继续保持该地区有利于美国的战略平衡。

---

① Gurpreet S. Khurana, “Security of Sea Lines: Prospects for India-Japan Cooperation,” *Strategic Analysis*, Volume 31, No. 1, 2007, pp. 139-153.

② Manmohan Singh, “PM’ s Address to Japan-India Association, Japan-India Parliamentary Friendship League and International Friendship Exchange Council,” May 28, 2013, http://pmindia.nic.in/speech-details.php?nodeid=1319.（上网时间：2013年5月29日）

③ Department of Defence, Australian Government, “Defending Australia and its National Interests,” Defence White Paper 2013, May 13, 2013, p. 3.

二、特朗普政府“印太战略”的主要特点

（一）在“有原则的现实主义”和“美国优先的国家安全战略”指导下，加强印太地区联盟和伙伴体系，企图将两洋联结，形成大月牙形同盟与伙伴国网络。特朗普政府“印太战略”是其“美国优先的国家安全战略”重要组成部分之一。而“美国优先的国家安全战略”和“印太战略”都是在特朗普“有原则的现实主义”指导下制定的。

2017年5月，特朗普总统在利雅得的演讲中首次提出“有原则的现实主义”，认为其“扎根在我们的价值观，共同的利益和常识当中。”① 8月21日，特朗普总统在弗吉尼亚州迈尔堡空军基地发表演说公布美国的阿富汗和南亚战略时宣称“这种有原则的现实主义将指导美国未来的决定”。② 9月22日，特朗普总统在第72届联合国大会一般性辩论上发表演讲时，提出“有原则的现实主义”是基于“共同目标、利益和价值观”，“我们追求好的结果，不被意识形态束缚”。③

2017年12月出台的《美国国家安全战略报告2017》宣称：“美国优先的国家安全战略基于美国的原则、对美国利益的清晰评估和处理我们面临的挑战的决心”；“这是一种结果导向，而不是意识形态导向的有原则的现实主义”，“它基于这样一种认识，即和平、安全和繁荣取决于

---

① Saudi Arabia Riyadh, “Transcript of Trump’s speech to the leaders of more than 50 Muslim countries to outline his vision for US-Muslim relations in Saudi Arabia,” *CNN*, May 21, 2017, http://edition.cnn.com/2017/05/21/politics/trump-saudi-speech-transcript/index.html.（上网时间：2017年5月22日）

② “Remarks by President Trump on the Strategy in Afghanistan and South Asia,” the White House, August 21, 2017, https://www.whitehouse.gov/briefings-statements/remarks-president-trump-strategy-afghanistan-south-asia/.（上网时间：2017年8月22日）

③ “Remarks by President Trump to the 72nd Session of the United Nations General Assembly,” United Nations, New York, September 19, 2017, https://www.whitehouse.gov/briefings-statements/remarks-president-trump-72nd-session-united-nations-general-assembly/.（上网时间：2017年9月19日）

在国内尊重国民，在国外合作推进和平的强有力的主权国家”。[1] 该报告认为：“美国优先的国家安全战略是由有原则的现实主义指导的。‘现实主义’是因为它承认权力在国际政治中的中心作用，以及主权国家是实现和平世界和清晰定义我们国家利益的最好希望。‘有原则的’是因为它基于承认推进美国原则在全球扩展和平和繁荣。由美国权力强化的美国价值和影响使世界更自由、安全和繁荣。”[2]

根据“有原则的现实主义”，《美国国家安全战略报告2017》认为：“大国竞争时代回归”，要运用美国的力量威慑和制约“企图构建与美国价值观和利益对立的世界”的两大“修正主义国家”——俄罗斯和中国。[3] 同时，要对付“寻求有能力用核武器杀死数百万美国人”的朝鲜和“支持恐怖主义”的伊朗，以及伊斯兰恐怖分子。[4] 为达到这些目的，特朗普政府推出“印太战略”。

《美国国家安全战略报告2017》将“印太地区”定义为“从印度西海岸至美国西海岸的广大区域，这是一个世界上人口最多和经济最有活力的地区”。[5] 这实际在地缘战略上将从美国西海岸开始的太平洋与直到印度西海岸的印度洋联结在一起。

自冷战以来，美国在东亚与西太平洋地区依靠以自己为核心的“轴辐”安全体系。这一安全体系主要是由美日、美韩、美澳、美泰、美菲等五对双边联盟组成。这是一个以日本为北锚、澳大利亚为南锚，缺半边的半月形安全体系。但近年来美国深感这种体系已经不足以应对和牵制崛起的中国。因此特朗普政府推出“印太战略”实际上是将其亚太“轴辐”安全体系扩大到印度洋区域。企图形成一个把日本和印

---

① The White House, *National Security Strategy of the United States*, December 2017, p. 1.

② The White House, *National Security Strategy of the United States*, December 2017, p. 1

③ The White House, *National Security Strategy of the United States*, December 2017, p. 25.

④ The White House, *National Security Strategy of the United States*, December 2017, p. 7.

⑤ The White House, *National Security Strategy of the United States*, December 2017, pp. 45-46.

度作为“东西两翼”、[①] 澳大利亚作为连接印度洋和太平洋两洋与东西两翼的锚点、环绕着东亚大陆的大月牙形同盟与伙伴国网络（包括韩国、菲律宾和泰国等盟国，以及越南、印尼、马来西亚和新加坡这些美国的安全与经济伙伴国家），[②] 从而使美国在地缘战略上占有优势，以平衡和制约中国。这实际上在安全领域某种程度上继承了奥巴马政府“亚太再平衡”战略中关于“印太”的部分内容，但又加入一些新的内容。

（二）运用“离岸制衡”，构建“美日澳印四边形安全合作机制”。构建“美日澳印四边形安全合作机制”是特朗普政府“印太战略”的重要支柱之一。《美国国家安全战略报告2017》强调：“我们欢迎印度崛起成为全球领导力量和强有力的战略与防务伙伴。我们将增加与日本、澳大利亚和印度的四边合作。”[③] 11月13日，美国、印度、日本和澳大利亚四国外交部门的官员在菲律宾马尼拉召开的东亚峰会期间举行了正式会议。这是特朗普政府出台“印太战略”以来四国首次进行正式的官方相关沟通。

特朗普政府出台“印太战略”和积极推进构建“美日澳印四边形安全合作机制”，实际上是对“离岸制衡”(offshore balancing，也称为“离岸平衡手”)战略的运用。“离岸制衡”概念是进攻性现实主义(offensive realism) 的代表人物约翰·米尔斯海默（John J. Mearsheimer）在其著作《大国政治的悲剧》中提出的概念。其定义是：“这些远处的霸权通常喜欢让地区大国来制衡热衷于追逐霸权的国家，它们则坐山观虎斗。但有时这种推卸责任的策略并不可行，遥远的霸权国家不得不插手以平衡崛起中的国家。”[④] 米尔斯海默认为：“国际体系是一个险恶而残忍的

① Michael Green and Daniel Twining, “Why aren’ t we working with Japan and India?,” *Washington Post*, July 18, 2011, http//articles.washingtonpost.com/2011-07-18/opinions/35238121-1-obama-adminstration-strategic-dialogue-japan-and-india.（上网时间：2011年7月18日）

② The White House, *National Security Strategy of the United States*, December 2017, p. 46.

③ The White House, *National Security Strategy of the United States*, December 2017, p. 46.

④ [美]约翰·米尔斯海默：《大国政治的悲剧》，王义桅、唐小松译，上海，上海世纪出版集团，2003年版，第26页。

角斗场，要想在其中生存，国家别无选择，只得为权力而相互竞争。”[①]他提出：“无论何时，某种国际秩序的出现，大体上都是体系中大国自私行为的副产品。换句话说，体系的构造是大国安全竞争的无意识结果，而不是国家采取集体行动构建和平的结局。”[②] 他主张：“美国外交政策的中心目标是做西半球的霸主，防止欧洲和东北亚出现与之匹敌的霸权国。”[③] 构建“美日澳印四边形安全合作机制”是特朗普政府从“离岸制衡”视角，为了利用日、澳、印来制约和围堵中国，防止中国成为东亚地区主导国家。将印度拉入“美日澳印四边形安全合作机制”既可以利用中印这两个发展中大国之间的矛盾，防止发展中国家的整体崛起；又可以利用中印这两个亚洲大国之间的矛盾，防止亚洲的整体崛起。

2013年1月，日本首相安倍晋三发表文章认为，中国快速扩张军力，已经造成严重威胁，提出构建美日澳印“亚洲民主安全之钻”的构想，希望拉拢美国、澳洲和印度一起建构对中国的“钻石包围网”。[④]

在此前后，美日印、美日澳、美印澳三边关系都取得一些进展。这三个三边关系有一些共同的特点，即都是以美国为主导、通过三边政治和军事合作来巩固美国在印太地区和世界领导地位，加强应对地区不测事态能力，牵制和平衡中国，美日澳印四国则企图通过这种合作中加强自身地位和能力，获取自己需要的利益。2007年4月，美日印三国在日本海域举行首次联合军演。同年9月，美日澳印等国在印度洋举行了代号为“马拉巴尔07-2”的海上联合军演。2009年，美日印三国海军再度合作，在冲绳附近海域展开军演。2011年12月19日，美日印首次三边对话在华盛顿举行。2013年10月第五次美日澳三边战略对

① [美]约翰·米尔斯海默：《大国政治的悲剧》，第38页。

② [美]约翰·米尔斯海默：《大国政治的悲剧》，第61页。

③ [美]约翰·米尔斯海默：《大国政治的悲剧》，第530页。

④ Shinzo Abe, “Asia’s Democratic Security Diamond,” *Project Syndicate*, January 28, 2013, http://www.project-syndicate.org.（上网时间：2013年1月28日）

话部长级会议发表涉及东海、南海问题内容的联合声明。2014年7月，正在澳大利亚访问的日本首相安倍晋三呼吁加强美日澳三边关系，日澳两国签署《经济伙伴关系协定》(EPA)和《防务技术和装备转移协定》。

美国和日本希望把印度也拉进来与澳大利亚一起形成“四边机制”。奥巴马政府曾为将印度拉入印太同盟与伙伴国战略网络做了不少努力。2015年，时任美国总统奥巴马应印度总理莫迪的邀请，以主宾身份出席印度共和国日庆祝活动，成为史上第一位受邀参加印度国庆活动、也是唯一一位任期内两度访问印度的美国总统。在访问期间，两国发表《美印关于亚太与印度洋地区的战略视角联合声明》。[①] 美印达成“突破性的谅解”，同意最终克服数年来阻碍美国公司在印度建核反应堆的僵局。两国领导人续签了一份10年的防务协议，同意从2015年起延长美印防务合作框架协议，双方决定在两国军方之间开展更频繁的对话，扩大联合演习规模，实施“更宏大的防务计划和活动”，在印度共同研发和制造先进的美国武器系统。两国还签署了《后勤交流备忘录》。美国给予印度“非北约盟友主要防务伙伴关系”地位。自2008年以来，印度已与美国签署超过150亿美元的军购合同。2013年，美国超过俄罗斯成为印度最大的军火供应方。美印已经建立了两国军队高层互访机制、联训联演机制、人员培训机制、情报共享机制、海上合作机制等。这些标志着美印防务合作取得重大突破，助推两军关系以及印军现代化迈上新的台阶。但澳大利亚一度担心中国的反应，因此不那么积极。印度也不愿成为美日制约中国的棋子。因此美日构建“美日澳印菱形”合作机制的企图曾一度搁浅。

特朗普总统上台后，美印关系继续升温。2017年6月18日，印度边防部队在中印边界锡金段非法跨界进入中国洞朗地区，并制造借口，企图长期霸占中国领土。同月25—26日，印度总理莫迪访问美国，企

---

① “US-India Joint Strategic Vision for the Asia-Pacific and Indian Ocean Region,” January 25, 2015, http://www.mea.gov.in/bilateral-documents.htm?dtl/24728/USIndia_Joint_Strategic_Vision_for_the_AsiaPacific_and_Indian_Ocean_Region.（上网时间：2015年1月25日）

图通过访美争取对印入侵中国领土的支持。美印双方表示将强化双边关系。特朗普称，美印关系从未如此牢固。并表示双方在多数问题上都取得共识，将在反恐领域加大合作。莫迪承诺将推进改革措施，帮助美国企业进入印度市场。由于中国采取坚定立场、有效军事威慑和积极外交行动，8月28日印方将越界人员和设备全部撤回边界印方一侧。同年9月，美国和印度签署大合同，印度花费100亿美元从洛克希德·马丁公司购入100架以上F-16战斗机。这不仅是美印之间的一个军售项目，也似乎具有表明双方相互支持的意味。

（三）形成有利于美国的“印太”地区经济关系。特朗普政府虽然退出“跨太平洋伙伴关系协定”（TPP），但仍然企图在印太地区维护有利于美国的地区经济关系。《美国国家安全战略报告2017》指出：“美国将鼓励区域合作，以维持自由和开放的海上航道、透明的金融实务基础设施、畅通无阻的贸易，以及和平解决争端。”[①] 特朗普政府强调实施在公平和相互基础上的双边贸易协定，以及寻求对美国出口的平等和可靠的路径：“我们将与伙伴一起工作，构建一个致力于自由市场和受到保护免于会颠覆它们主权的力量威胁的国际网络”。[②] 特朗普政府还提出，要加强与盟国在高质量基础设施建设方面的合作。

三、特朗普政府“印太战略”的内在矛盾

（一）美国联盟关系内部的联盟困境和美日澳印四边形安全合作机制中的弱角问题

特朗普政府推行“印太战略”将增加美国印太联盟体系的内在矛盾。首先，美国印太海权联盟是一个不对等的联盟体系。美国的综合实力远强于其他三方，在日本等国又有庞大驻军。这使得美国亚太海

---

① The White House, *National Security Strategy of the United States*, December 2017, p. 47.

② The White House, *National Security Strategy of the United States*, December 2017, p. 47.

权联盟体系主要服务于美国利益，而其他三方在许多利益考量上是与美国有差异的。

其次，联盟国家国内因素影响与其他盟国联盟关系。根据国际政治理论，特朗普政府“印太战略”所要加强的美日联盟、美澳联盟等同样面临着联盟困境，即“抛弃”(abandonment)和“牵连”(entrapment)的困境。格伦·施奈德（Glenn H .Snyder）指出，“抛弃”的形式有多种多样，比如说盟国解除盟约或与敌国结盟。由于同盟从来都不是绝对稳固的，所以被自己的盟国抛弃的担忧也总是存在的。“牵连”则意味着因盟国的利益而被拖进一场冲突，而那些利益本国却并不能共享或只能部分共享。施奈德指出，任何结盟的国家都不可避免地要在被“抛弃”和“牵连”之间进行权衡。盟国必须表明自身的价值，以免被其伙伴抛弃。但问题是，一个想“表忠心”的国家会更容易被其盟国拖进一场它不希望或不必然发生的战争中去。相反，一个担心遭受“牵连”而打算与盟国拉开距离的国家又要冒被盟国抛弃的风险。结盟国家面临在这两者之间该如何权衡的问题。[①] 这是“抛弃”和“牵连”困境的第一层含义。“抛弃”和“牵连”困境的第二层含义是，一国如果为避免被抛弃而选择强化同盟，那便有可能引发对手的敌意，从而加剧紧张局势，到头来事与愿违。[②] 在美日澳印四边形安全合作机制中，“牵连”主要表现为美国担心被日、澳、印拉入一场它不想参与的武装冲突或战争中；“抛弃”主要表现为日、澳、印担心美国不理会它们的安全需求。美日澳印也担心过于强化同盟关系可能引发中国的反弹。

特朗普政府“印太战略”重点加强的美日澳印四边形安全合作机制还面临印度这个弱角问题。印度是发展中大国和国际体系中新兴大国之一，历史上还是不结盟运动的领导国家。它不愿意完全跟在美国

---

① Glenn H. Snyder, “The Security Dilemmain Alliance Politics,” *World Politics*, Vol. 34, No. 3, July 1984, pp. 466-489.

② Glenn H. Snyder, “The Security Dilemmain Alliance Politics,” *World Politics*, Vol. 34, No. 3, July 1984, pp. 490-494.

后面跑，也不愿意与美国结成紧密联盟。保持一个相对独立的大国地位符合印度国家利益。印度和美国对这一机制的期待也不同。印度是希望拉拢美国来对抗来自中国的“威胁”，并维护其在南亚和印度洋地区的霸权地位，而美国不希望任何其他国家在世界任何一个地区拥有这种地位，而是希望利用印度来制约中国。因此，即使洞朗事件后印度更多需要美国，对形成美日澳印四边形安全合作机制兴趣上升，但印度还是与美日澳拉开一定距离，以免过分引起中国的担心。在2017年11月12日美日澳印四国外交部门官员在越南岘港APEC领导人非正式会议期间举行的正式会议，并未发布正式的联合公报、声明或新闻稿，而是以各自公布消息的形式对外发布了会议结果。印度外交部的版本在介绍会谈内容时没有谈及南海问题。

（二）战略目标与财政资源不相称

特朗普政府“印太战略”的主要目标是保持有利于美国的地区战略平衡，但经济上力不从心，难以为其“印太战略”大幅增加财政和军事投入，其目标与资源不对称的矛盾将日益明显。2010年奥巴马政府提出“亚太再平衡”战略时，美国国内生产总值（GDP）为14.7万亿美元，而美国国债总额是约15万亿美元。为了削减财政赤字，奥巴马政府2012年1月曾提出在今后10年削减军费开支约4890亿美元。但即使这样，美国国债仍继续上升。2016年美国GDP约为18.6亿万美元，而美国国债总额上升到19.5万亿美元。

2017年12月，特朗普总统签署了为高达7000亿美元军费预算授权的《2018财政年度国防授权法案》。但由于美国全球性对外军事承诺和遍布世界许多地方的海外驻军，这笔巨大的军费预算能用于印太地区的比较有限，驻印太地区美军的军费难以大幅增加。同月，特朗普总统签署了国会两院通过的高达1.5万亿美元的《减税法》。这两个法案将进一步增加美国政府的财政赤字和国债。

在这种情况下，特朗普政府所能采取的应对措施将是一方面要求盟国和伙伴国家承担更多责任和义务，另一方面督促盟国和伙伴国家购买更多的美国武器装备。

（三）战略目标之间自相矛盾

特朗普政府“印太战略”主要战略目标之间存在很大的自相矛盾。例如,《美国国家安全战略报告2017》虽然说“美国寻求继续与中国合作”,[①] 但渲染“中国正在使用经济引诱和惩罚、实施影响和含蓄的军事威胁使其他国家接受它的政治和安全议程”,[②] 企图构建环绕着东亚大陆的大月牙形同盟与伙伴国网络以制约中国。同时，特朗普政府认为：“朝鲜正在加速推进它的网络、核与弹道导弹项目。这已经产生需要全球回应的全球威胁。”[③] 美国将“与盟国和伙伴国家共同努力实现朝鲜半岛完全、可核查、不可逆的无核化”[④]，包括与中国合作。特朗普政府既要制约中国，又要中国出力解决朝核问题。这将使中国许多专家学者和广大民众对美国的战略意图产生怀疑，担心美国企图既解决朝核问题又削弱中国。

四、特朗普政府“印太战略”的影响

（一）进一步增加中美关系的复杂性和竞争性，中美关系可能经历一段比较困难的时期。特朗普政府“印太战略”虽然提出“美国寻求继续与中国合作”,[⑤] 但《美国国家安全战略报告2017》不仅将中国作为国际秩序的“修正主义国家”和美国的“竞争者”，而且将世界划分为“自由社会”与“压制政权”，中国自然被划分到后一阵营。这份报告

---

① The White House, *National Security Strategy of the United States*, December 2017, p. 46.

② The White House, *National Security Strategy of the United States*, December 2017, p. 46.

③ The White House, *National Security Strategy of the United States*, December 2017, p. 46.

④ The White House, *National Security Strategy of the United States*, December 2017, p. 47.

⑤ The White House, *National Security Strategy of the United States*, December 2017, p. 46.

所说的“竞争”，不仅是主权国家间的竞争，更是两种意识形态或阵营的竞争。该报告宣称，美国要与价值观相似的国家加强合作，应对“压制”阵营影响力的扩展。这种划分让世界感受到一丝冷战气氛。

特朗普政府将经济看作国家安全的首要内容。《美国国家安全战略报告2017》继续指责中国侵犯美国知识产权，在贸易等方面存在不公平行为。更值得注意的是，特朗普政府眼中的中国经济挑战不仅在于中国的经济行为，更在于中国政府在经济中发挥重要作用的经济模式。2017年8月14日，美国总统特朗普签署行政备忘录，授权美国贸易代表莱特希泽审查所谓的“中国不公平贸易行为”，尤其针对中国在技术转让等知识产权领域的做法。其后，美国贸易代表莱特希泽宣布，美国正式对中国发起“301调查”。今后特朗普政府如果在这方面变本加厉，对中国实施单边制裁，将损害中美关系的压舱石——经贸关系。

台湾问题可能再次成为中美关系中的焦点问题。特别是特朗普政府“印太战略”向台湾蔡英文当局发出错误信号，使其认为可以利用这一战略为其“实质台独”目的服务。2017年12月12日，蔡英文在与美国在台协会主席莫健会面时称，“台湾是印度—太平洋区域的自由民主社会，自然是自由开放的印太战略中的相关者”，相信台湾可以对这个区域做出贡献，“我们不只愿意保卫自由、开放的共同成果，更愿意守护以法规为基础的国际秩序”。[①] 在奥巴马政府以南海问题为抓手制约中国的企图失败后，特朗普政府可能企图在“印太战略”中以台湾问题为抓手制约中国。2017年12月13日，特朗普总统签署美国国会两院通过的“2018财政年度国防授权法案”。该法案要求美国国防部长在2018年9月1日前提交报告给适当的国会委员会，评估美国海军军舰停靠台湾港口的可行性，以及美国在夏威夷、关岛或其他适当地点接受台军舰进港要求的可行性。如果美国军舰停靠台湾港口，将是对中国主权

---

① “为抗衡大陆蔡英文向‘自由印太’纳了投名状!”，凤凰资讯，2017年12月13日，http://news.ifeng.com/a/20171213/54118044_0.shtml。(上网时间：2017年12月13日)

和领土完整的严重侵犯。有的美国亲台人士在特朗普政府中担任要职。例如，薛瑞福出任美负责亚太事务的助理国防部长。他在被特朗普提名后就公开表示支持美台军舰互访，并称这并不违反“一个中国”政策；在美国会参议院武装部队委员会提名听证会上，薛瑞福宣称“崛起的中国为这一代美国人带来最严峻的安全挑战”，主张“努力建设与台湾和新加坡的安全伙伴关系”。由于美负责亚太事务助理国防部长是中美安全关系和美台安全关系政策实施的决策参与人之一，薛瑞福担任这一职务将可能推动特朗普政府做出某些严重冲击中美关系的行动。

朝核问题将成为中美博弈的重大问题。如果朝鲜拥有能够打到美国的核导弹，将会出现三种可能的结果。第一种是美朝形成类似冷战时期美苏之间的相互核威慑；第二种是通过谈判实现朝鲜弃核；第三种是美国认为这威胁到美国的核心国家利益而对朝鲜进行先发制人的打击。这很可能导致朝鲜半岛发生高烈度战争甚至核冲突。“朝鲜半岛发生战争将致使超过100万人丧生”，并产生大批难民，严重威胁中国重大安全利益。而且，朝鲜核试验的地点离中朝边境只有一百多公里，核试验如果发生核事故或核泄露，将给中国和朝鲜半岛人民带来灾难性影响。随着特朗普政府对朝动武可能性的上升，将使中美之间围绕这一问题的博弈更加复杂。

（二）向美国的盟国和伙伴国发出错误信号，使它们在与中国有争议问题上采取强硬立场。特朗普政府“印太战略”对中国采取在美国需要中国的问题上合作，在大多数问题上进行制约的政策，这向美国的盟国和伙伴国发出错误信号，使它们认为可以在美国的支持或默许下，在与中国有争议问题上采取强硬立场。例如，印度边防部队越界造成的洞朗事件使中印双边关系经受严重考验。此事最终通过外交手段予以和平解决，体现了双边关系日趋成熟，但教训值得汲取。此后，中印关系总体保持发展势头，双方都为此做出了努力，但并不令人满意。2017年11月29日，印度和新加坡两国防长达成两国海军合作协议，内容包括海洋安全合作、举行联合演习、短暂使用对方海军设施并提供后勤支持等。新加坡防长黄永宏表示，新加坡“欢迎印度海军使用新加坡樟宜海军基地”。该基地靠近南海。印度政府对中国“一带一路”始终采取拒绝和冷淡态度，特别是对中巴经济走廊通过涉及印巴争议的克什米尔非常不满。又如，2017年12月，澳大利亚宣布将广泛修订反间谍和外国干预法。澳总理特恩布尔指称中国是重点关注对象。

（三）日本借特朗普政府“印太战略”加强自身军事实力和扩张日本海权势力范围。近年来，随着中国迅速崛起和朝核问题恶化，美国鼓励日本进一步发展防卫力量，在亚太地区海上安全中发挥更大作用。特朗普政府“印太战略”宣称：“我们欢迎和支持我们的关键盟国日本发挥强有力的领导作用”。[①] 日本安倍晋三内阁利用特朗普政府“印太战略”，“借船出海”，企图修改和平宪法，发展日本军事力量和构建为日本所用的国际安全机制。

安倍晋三始终将修改宪法作为其内阁最重要的目标之一，其目的是为日本成为军事大国铺路。美国总统特朗普主张“盟国应该分担”联盟的经费，这也给日本安倍晋三内阁将日本防卫经费实现六连增提供了借口。2017年12月15日，日本政府确定，2018年度初始预算案中涉及防卫领域的经费(包含美军重组费用)将达到史上最高的约5.19万亿日元(约合3047亿人民币)，包括为引进美国陆基“宙斯盾”系统和采购日美联合研发新型拦截导弹“标准”–3blockII的费用。日本政府打算将海上自卫队最大护卫舰“出云”号改造为日本第二次世界大战后第一艘攻击型航母，搭载F–35B战斗机。

近年来，日本积极与越南、菲律宾、印度、澳大利亚、英国、法国等发展海洋安全合作关系，以构建和加强为日本所用的国际海洋安全合作机制。在特朗普总统宣布美国退出TPP后，日本主导了“全面且先进的跨太平洋伙伴关系协定”(即“新版TPP”，Comprehensive Progressive Trans-Pacific Partnership，英文缩写CPTPP）谈判。2017年

---

① The White House, *National Security Strategy of the United States*, December 2017, p. 46.

11月11日，日本和越南在岘港宣布“11个国家就CPTPP达成了框架协议”。但此次达成的框架协议实际上已经冻结了20个项目。安倍晋三政府的主要目的是“一边维系与美国的关系，一边推进由日本主导的海洋安全与经济合作”。[①]

① “日澳强化海洋合作”,《参考消息》2017年1月16日。

试析特朗普“印太战略”

北京外国语大学专用英语学院讲师、
北京大学国际关系学院政治学博士后　仵胜奇
中国社会科学院荣誉学部委员、
中国国际问题研究基金会高级研究员　陶文钊

2017年10月17日，就任以来很少发表系统政策讲话的美国国务卿蒂勒森在美国著名智库战略与国际问题研究中心就美国对印度的政策发表演讲，提出了“一个自由和开放的印太”的概念：“印太包括整个印度洋，西太平洋和两洋周边的国家，这是21世纪全球最重要的地区。”[①] 蒂勒森这一讲话实际上是为特朗普同年11月亚洲之行作预热。特朗普亚洲之行不再使用“亚太”说法，而只用“印太”概念。这样，特朗普政府就提出了一个新的地缘战略。但美国决策者并没有对这个新战略作详细阐述，新战略提出不久，还没有见到许多实际措施，因此现在只能对其作初步的分析。

一、提升与印度关系是美国两党共识

冷战结束之后，美国民主、共和两党在对外政策方面有许多不同主张，但也有不少共识，如发展美日同盟关系是两党共识之一。[②] 提

① Rex Tillerson, “Defining Relationship with India for the Next Century: An Address by U.S. Secretary of State Rex Tillerson,” October 18, 2017. https://www.csis.org/events/defining-our-relationship-india-next-century-address-us-secretary-state-rex-tillerson.

② 陶文钊：“冷战后美日同盟的三次调整”，《美国研究》2015年第4期。

升与印度的关系是两党另一项共识。冷战时期很长一段时间中，印度倡导不结盟运动，在美苏之间取中立态度，而且实际上更加偏向苏联，印度的武器装备主要购自苏联。冷战结束后印度逐渐向西方靠拢。1998年由于印度和巴基斯坦先后进行了核试验，美国对双方实行了有限制裁，包括中止对印度的援助、禁止向印度出口防务产品和技术等。尽管如此，克林顿仍然于2000年3月对印度进行了国事访问，双方还发表了《面向21世纪的印美关系远景宣言》，立意重塑美印关系。小布什政府虽然调整了克林顿政府时期的许多政策，但他并不反对改善美印关系。"9·11"事件后，小布什政府取消了对印度、巴基斯坦的制裁，恢复了同印度的防务合作。2004年起双方开始发展"战略伙伴关系"，在经济、安全和全球议题上的合作得到提升。2005年双方又宣布建立"全球伙伴关系"。小布什政府甚至不顾军控团体的坚决反对，于2008年与印度达成了《民用核能合作协议》。① 小布什总统本人及其政府高官都访问了印度。副国务卿尼科拉斯·伯恩斯（Nicholas Burns）2007年在《外交》季刊上发表文章，盛赞印度的崛起为"推进美国的全球利益、为全球的力量均衡提供了独一无二的正面机会"，"建设紧密的美印关系应该成为美国未来首要选择之一"，显示了美印关系在美国外交中的独特地位。②

奥巴马政府继承了小布什政府对印政策。在"再平衡"战略的制定者看来，印度是"正在改变地区架构的有影响的大国"。③ 2009年11月奥巴马访华之后，立即邀请印度总理辛格访美。奥巴马对辛格说：美印是"天然盟友"，美国"欢迎和鼓励印度在塑造一个稳定、和平与

---

① Ted Galen Carpenter, "Fading Hopes for India as a Strategic Counterweight to China," October 4, 2013, http://www.china-usfocus.com/foreign-policy/fading-hopes-for-india-as-a-strategic-counterweight-to-china; K. Alan Kronstadt & Sonia Pinto, *U.S.-India Security Relations: Strategic Issues*, CRS Report, January 24, 2013, pp.1-3.

② Nicholas Burns, "America's Strategic Opportunity With India: The New U.S.-India Partnership," https://www.foreignaffairs.com/articles/asia/2007-11-01/americas-strategic-opportunity-india.

③ Kurt Campbell, *Pivot. The Future of American Statecraft in Asia*, p.158.

繁荣的亚洲中发挥领导作用”。[①] 从此，“天然盟友”成为美方，不论是民主党还是共和党，界定美印关系的一个标准用语。奥巴马还表示要充分落实《美印民用核合作协议》。两国签署了一系列经济、教育、卫生合作协定。

2010年11月奥巴马访印，首次公开表态支持印度成为联合国安理会常任理事国，重申美印建立全球战略伙伴关系和落实《民用核合作协议》。11月8日，奥巴马在印度国会发表演讲，表示“美印关系是独一无二的。两国是强大的民主国家”。他强调，美印全球伙伴是建立在共同利益和共同价值基础之上的，是“定义21世纪性质的那种伙伴关系之一”。他还鼓励印度“不仅要‘向东看’(Look East)，而且要‘向东干’(Engage East)”。[②] 2011年7月，时任国务卿希拉里·克林顿访印期间也鼓励印度“要继续向东干，并在东面发挥作用”，成为整个亚洲地区一个“更强势的领导者”。[③]

奥巴马政府提出“亚太再平衡”战略后，美国更加看重与印度的关系。希拉里·克林顿在《美国的太平洋世纪》中一开始就说，“从印度次大陆伸展到美国西海岸，这一包括太平洋和印度洋的地区日益被航运和战略紧密联系在一起”。她强调：“美国在印度的未来上投下了战略赌注”。[④] 此后，时任国防部长帕内塔、国务卿克里也都盛赞印度是“再平衡”战略的“关键部分”，“美印伙伴关系现在比过去任何时候都

---

① John Pomfret, “Obama hails Manmohan Singh, hails India's regional role,” November 25, 2009, http://www.washingtonpost.com/wp-dyn/content/article/2009/11/24/AR2009112403522.html.

② Barack Obama, “Remarks to the Indian Parliament in New Delhi,” November 8, 2010. Online by Gerhard Peters and John T. Woolley, *The American Presidency Project*, http://www.presidency.ucsb.edu/ws/?pid=88695。印度“向东看”的政策早在1991年就提出来了，但实际作用很小，美国显然不满意这种状况。

③ “希拉里鼓励印度‘向东看’，在亚洲发挥领导作用”，中新网，2011年7月22日，http://news.china.com/international/1000/20110722/16662684.html。

④ Hillary Clinton, “America’s Pacific Century,” October 11, 2011, http://foreignpolicy.com/2011/10/11americas-pacific-century.

重要”。[①]

当然，在华盛顿对美国发展与印度关系的努力也有不同意见。美国政、学界都有一种看法，认为美国投入太多，从印度得到的回报太少，双边关系是不对称、不公平的。但民主、共和两党主流的意见是，印度对美国意图的猜忌、印度的官僚程序和效率低下等因素是美印关系的障碍，但鉴于印度的重要性，发展与印度的关系要着眼于长远的收益，而不是斤斤计较短期、狭隘和立竿见影的效益。[②]

2014年莫迪当政后美印关系更加密切。莫迪在两年之中四次访美，奥巴马也于2015年1月下旬对印度再次进行国事访问，成为唯一两次访印的美国总统。双方确认，在签署关于《美印民用核合作协议》6年后，协议正朝商业合作的方向迈进。奥巴马还表示支持印度加入核供应国集团。美印发表了三则联合声明，全面规划了两国关系的蓝图。[③]

特朗普政府的印太战略正是这一冷战后美国两党共识的延续，是对其前任政策的继承。自从特朗普上任以来，美国防长和国务卿相继访印，包括印度财长、外长和商务部长等在内的多名印度政府高官相继访美，莫迪本人也于2017年6月访美。美印两国领导人“比先前的任何领导人都更加承诺建设雄心勃勃的伙伴关系”，“特朗普政府决意大幅深化这种伙伴关系”。莫迪访美期间，双方发表了题为《美印关系：通过伙伴关系促进繁荣》的联合声明，表示决心扩大和深化战略伙伴关系，促进共同目标。具体领域包括打击恐怖主义威胁，促进印太地区稳定，提升自由和公平贸易，加强能源关系，应对全球挑战，促进两国繁荣。

---

① John Kerry, “Remarks on U.S.-India Strategic Partnership,” New Delhi, India, June 23, 2013, http://www.state.gov/secretary/remarks/2013/06/211013.htm.

② Ashley J. Tellis, “Opportunities Unbound: Sustaining the Transformation in U.S.-India Relations,” Carnegie Endowment Report, January 2013, http://carnegieendowment.org/2013/01/07/opportunities-unbound-sustaining-transformation-in-u.s.-indian-relations-pub-50506.

③ Barack Obama, “Joint Statement by President Obama and Prime Minister Narendra Modi of India - Shared Effort, Progress for All,” January 25, 2015. Online by Gerhard Peters and John T. Woolley, *The American Presidency Project*, http://www.presidency.ucsb.edu/ws/?pid=109325.

声明强调，作为印太地区“民主（价值观）的忠实支持者”和“负责任的管理者（steward)”，特朗普和莫迪一致认为，“密切的美印伙伴关系是实现（印太）地区和平和稳定的中心。”①

同时，美印承诺深化防务和安全合作，美国把印度看作是一个“主要的安全伙伴”。双方决定加强防务合作，把双方在“先进武器装备和技术”领域的合作提升到与“美国最密切的盟友和伙伴”相一致的水平。基于此，美国同意向印度出售“海上守护者无人机系统”，帮助提升印度的军事能力，促进双方共同安全利益。美印宣布有意履行“商船航运数据分享协议”，以扩大海事领域的协作。美印以“马拉巴尔”军演为契机，扩大双方共同的海洋目标，探索新的军演模式。特朗普再次表示支持印度加入“核供应国集团”“常规武器及两用品和技术出口控制的瓦森纳安排”和“澳大利亚集团”(防止生化武器扩散的非正式出口控制机制)，也支持印度成为联合国安理会常任理事国。② 这样，美印两国的关系不仅没有受到美国政权交替的影响，而且比以前更上了一层楼。

二、印太战略的指向明确

特朗普政府的印太战略和奥巴马政府的“亚太再平衡”在很大程度上都是为了牵制和平衡中国的崛起，但印太战略的这种指向性更加明确。

特朗普政府的《国家安全战略报告》与冷战后历届政府该报告相比，有一个极明显的区别：以前美国的类似报告讲到中国和中美关系时都讲两面：既讲中国的发展和进步，中国的经济发展给地区和世界

---

① The White House, “Fact Sheet: United States and India: Prosperity through Partnership,” June 26, 2017, https://www.whitehouse.gov/briefings-statements/united-states-india-prosperity-partnership.

② The White House, “Fact Sheet: United States and India: Prosperity through Partnership,” June 26, 2017, https://www.whitehouse.gov/briefings-statements/united-states-india-prosperity-partnership.

带来的好处，中美两国之间的共同利益和合作，只是在不同政府任内具体内容和侧重点有所区别；同时讲到，在美国看来中国的“不足”，以及中美两国间的分歧与竞争。但这个报告只讲一面：只讲中国的“问题”，只讲中美之间的竞争。报告自称是“结果导向而不是意识形态导向的有原则的现实主义战略”，其实浸润着浓厚的意识形态，所谓“结果”也是片面的、被歪曲的，读来像是《大国政治的悲剧》的翻版。报告确定地把中国定位为“竞争者”“对手”和“修正主义国家”，这也是以往报告中所未见的。报告在讲到“印太”时称：虽然中国在全球投放力量，但主要还是与其邻国进行互动，“中国正在使用经济诱惑和惩罚两手、有影响力的行为、暗含的军事威胁来驱使本地区其他国家追随它的政治和安全议程。中国的基础设施投资和贸易战略强化了其地缘雄心。中国在南海建设前哨站并将其军事化的做法危及贸易的自由流动、威胁其他国家的主权、损害了地区稳定”。[①] 由此可见，特朗普政府的“印太战略”针对中国的指向性是很明显的。

特朗普政府在提出“印太战略”时处处把中印两国的崛起进行对比，以印度之“是”来映照中国之“非”，以印度之“美”来映照中国之“丑”：印度代表了世界上最大的民主体，这是美印关系的驱动力，“美印是印太地区西方和东方民主的灯塔”，而中国则不是；“美印越来越成为全球伙伴，两国战略越来越趋同……共享对未来的愿景，美印战略伙伴关系是以对法治、航行自由、普世价值和自由贸易的共同承诺为基础的”，而中国却“不负责任，一再损坏以国际规则为基础的秩序……中国在南海的挑衅性行为直接挑战了美国和印度都赞成的国际法和国际准则”；美印之间的经贸关系蒸蒸日上，而中国实行的是“掠夺性的经济”，“每年都从美国窃取价值高昂的知识产权”。而美国提出

① The White House, *National Security Strategy of the United States of America*, December 2017, pp.1, 8, 21, 25, 27, 38, 45-46.

所谓印太战略就是要在这一地区“确保一个以规则为基础的秩序”。[①]

三、印太战略中的军事因素值得重视

在冷战后的美印关系中，军事关系一直是一个重要内容。冷战时期，印度与苏联的军事关系比跟美国密切，其武器装备主要购自苏联。[②] 小布什时期，这种情况开始发生改变。奥巴马政府更重视与印度的防务关系。美国防部2010年的《四年防务评估报告》中强调：“印度军力的发展将使该国在印度洋及更广阔的地区成为安全的纯提供者”，印度权威媒体将此解读为：“这是美国给了印度在印度洋的警察权。”[③] 2010年奥巴马访问印度，在白宫关于此次访问的新闻稿中将对印度的军售放在显著位置。美国希望通过扩大对印军售，拓展美国的影响力，提升印度的军事实力，同时又为美国创造就业机会。[④]

2012年6月，时任美国国防部长帕内塔在香格里拉会议上阐述了“再平衡”战略后即访问印度。帕内塔向印度总理辛格和高官表示，在美国“亚太再平衡”战略中，“与印度的军事合作是关键一环”，希望印度发挥更加积极主动的作用，与东盟国家加强合作，帮助它们抵抗来

---

① Rex Tillerson, “Defining Relationship with India for the Next Century: An Address by U.S. Secretary of State Rex Tillerson,” October 18, 2017, https://www.csis.org/events/defining-our-relationship-india-next-century-address-us-secretary-state-rex-tillerson.

② 长期以来，印度的武器装备严重依赖进口。在20世纪90年代，印度国产的军火只能满足印度军队需要的1/3。印度是世界上最大的武器进口国，2007—2010年印度进口武器占世界军火市场交易额的10%。参见K. Alan Kronstadt & Sonia Pinto, *U.S.-India Security Relations: Strategic Issues*, CRS Report, January 24, 2013, p. 17.

③ K. Alan Kronstadt & Sonia Pinto, *U.S.-India Security Relations: Strategic Issues*, CRS Report, January 24, 2013, p. 7.

④ 双方的努力效果显著。据2014年8月13日《印度时报》网站报道，2011—2013年印度军购总花费为8345亿卢比，其中购自美国的花费为3261亿卢比，高于从俄罗斯军购的2536亿卢比。参见“美取代俄成印最大武器供应国”，http://www.cetin.net.cn/cetin2/servlet/cetin/action/HtmlDocumentAction?baseid=1&docno=577569。

自中国的压力，并为亚太地区建立起行为规范。[①] 在防务合作方面，为了突破印度“国防补偿政策”[②] 购买部分国外武器装备的限制，克服美国复杂而多层次的军售监管和审查制度的障碍，美国于2012年启动了为印度量身打造的《防务技术与贸易倡议》(Defense Technology and Trade Initiative)。

奥巴马政府的四任防长均重视发展与印度的防务关系。2014年8月9日，哈格尔在印度观察家研究基金会发表演讲，称美印《防务技术与贸易倡议》正把双方的军事合作从简单的买卖关系转变为共同生产、共同开发和技术的自由交流，将帮助印度建立一个强大的自给自足的国防工业基础，并具体提出了双方可以推进的几十个合作项目，这是美国对外关系中绝无仅有的。[③] 同年10月，莫迪访美期间，两国同意从2015年起延长《美印防务合作框架协议》十年，并在印度共同发展和制造先进的美国武器系统，包括新一代“轻标枪”便携式反坦克导弹、MH-60R直升机和无人机等。[④]

2015年6月，阿什顿·卡特访印期间与印度防长帕里卡尔(Manohar Parrikar)正式签署了新版的《防务合作框架协议》，这是继1995年、2003年、2013年后第四次签署类似协议，双方承诺在联演联训、多边行动、军事教育与交流、反恐、防扩散、防务转让等15个领

---

① “Ten big things Washington is still waiting on from New Delhi,” June 11, 2012, http://www.ltaaa.com/wtfy/4710.html.

② 印度国防部在《国防采购计划2005》(DPP) 中首次引入国防贸易补偿政策，目标是将本国国防工业提升到更高的自给自足水平，减少对国外军事装备的过分依赖。自国防贸易补偿政策颁布以来，虽经多次修订但效果不彰。2012年，印度再次修订了相关政策并设立了补偿管理机构，允许通过技术转让履行补偿义务、延长银行贷款期限、允许多方合作开发，并加大了对未实现的补偿的处罚力度及采取延长补偿期限等措施。参见吴思亮、张巍、陈宇：“印度国防贸易补偿政策调整”，《国际航空》2015年 第6期。

③ “Chuck Hagel’s Remarks to the Observer Research Foundation,” August 9, 2014, http://www.defense.gov/transcripts.aspx?transcriptid=5478.

④ The White House, “U.S.-India Joint Statement,” January 25, 2015, http://www.whitehouse.gov/the-press-office/2014/09/30/us-india-joint-statement.

域实行合作，基本上做到了防务领域的全覆盖。2016年6月中旬，莫迪再次访美，双方决定在《防务技术与贸易倡议》之下成立五个专门的工作小组（海军系统、空军系统、情报、侦察、化学和生物武器防护等）来推进倡议的落实。[①] 印度防长帕里卡尔趁热打铁，于8月29—31日访美，这是他8个月之内第二次访美。双方签订了谈判多年的《美印后勤交流备忘录》(即后勤保障协议)。根据协议，双方将在必要时刻共享彼此的军事基地进行后勤补给、保障和维修。美国可以使用印度的基地，加强其在印度洋的军事存在和对印度洋的控制，更有效地实施印太"再平衡"战略；印度可以使用美国在日、菲、澳、新加坡等国的基地，从而明显增强印度在本地区的影响力。[②] 两国防长的《联合声明》称美国同意把美印的军事技术交流与国防贸易提升到"亲密盟友与伙伴"的等级。卡特还当面告知帕里卡尔，美国防部已经同意波音和洛克希德—马丁公司在印度设立F–16和F–18战斗机生产线。卡特在记者会上表示，该协议把"印度作为美国主要防务伙伴的关系又向前推进了"，欢迎印度加入导弹及其技术控制机制，支持印度加入核供应国集团。双方也特别强调，上述后勤协定并不允许美国在印度驻军。[③]

特朗普政府在许多方面表现得像是孤立主义，或"退群主义"，但在军事方面却不然。奥巴马削减国防开支，特朗普削减包括国务院在内的其他政府机构的开支来增加军费，2018财年的国防费用达到7000亿美元，比2017财年增加14%，这在后冷战时期世界各国中是独一无

---

① "莫迪执政两年4次访美 美印关系缘何'着急'升温"，2016年6月14日，http://www.chinanews.com/gj/2016/06-14/7903209.shtml。

② 赵毅："美印军事合作开启新模式"，《世界知识》2016年第19期，第38页。

③ "U.S.-India Joint Statement on the visit of Minister of Defense Manohar Parrikar to the United States," August 29, 2016, http://www.defense.gov/News/News-Releases/News-Release-View/Article/929270/us-india-joint-statement-on-the-visit-of-minister-of-defence-manohar-parrikar-t; "Joint Press Conference by Secretary Carter and Minister Parrikar in the Pentagon Briefing Room," August 29, 2016, http://www.defense.gov/News/Transcripts/Transcript-View/Article/929778/joint-press-conference-by-secretary-carter-and-minister-parrikar-in-the-pentago.

二的军费剧增。特朗普要扩充美国陆海空三军，还扬言要把美国舰艇从现在的270余艘增加到350艘。近一年来，美军在南海的"航行自由行动"也明显多于奥巴马时期。特朗普在2017年11月对亚太的访问中，每到盟国，必先访问美军驻地"劳军"，并无例外地向各国兜售美国先进武器。① 美海军作战部长约翰·理查德森（John M. Richardson）2017年12月19日在停泊在日本港口的"里根"号航母上说，2018年美军可能从东太平洋抽调舰只，强化在亚洲地区的军事存在。对美国的敌人来说，"美国海军将更加危险、更加致命，这就是他对2018年的展望"。②

2017年9月26—29日，马蒂斯防长对印度进行了为期四天的访问。在同印度防长尼尔马拉·西塔拉曼（Nirmala Sitharaman）会谈时，马蒂斯表示，美国把印度看作一个主要的防务合作伙伴，认为印度是"（促进）地区稳定和安全的一个支柱"，美印关系是21世纪长远的战略伙伴关系。马蒂斯说，"随着印度在全球事务中占据应有的地位，印度会发现美国是一个可靠的朋友和伙伴。美国欣赏印度在促进印度洋地区稳定方面发挥的领导作用，愿意同印度一道，建设一个以规则为基础的持久韧性的地区（安全）框架。"双方同意加强双边防务合作，加强海上联合军演，推动"更强劲"的防务贸易和技术合作。最后，马蒂斯表示，"稳定的接触（Steady engagement）"将成为美印关系的"关键词"。他期待在2018年初召开美印"2+2"（即两国防长和外长）对

---

① 比如访日时，他在与安倍的联合记者招待会上就说，日本应该向美国购买大量先进武器，不管是F-35战斗机，还是多种型号的导弹。"这对我们意味着更多就业岗位，对日本意味着更加安全"。参见"The President's News Conference with Prime Minister Shinzo Abe of Japan in Tokyo, Japan," November 6, 2017. Online by Gerhard Peters and John T. Woolley, *The American Presidency Project*, http://www.presidency.ucsb.edu/ws/?pid=128510。在特朗普政府压力下，日本在下一财年中将划拨2790亿日元，通过美国政府的对外军售系统采购国防设备，比上一财年增加15%。这些军费将被用于购进F–35B战斗机以及部署两个陆基宙斯盾反导弹防御系统。

② Ben Werner, "CNO General Wants More Exercises with Foreign Navies in 2018," December19, 2018, https://news.usni.org/2017/12/19/cno-wants-more-exercises-with-foreign-navies-in-2018.

话会。[①]

10月25日，美国国务卿蒂勒森到访印度。蒂勒森同印度外长斯瓦拉吉（Sushma Swaraj）会谈，这是蒂勒森在两个月内同斯瓦拉吉的第二次会谈。在会谈后的记者会上，他重申美印是“天然盟友”，美国支持印度成为一个“领导大国”(a leading power)，并愿意继续帮助印度提升能力，为整个地区提供安全。为此，美国将向印度提供先进的武器和技术，包括出售F–16、F–18战斗机。蒂勒森希望印度能在促进阿富汗乃至南亚地区和平稳定方面发挥更大的作用。同时，美国也希望加强同印度在大印太地区的合作，共同促进通过以规则为基础的方式来处理地区公域事务，建立一个透明、可持续的经济发展模式，提升两国经贸合作（2016年印美双边贸易额接近1150亿美元），深化彼此共同价值观等。[②]

四、“美日澳印四国非正式同盟”：幻想还是现实

蒂勒森在关于对印政策的讲话中说：“我们已经在收获美、印、日三边关系的好处。展望未来，也可以共同的目标和项目为基础邀请其他国家如澳大利亚加入。”[③] 此言一出，日本媒体特别兴奋。事实上，日本首相安倍晋三早在2006年就出版了名为《走向美丽之国》一书，其中明确提出在亚太地区组建由美日澳印组成的“四国非正式同盟”的构想。但当时小布什政府忙于阿富汗战争和伊拉克战争，这个构想对战争无补，他没有在意安倍的建议。现在特朗普政府把它捡起来了。

---

① Terri Moon Cronk, “Mattis: Meeting with Indian Defense Minister Comes at Times of Strategic Convergence,” DoD News, September 26, 2017, https://www.defense.gov/News/Article/Article/1325107/mattis-meeting-with-indian-defense-minister-comes-at-time-of-strategic-converge/.

② Rex Tillerson, “Press Availability with Indian External Affairs Minister Sushma Swaraj,” October 25, 2017, https://www.state.gov/secretary/remarks/2017/10/275091.htm.

③ Rex Tillerson, “Defining Relationship with India for the Next Century: An Address by U.S. Secretary of State Rex Tillerson,” October 18, 2017.

“四国非正式同盟”的基础就是所谓“共享的民主价值观”；除了印度，日、澳本来都是美国的盟国；这些国家都有自己的安全关切，尤其是对于发展之中的中国；日本特别希望提升自己在地区事务中的地位，成为美国在这一地区的“协警”。因此，不能简单地把它看作是无稽之谈。

近年来，美国政、学、军界不时会有人提起这个构想。2016年3初，美国太平洋司令部司令、海军上将哈里·哈里斯（Harry B.Harris）在访印期间提议，重启一个由印、美、日、澳四国海军组成的非正式战略联盟。3月10日，美国国会下属的美中经济与安全评估委员会举行了有关“中国在南亚的战略”听证会，有南亚问题专家在听证会上建议，美国应该考虑哈里斯上将的建议，加强四国海军的合作。[①]

既然这一构想的“发明权”属于安倍，日本感兴趣是自然的。日本虽当了40年世界第二大经济体，但由于历史的原因，它在国际政治和地区事务中的影响力一直很弱，且难以拓展。日本力图改变这种局面，并采取了三管齐下的举措：提升美日同盟关系；通过政府开发援助（ODA）拉拢发展中国家，尤其是本地区国家；争取在“入常”问题上取得突破。这三项中最成功的是第一项，最失败的是第三项。“入常”受挫后，日本再接再厉，继续在与本地区国家关系中加大投入，对它们提供援助，尤其是军事援助。安倍再次当政后，地区外交十分活跃，对菲律宾用力甚多。2013年7月安倍访问马尼拉，日本承诺通过ODA向菲律宾提供10艘巡逻船，其中5艘在菲建造，5艘在日建造，以强化菲海警能力，日本也将继续为菲海警提供人员培训。[②] 2016年6月杜特尔特上台当政后，日本外相岸田文雄即于8月访菲，意图防止菲律宾向中国靠拢。岸田在与菲律宾外长佩菲克托·亚赛会晤后的记者会上表示，日本将继续为菲律宾提供安保支持，交付10艘海警船中的第

---

① “美太平洋司令暗示中国用恐吓和胁迫威胁小国”，新浪网，2016年3月4日，http://news.sina.com.cn/w/sy/2016-03-04/doc-ifxqaffy3589752.shtml。

② “菲媒：日本将为菲律宾提供10艘巡逻艇”，环球网，2014年6月23日，http://world.huanqiu.com/article/2014-06/5031709.html。

一艘，并将出租给菲律宾4架TD-90侦察机。亚赛则表示，菲律宾在南海与日本在东海“有同样的遭遇”。双方强调“南海仲裁案”裁决“具有法律约束力”，对中国施加压力。[①] 日菲还频繁在南海举行联合军演，搅局南海形势。

日本也很注意发展与印度的关系。2014年9月安倍访印，双方提出5年内日本对印直接投资和日企进入印度数量倍增的目标。在政治和安保合作领域，日印决定两国将定期举行海上联合演习，日本还将继续参加印美海上联合军演。双方同意就印度引进日本海上自卫队US-2型水陆两栖飞机事项加快磋商，并就防卫装备领域的合作启动事务性磋商。[②] 2015年初，日本外相岸田文雄访印，双方举行第八次战略对话。4月初，印度防长帕里卡尔访日，对购买日本的“苍龙级”潜艇表现出浓厚兴趣，双方决定将防务装备和技术作为“日印防务关系的一个主要支柱”。4月底，两国签署“投资与贸易促进行动计划”，重点推进基建、投资、信息技术、亚太经济一体化等领域的合作。9月底，日印美三国外长举行会议，正式将三边对话提升为部长级，强调三方在印太地区拥有共同利益，尤其是加强海洋合作。10月中旬，三国海军在孟加拉湾举行联合军演，印美双边的“马拉巴尔”军演自此正式变为印、美、日三边机制。

2016年11月莫迪访日，全方位强化两国合作，双方宣布日“自由和开放的印太战略”与印度“东向行动”两大区域战略对接；双方签署《和平利用核能合作协议》，允许日企向印度出口核电核心技术；推进高铁合作，确定采用日新干线技术的孟买—艾哈迈达巴德高铁的建设时间表；日本承诺帮助印度加入“核供应国集团”等。2017年9月，安倍晋三首相访问印度，印日发表了题为《面向自由、开放、繁荣的

① “日外相称要帮菲‘强化南海安保’，首艘海警船将交付”，参考消息网，2016年8月12日，http://www.cankaoxiaoxi.com/world/20160812/1265704.shtml。

② “日印特别关系有何特别”，搜狐网，2014年9月3日，http://mil.sohu.com/20140903/n404035785.shtml。

印太》的联合声明，重申加强日本“自由开放印太战略”与印度“东动政策”对接，提升国防安全合作与对话，促进印日投资，共同应对全球挑战等。印日签署了15项协议。[①]

日澳关系近年来有很大发展。2014年7月，安倍访澳，日澳将两国关系定性为“特殊的战略伙伴关系”。两国首脑会晤、2+2（外长+防长）会晤机制化；两国相互向对方开放国家安全会议，展示高度互信；双方在东海、南海和朝鲜半岛问题上都表示了共同立场。日本解禁集体自卫权后，允许自卫队扩大海外行动范围，从而为日本自卫队与澳大利亚国防军在传统安全领域开展更多合作扫清了障碍。2012年5月，日澳签署情报安全协定，建立军事情报交流机制，共享军事机密和反恐情报，这表明日澳情报合作达到双方与美国合作的同等程度。日本还将澳大利亚作为军备和技术合作突破口。2014年7月，两国签署《防卫装备及技术转让政府间协定》。10月，澳大利亚防长戴维·约翰斯顿访日期间，双方决定就第五代战斗机F-35机体装备及防务采购程序等展开讨论。近两年，日澳两军联演联训从公海到敏感的近海，从海上到陆上，甚至开始进驻对方本土进行，以求从部队调遣到装备使用实现一体化。2014年11月，日美澳三国军队首次在日本宫城县进行联合训练。2015年7月，日本首次加入在澳大利亚昆士兰州举行的美澳“护身军刀”演习，在后勤、情报及技术共享等方面进行合作。11月，日澳“2+2”会谈还就加快签订《访问部队地位协定》达成一致，以便简化两国军队在国内举行军事演习的政府审批手续。2016年4月，日本海上自卫队一艘潜艇和两艘护卫舰访问悉尼，这是日本潜艇历史上首次抵达澳大利亚港口。[②]

---

① The Indian Express, “India-Japan Joint Statement during Shinzo Abe’ s visit: Full Text,” September 14, 2017, http://indianexpress.com/article/india/india-japan-joint-statement-during-shinzo-abes-visit-full-text-narendra-modi-bullet-train-mous-4843849/.

② 刘卿：“日澳关系新发展及其限制因素”，《国际问题研究》2016年第5期，http://www.ciis.org.cn/gyzz/2016-09/26/content_9057082.htm。

从澳大利亚方面来说，也有建立四国非正式同盟的意愿。澳大利亚地处南太一隅，地缘孤立，四面环海，领土广袤而人口稀少，安全焦虑不难理解。奥巴马选在2011年11月访问澳大利亚时正式宣布“再平衡”战略不是偶然的，奥巴马把澳大利亚当做南太平洋的“稳定之锚”。澳大利亚也想乘此机会加强与亚洲各国合作，谋求在亚太地区发挥“中等强国”作用。2012年10月，澳大利亚在《亚洲世纪中的澳大利亚》白皮书中提出了“印太战略弧”的概念，并在2013年和2016年《国防白皮书》中广泛使用，声称“广阔的印太地区，从印度洋到太平洋，对澳大利亚国家安全和经济繁荣具有中心的意义”。澳大利亚在2017年《外交白皮书》中也强调了美国因素和中国因素。中澳有高水平的自贸关系，中国是澳大利亚最大贸易伙伴，2016年澳大利亚对华出口占其全部出口的32%，经济上澳大利亚已经搭上了中国发展的快车；但澳大利亚对于中国的发展和影响力的拓展又感到紧张和不适，中美在东海、南海、网络、太空问题的分歧都“带来了不确定性”，澳大利亚希望利用与美日印更加紧密的关系来抵消中国的影响，增加安全感。澳大利亚还“强烈鼓励印度与东亚的战略接触”，要与印度及其他国家一起来强化印度洋地区的架构，如“环印度洋联盟”（Indian Ocean Rim Association）。①

美日澳印“四国联盟”能否实现，发展成什么样子，印度的态度是关键。印度是不结盟运动的发起国，历来有独立自主的外交传统，而且印度领导人对国家利益有很现实的认识。虽然中印之间有历史遗留的边界问题尚待解决，印度对中国的迅速发展存有戒心，中国在南亚次大陆、印度洋—阿拉伯湾影响力的拓展引起印度警觉和猜忌，印度也希望得到美国更多的援助，但中国与印度的共同利益远大于分歧，两国之间的矛盾不是不可调和的。

---

① Department of Defence, Australian Government, *Defence White Paper, 2016,* http://www.defence.gov.au/whitepaper/docs/2016-defence-white-paper.pdf; Australian Government, *Foreign Policy White Paper, 2017,* https://www.fpwhitepaper.gov.au/.

中印两国有着遭受西方殖民主义压迫的类似经历，在争取民族独立的斗争中相互支持，有传统友谊。两国是当今世界上增长最快的经济体，中国的发展与印度的发展并不是相互排斥的，它们可以相互借鉴，相互学习。[①] 两国在许多地区和国际问题上有着类似和相近的立场，有着广泛的共同利益和诉求，如今都是金砖国家的主要成员，上海合作组织的成员，还有中俄印三国外长会晤机制。印度与美国的安全利益并不总是一致的，印度领导人不会轻易被美国忽悠，成为美国的小伙伴。[②]

五、结语

特朗普在执政将近一年时提出“印太战略”，其本质是奥巴马政府“亚太再平衡”战略的延续。特朗普政府的《国家安全战略》对中国的定位是片面的，忽视了两国合作共赢的一面，突出了中美关系中竞争的一面，反映了近年来美国战略界对华政策辩论中强硬的声音。其实，当年奥巴马政府的“亚太再平衡”战略也受到许多干扰，尤其是在第二任期，中东事态、乌克兰问题都牵制了美国大量的精力。现在看来，“再平衡”战略是“雷声大雨点小”，说得相对多，落实效果有限。特朗普印太战略会实施到什么程度，亦可存疑。一个可能的对其牵制因素是，特朗普政府并不想在这里进行多大投入，而只想着如何为美国赢得好处，尤其是实实在在的经济利益。日本会更积极，但可做的事情其实并不多。澳大利亚与印度在印太地区是有竞争的，在美印澳三角关系中，澳印也不是铁板一块。印度不会认识不到美国是“以印制华”，它可以借此提高自己的身价，并向美方要价，但这是有限度的。

---

① 有的印度学者提出，中国“小看”印度，而印度没有“大看”中国，这是中印关系问题的根源。这话值得我们思考。参见《环球时报》2017年12月18日第7版。

② K. Alan Kronstadt & Sonia Pinto, *U. S.-India Security Relations: Strategic Issues*, CRS Report, January 24, 2013, p. 21.

美国也会认识到这一点。美国能够多大程度上满足印度的要求，仍需观察。特朗普总把美国利益放在第一位，美印不会没有矛盾。

对于印太战略，中方既要重视，密切观察，也不宜反应过度，看得过重。中国发挥自己所长，分别发展与这四个国家的关系有着很大空间，无论哪个国家都不能忽视对华关系。对于中方来说，基本就是一个排除干扰的问题，在一些具体问题上，又要认真细致地加以处理，其中要特别重视与印度的关系，要动之以情，晓之以理，示之以利，使亚洲这两个大国能并肩发展。

特朗普的阿富汗及南亚新战略评析

中国国际问题研究院研究员　郑瑞祥

美国总统特朗普于2017年8月发布对阿富汗及南亚的新战略，其主要内容包括：美国不会从阿富汗撤军，反而将增加驻军规模，“继续战斗，直至胜利”；撤军要根据“情况”，而不是根据“时间表”作出决定；塔利班可参与未来阿富汗政治进程，但要在有效的军事努力之后方可谋求政治解决；美国在阿富汗不再进行“国家重建”，只负责“杀恐怖分子”；美国将进一步发展与印度的战略伙伴关系，让印度在美国的阿富汗新战略中发挥重要作用；美国要改变对巴基斯坦的态度，不可使巴基斯坦既拿美国援助又庇护恐怖组织。

国内外媒体和学术界对特朗普的新战略评论很多，一般认为新东西不多，可谓“新瓶装旧酒”，“换汤不换药”，连美国学者阿丽莎·艾里斯也认为“并不那么新”。笔者认为，特朗普之所以称为新战略，是因为他上台后全面否定前任奥巴马的内外政策，阿富汗问题也不例外。奥巴马在竞选时主张从阿富汗撤军，结束阿富汗战争。因此，他上台后不久还得了一个“诺贝尔和平奖”，结果奥巴马到下台也没有从阿富汗完全撤军。特朗普竞选时也反对阿富汗战争，主张完全撤军。可是他上台后却决定向阿富汗增兵。据特朗普自己的解释，这是因为自己坐在总统位置上，从各个角度详细研究了阿富汗问题，用好几个月的时间对阿富汗形势进行评估，最后在戴维营与内阁成员和将军们一起完成了这个“新战略”。

新战略中有三个方面的问题值得注意和研究：一是增兵能达到预期的效果吗？二是印度在阿富汗问题上能扮演什么角色？三是美国进

一步打压巴基斯坦会带来什么后果？笔者想就这几个问题对特朗普的新战略作一些分析和评论。

一、增兵能使美国的阿富汗战争取得“胜利”吗

特朗普没有宣布具体的增兵计划，说是为了不让叛乱分子知道美军的人数和行动计划。据媒体报道，美国国防部长马蒂斯已签署增兵命令，大约是4000人。到2018年初，加上原有的美军，在阿富汗的美军总数达16000人。另外，北约其他国家在阿富汗驻军还有约5000人。

阿富汗国内对美国新战略反应不一。阿总统府发表声明欢迎美国新战略。但前总统卡尔扎伊却进行严厉批评，说美国新战略着眼于战争，并未传达和平信息，还称其不会给阿富汗地区带来和平与稳定，只会挑起更多的战事和流血事件。阿时政专家阿提库拉认为，美国新战略可以提振阿军队士气，但无法在短期内改变整体局势，当务之急是尽快实现阿国内各派别的政治和解。塔利班则根本不买特朗普的账，美国新战略公布第二天就发表声明说，只要美军停留在阿富汗，该组织就继续战斗。美国应该考虑的是撤军，如果不撤军，阿富汗将成为美国这个超级大国“21世纪的另一个坟墓”。

新战略实施后驻阿美军加强了对塔利班等武装组织的军事打击，动用F22战机和B52轰炸机对塔利班目标进行空袭，取得暂时效果，压制了这些武装组织的进攻势头，迫使他们从一些城市地区退却。塔利班虽然不能占领城市，仍能控制许多地区。据英国广播公司（BBC）2018年1月31日报道，阿富汗全国约400个区（Dstrict）中，塔利班控制了4%的地区，在66%的地区公开存在，在70%的地区很活跃。阿富汗政府仅能控制30%的地区。分析家们认为，在奥巴马时期，驻阿美军高峰时达到10万人，也未能保障阿富汗全国安宁，现在特朗普采取少量增兵的办法又如何能根本改变阿富汗的乱局呢？阿富汗安全部队不到2万人，战斗力很差，至今仍然十分依赖美军。2017年10月初，

美国参议院召开听证会对阿富汗新战略进行质询，最终参议院认为美军可能需要在阿富汗再驻军10年。对于新战略是否真的可以改变局面，议员们表示没有信心。英国《金融时报》社评认为，特朗普的新战略难以奏效，增兵根本不可能大幅改善美国介入阿富汗的条件或战略环境。目前，西方学者认为塔利班没有被打败，也不是接近于被打败，美国少量增兵最可能的结果仍然是维持“僵局”。

特朗普发布新战略后，阿富汗安全形势持续恶化，其全国各地，甚至包括首都喀布尔在内的大城市，仍不断发生恐怖袭击事件。2017年9月27日，美国国防部长马蒂斯访阿，到达喀布尔当天即受到塔利班的火箭弹“迎接”。2018年1月不到10天，在首都喀布尔保安措施严密的地区发生了分别由塔利班和“伊斯兰国”武装组织制造的3起恐袭事件，充分说明阿富汗安全形势更加严峻。1月29日，特朗普在白宫发表讲话称阿富汗恐怖袭击频发要归咎于塔利班，因此美国不打算与塔利班进行任何谈判，起码现阶段不会。可是拒绝和谈，阿富汗国内和解进程就无法取得进展。美国著名学者约瑟夫·奈曾指出，美国反恐战争“首要的错误在于过分强调单纯军事行动的作用”。

二、印度在阿富汗问题上扮演什么角色

特朗普认为，其新战略的一个关键部分是进一步发展与印度的战略伙伴关系，并欣赏印度对阿富汗稳定的重要贡献。2017年10月美国国务卿蒂勒森访印时扬言要打造美印“百年战略关系”。美国不仅要印度在阿富汗发挥关键作用，而且要把印度纳入美国的“印太战略”和全球战略框架内。近期，“美日澳印四国同盟”沉渣泛起，印度态度由消极变为积极。毫无疑问，在新的国际和地区形势下，印度将更加积极主动地支持和配合美国的阿富汗及南亚新战略。但是，在阿富汗问题上印度也有自己的战略目标：一是发展同阿富汗的战略伙伴关系，孤立巴基斯坦，破坏阿巴关系，企图建立从东西两翼对巴夹击的钳型

战略；二是借机扩大印度在本地区的影响力。

早在2001年美国发动阿富汗战争推翻塔利班政权后，印度就开始重视发展与阿富汗新政府的关系。2011年，印阿签署“战略伙伴关系协定”。政治上，两国高级代表团包括国家领导人经常互访，阿富汗前总统卡尔扎伊不止一次访印，现总统加尼2016年9月访印，印度总理莫迪两度访阿。经济上，印度在基础设施、教育、技术等领域对阿富汗提供援助，增强阿富汗自身能力，重大项目如阿议会大厦（2015年12月竣工，被称为“友谊的象征”）、赫拉特省萨勒玛大坝水电站等均由印度出资修建。截至目前，印度对阿援助总额达30亿美元（辛格政府时期提供20亿美元，莫迪上台后承诺提供10亿美元）。印度公、私营企业到阿富汗投资，从事铁矿砂开发，建设“小型发展项目”等。2017年9月，阿富汗外长拉巴尼访印时说，印在阿31个省正在建设116个新发展项目。印阿双边贸易额2014—2015年度为6.84亿美元（无更新数字），印度是阿富汗第二大出口目的地。近年来，两国在防务与安全合作方面也有所突破。过去，尽管阿方长期要求印方提供进攻性装备，印度只向阿富汗提供非致命性装备如运输直升机及通讯设备等。2015年，印度向阿富汗提供了3架俄制M-25攻击型直升机，还为阿富汗培训该机飞行员。外媒评论称此举说明印阿关系有了急剧转变。但是，印度在是否向阿富汗出兵的问题上不敢贸然行事。2017年9月美国国防部长马蒂斯访印寻求在阿富汗开展军事合作，印度国防部长西塔拉曼与马蒂斯会谈后对记者称，印度始终致力于阿富汗的一些发展问题，印度不会与美国及其盟友一同参与在阿富汗的军事行动，还强调“印度不会在阿富汗领土内部署任何军事力量”。看来，印度虽然真想帮助美国，但又不想被绑在美国战车上陷入阿富汗战争的泥潭。不过也有印度媒体报道，早在2001年阿富汗战争之初，当时印度总理瓦杰帕伊就表示要派军队去阿富汗，却被美国人有礼貌地拒绝了。由于巴基斯坦坚决反对印度在阿富汗的军事存在，现在美国寻求与印度军事合作并未明确提出要印度向阿富汗派兵。目前，印度在军事合作上主要是为阿富汗培训军人和警察，而且会逐步增加培训能力。

美国国务院官员多次称赞印度在阿富汗起了建设性作用。但是，印度在阿富汗的作用并非都是建设性的。美国打压巴基斯坦的背后也能看到印度的影子。印度人民党发言人拉奥曾表示，“特朗普这么做正是印度总理莫迪外交手腕的功劳”。印度攻击巴基斯坦庇护恐怖主义的言论与美国非常合拍，而且频率之高、言辞之激烈均超过美国。印度还希望美国对巴基斯坦采取更加强硬的立场，甚至宣布巴基斯坦为支持恐怖主义的国家。国际社会希望通过和谈早日实现阿富汗的和平与稳定。印度虽然表面上支持阿富汗的和平进程，但一贯反对与塔利班和谈。这一点上，印度与美国不一致。因此，印度是阿富汗和平进程的“促退派”。

印度为了在阿富汗问题上发挥“更大作用”，建立了阿富汗问题的多边对话机制，如印度、美国、阿富汗三边对话与印度、阿富汗、伊朗三边对话，企图排斥中国和巴基斯坦，对抗中美巴、中巴阿三边对话以及中美巴阿四国机制。印度为拉拢伊朗，投资5亿美元在伊朗东南部修建恰巴哈尔港口，借此绕过巴基斯坦与阿富汗建立贸易通道，并联通中亚，其第一期工程已于2017年12月完成。印媒大肆宣传该港口“对印度有重要的战略和经济意义”，但众所周知，美国政府视伊朗为敌，而伊朗国内反美情绪高涨。在印度与美国以及以色列的关系日益亲密的情况下，伊朗与印度的关系不大可能发展到印度期待的程度。印度还企图联合美国破坏中巴经济走廊，干扰和破坏中巴经济走廊延伸至阿富汗的三国合作计划。

三、美国进一步打压巴基斯坦将带来什么后果

美国打压巴基斯坦并非始于特朗普。从小布什政府以反恐为名发动阿富汗战争以来，美国先是以威胁手段迫使巴基斯坦支持美国的反恐战争，后来又不断给巴基斯坦施加压力，指责其反恐不力，要求其

做得更多。特朗普比小布什和奥巴马走得更远。2017年9月，美国在阿富汗新战略宣布后不久，即以巴基斯坦向恐怖分子提供“安全天堂”为由，暂停了对其军事援助。实际上，在过去5年，美国对巴基斯坦安全援助已减少了62%。美国国务院称，巴方需要在消除巴境内的恐怖组织“庇护所”以及阻止阿富汗的恐怖分子越境袭击方面做得更多，才能获得继续拨款。2018年新年伊始，特朗普在自己的社交媒体推特上发文，用十分恶毒的语言攻击巴基斯坦。称过去15年来（从2002年算起）美国“愚蠢地”援助巴基斯坦330多亿美元，他们只给了我们“谎言和欺骗”，把我们的领导人当成笨蛋。对此，巴基斯坦政府和人民感到非常失望和愤怒，当天傍晚，巴基斯坦外交部即召见美国大使提出抗议。巴基斯坦内阁会议发表声明指出，特朗普的言论有损巴美关系的长期发展。巴基斯坦外长阿西夫表示，美国利用巴境内的军事基地向阿富汗境内的目标发动了5.78万次攻击，对驻阿美军补给的运输通道也经过巴国。巴基斯坦国防部长胡拉姆·达斯特吉尔汗严词反驳说，作为反恐同盟，巴基斯坦在过去16年中向美国提供地面和空中通信、军事基地以及情报合作，重创基地组织力量，但“美国除了恶言谩骂和怀疑，什么也没有给我们”。巴基斯坦陆军参谋长巴吉瓦说，巴基斯坦感到被美国领导人“出卖”了。

巴基斯坦国内舆论普遍认为，特朗普及美国政府官员无端指责巴基斯坦，是要为美国在阿富汗的失败寻找替罪羊。与此同时，巴基斯坦国内反美情绪高涨，民众举行抗议示威。巴方媒体和学界发表许多评论，强调其对反恐战争作出的巨大贡献和牺牲，揭露美国援助的真相。比如，美方330多亿美元援助中44%是支付美国使用巴基斯坦基础设施和服务费用的，可称为“援助”的只有188亿美元。作为反恐前线国家，16年里巴基斯坦为反恐战争付出了1230亿美元，为美国吹嘘的“巨额援助”16倍之多。

中国为巴基斯坦仗义执言。2017年9月巴基斯坦外长访华，王毅外长与他会谈后联合会见记者时指出，巴基斯坦在反恐问题上做到了尽心尽力，问心无愧，反倒是某些国家应当还巴方一个公道。在特朗普发表阿富汗新战略的第二天，中国外交部发言人就表态说，巴基斯坦身处反恐斗争的前沿，多年来为打击恐怖主义作出积极努力，也承受了巨大牺牲，国际社会应对巴方反恐努力给予充分肯定。

美国打压巴基斯坦已经并将继续对阿富汗及南亚地区的局势产生严重的影响。首先，巴基斯坦与美国的关系必然受到伤害。巴方必然要采取措施维护国家主权和民族尊严，例如，巴方已停止与美方的反恐情报合作，且还在考虑关闭经巴基斯坦到阿富汗的美军运输通道。其次，美国扶植和拉拢印度、打压巴基斯坦的做法将破坏南亚地区本已脆弱的战略平衡，引发和加剧两个核武国家之间关系紧张。近年来，印巴关系时而紧张，时而缓和，但紧张多于缓和。克什米尔实际控制线交火事件经常发生。据巴方统计，2017年1—9月印方有600多次违反停火协议挑起战火，比2016年全年多一倍。2018年新年伊始，印巴军队在边境地区连续多日发生激烈冲突，双方伤亡惨重。巴基斯坦在东线面临严重的军事威胁，必须严阵以待；在西线又要应对巴阿边境地区的恐怖主义，反恐任务十分繁重。巴基斯坦腹背受敌，处境困难，自身反恐能力受到极大削弱。

现在美国还没有过河就要拆桥，打压巴基斯坦，显然是损人而不利己，也是愚蠢的做法。有西方评论指出，如果离开了巴基斯坦的支持，阿富汗未来的安全局势可能更加恶化，特朗普政府的阿富汗及南亚新战略也将难以推行。英国《卫报》认为特朗普严厉谴责巴基斯坦的讲话是一个“严重的战略错误”，只用一次讲话就使多年来在这一地区谨慎进行的外交努力前功尽弃。

四、特朗普的阿富汗新战略前途渺茫

综上，特朗普的阿富汗及南亚新战略前景黯淡。阿富汗问题的最终解决取决于两个关键的因素。一是内部因素，阿富汗政府需要加强执政能力，发展经济，改善治理，肃清贪污腐败，在“阿人主导、阿人所有”的原则下努力推动阿国内政治和解进程。美国新战略只顾反恐，不管国家重建。单纯的军事打击，只能使阿富汗国内和平更加遥远。二是外部因素，阿富汗问题的解决要靠邻近国家的合作即地区合作，而巴基斯坦是最关键的国家。无论军事打击还是政治解决都需要巴基斯坦的支持与合作，否则，阿富汗的反恐战争就不可能取得胜利，阿富汗政府与塔利班的和谈也无法顺利进行。对照上述内外两个因素来看，特朗普的新战略无疑是南辕北辙。另外，阿巴关系的改善及两国在反恐方面的合作也很重要。但令人遗憾的是，由于历史遗留的问题以及美国错误的南亚政策和印度的挑拨离间，阿巴关系长期处于不正常状态，互相指责对方反恐不力，有时在边境还发生冲突。中国为协调阿巴关系作出了长期的努力。在中国倡议下，2017年12月26日在北京召开了首次中巴阿三国外长会议，巴方提出“巴阿加强团结行动计划”，得到阿方响应。总之，只有阿富汗的内部和外部条件得到改善，阿富汗局势才有可能向好的方向发展。

美国为阿富汗战争付出了巨大的代价，据美国战略与国际问题研究中心专家估算，在阿战场花费了约8410亿美元，若考虑更广泛因素，16年来已投入达2万亿美元，近2400名美军士兵丧命，盟军1136人丧命。五角大楼不久前宣布2018年将在阿战场投入450亿美元，比美国一年对外援助总额还高。尽管如此，明知阿富汗是“帝国的坟墓”，特朗普还要增派美国军队往里面钻，究竟为什么？英国皇家国际事务研究所专家哈基米认为道理很简单，只因“美国不想看到这么多年的仗白打了”。意即美国撤军后，阿富汗又将落入塔利班之手。美国官方也是这么说。但许多评论认为问题不那么简单，美国不会放弃阿富汗，主要因为其在阿富汗有重大的战略利益。归纳起来，一是地缘战略利益，由于阿富汗的重要战略地位，美国可以凭借在阿军事存在对西亚、南亚和中亚地区发挥影响力。俄罗斯现代阿富汗研究中心专家维尔霍杜罗夫认为，美国企图把阿富汗用作“对抗中俄的桥头堡”。二是经济利益，商人总统特朗普当然特别关心这一点。例如美国对阿富汗丰富的矿产资源非常感兴趣。当然，在阿继续打仗，美国军火商也能赚更多的钱。

小布什2001年发动、奥巴马2014年已宣布结束的阿富汗战争，特朗普接着打，还是看不到尽头。但有一点可以肯定，美国想要打到“胜利”，然后体面地离开阿富汗，不可能。李光耀曾一针见血地指出，即使“9·11”再恐怖，美国出兵打阿富汗也还是一个错误。如果他是美国总统，无论如何不会出兵阿富汗，因为一旦陷入阿富汗战场，就根本无法在不损失生命和威信的情况下撤离，即使是美国人也做不到这一点。

法国社会党溃败引起的思考

中国国际问题研究院研究员 邢 骅

2017年，西方国家传统大党失势、反建制力量崛起、黑天鹅事件频出的浪潮冲刷了欧洲。法国第五共和国建立半个多世纪以来，一直轮流执政的两个传统大党在五月份的总统选举首轮投票中即被淘汰，一个临时组成的竞选团体—前进运动在新派政治家马克龙的领导下一骑绝尘，夺得国家最高领导人席位，翻开了法国政治的新篇章。新生形势中一个引人关注的特点是：两个落败的传统大党中的左翼社会党，备尝更加沉重的塌顶式打击，队伍溃不成军。法国社会党地位坠落的急促令人惊愕，但也并非偶然，事出有因。它也是当前欧洲政局中一种比较普遍的趋向。

一、总统选举期间的惨败

本次大选前，2012年开始执政的社会党已处于四分五裂状况，台上的奥朗德总统一个任期未满，在政治前程难以为继的巨大压力下放弃谋求连任。而奥朗德的这一决定是在对公众打哑谜一段时间后才公告于众的，且随即对社会党事务撒手不管，无视它如何续存。社会党由此遭受突然打击，替代候选人的推举被丢在一片茫然、束手无策中。奥朗德执政后期的总理瓦尔斯本拥有继任候选人的政治地位优势，但在党内互斗不止的环境下，被指责暗中推促了总统的退选而遭到排斥。由于群龙无首，无人压阵，社会党内各派群雄逐鹿，以社会党为核心的左翼政党初选中，纷纷乱乱的竞选纲领无非是“办公室中炮制的空谈阔论”，脱离实际。前教育部长阿蒙提出“全民平等补贴”，给法国人每人每月发750欧元的主张似乎出人头地，但也被看透为旨在吸引眼球的乌托邦式空想。在并无具有普遍公信力的人士可取，蜀中无大将廖化作先锋的情况下，前述初选只能勉强推举阿蒙为候选人。

由于社会党本身已涣散成沙，且一直没有笼络住其他左翼党派，阿蒙一旦投入竞选激流中就孤立少援，在大选首轮投票中只获得可怜的6.36%的选票，不但远远落后于选情领先的马克龙、勒庞、非永三位人士，在左翼一边，也被非主流政党中的极左派“不屈服的法兰西”领袖梅朗雄抛在后面。无可奈何的阿蒙只能在愤慨谴责社会党阵营的众叛亲离之后，抱恨脱党另建新组织。

社会党的厄运在大选后继续发酵。紧接着的国民议会选举中，社会党已经严重受损的民意拦不住地还往下滑，从上届的279席位只保住了29席，骤然锐减了90%，“遭到大清洗”，而残留下的议员也没抱团，瓦尔斯就宣布投靠马克龙阵营。由于当选议员数目大幅度下降，国家补贴相应大减，社会党机构出现财政缺口，一些地方支部被迫“关门歇业”。法国舆论称，现在形容社会党失败惨状可有说不尽的比喻，诸如“打趴在地上”、“名存实亡”、“掉落在地狱里”、“一垮到底”，等等。

二、奥朗德执政五年的失利

奥朗德2012年以来执政的负面记录，为社会党2017年大选时的完败种下祸根。2007年右翼人民运动联盟领袖萨科齐赢得总统高位后，并没实现他高调提出“与无所作为决裂”的口号，经济、社会难题毫无改善，公众埋怨情绪严重，威望低落。2012年大选来临，已经在野17年的社会党认为夺回执政大权良机出现，抢先出战。它首创了党内投票选定总统候选人制度，并由这个新程序早期推出奥朗德参选，使他蒙上享有广泛民主基础的光环。奥朗德更为争取大选胜利，发布了一项包括60项浩大承诺的经济、社会政策纲领。纲领在保证逐步压低财政赤字，促进经济稳步增长的同时，提出征收巨富税、给青年创造15万个就业岗位、教育部门增加6万个岗位、退休年龄重新降为60岁等新政，力图表现左翼政策的促进社会平等、应对公众疾苦。与此同时，奥朗德还刻意打造“骑着小轮自行车上班”的清新、亲民形象，希冀全面比下放荡不羁、名声不佳的萨科齐。

但是，奥朗德总统一旦大权在手，多年为挣脱长期在野地位而积累的能量和设想，并没演化成改换国家面貌的政绩，完全不得社会的公认，民调的拥护率令人惊愕地下降到只有4%，创第二次世界大战之后法国历史上的记录。他打下且坐稳左翼政权江山的愿望被击成粉末。

社会党事与愿违的落差异常惊人，其根本原由如下。

（一）奥朗德的执政深受西方通行的选举政治的毒害，即一个政党竞选时为豪夺选票可以做出超现实的许诺，一旦上台面临实情则无法兑现。而社会党为了在法国实现咸鱼翻身似的政权大易手，更需奋力压倒右翼的竞争，竞选中的左翼性质的许诺就特别放大，以左翼理念为核心的政策本来就在法国现实中难以顺畅通行，而加码的左翼纲领与实现可能性拉开更大距离，选举政治的弊端由此升级。奥朗德以“改革从现在开始”的口号入主爱丽舍宫后，面临的是前任萨科齐留下的一个财政赤字增加、外债高举、经济乏力的烂摊子。由于欧洲国家经济陷于低谷及本国经济结构性弊病难克，他竞选中为示亲民而做出的核心许诺，或不得落实，或被迫取消。竞选时许诺越高，执政时不得兑现在公众中引起的失望、不满情绪也就越高。而作为力图塑造亲民形象的左翼总统，奥朗德一旦尝试劳动法改革这样符合现实的新政，就被左派批评为“叛变”，也得不到工会和青年公众足够支持，执政期间社会风潮依然不断。奥朗德政策左右腾挪，无助于改变困境，两头不讨好。

与经济、社会难题堆积不消的同时，国家安全形势极度恶化。内生的恐怖主义、极端主义在法国扎根衍生，法国被称为“恐怖主义安在欧洲的定时炸弹”。奥朗德任期内连续遭受严重的恐怖袭击，成为欧洲恐怖主义冲击的重灾区，公众心头不安全感甚重，要求得到可靠的保护。为了保证国家安全，奥朗德必须推行对恐怖主义犯罪的监视、追查，以及取缔极端主义宗教活动等严厉举措，但又被法国流行，左翼政权必须推崇的宗教、种族平等观念以及公众极为珍重的个人自由绊脚，奥朗德保证国家安全的重大举措，常引起争论不休，难以贯彻。奥朗德提出的拥有双重国籍的中东、非洲裔的公民一旦被证明从事恐怖活动就应丧失法国国籍的设想，就因此受到强力反对被迫放弃。

（二）社会党党内派别争夺，严重削弱奥朗德执政的政治基础。法国各政党内部分歧本属惯常，但因围绕根本政治属性的争执无法克服，社会党内不同政见间壕沟甚深，拒绝融合，内斗的僵硬化特别突出。社会党整体对奥朗德政权不但支持不够，还经常掣肘，特别当奥朗德的政策引发社会不满，民意下跌时，堡垒先从内部突破，执政党内落井下石，墙倒众人推现象更为触目惊心。《费加罗报》评论："第五共和国之前任何总统都没有如奥朗德那样不得人心，既被右派喝倒彩，又被自己阵营的多数人攻击。""他是如此不得人心，他周围的人、忠实信徒和同盟者即使为了自保，也得远离他"。

经近一年审时度势后，奥朗德总统难以忍受腹背受敌，进退两难处境的煎熬，对竞选连任的信心终于丧失殆尽，决定不再参加选战。他诉尽衷肠地发表谈话对此加以解释，"作为终生献身的社会党人，我不能接受左派的涣散和崩溃，不能接受它面对保守主义，特别是极端主义没有任何胜出的希望"，真可谓壮志未酬，自断政治生涯。奥朗德的政敌指出他退选"承认了惨重的失败"；左翼的《解放报》则表扬他放弃权力追逐的高风亮节，"做派优雅"，但又哀叹他的英雄暮日。奥朗德染有悲剧色彩的政治经历在法国第五共和国历史留下标志意义的一笔。

法国大选结束，落败的各政党经历震荡，都在组织、政纲上有所调整，而社会党与众不同的则是，需要在垮掉的废墟上再打地基，一切从头来。年末几个月，社会党中一些小组和个人已经集结，着手酝酿重组。但媒体报道的有关情况表明，无论就失败教训的总结、新政治方向的确定、还是就新的领导核心组成问题，都尚未凝成明确共识。可以估计，即使假以时日，社会党可以整体出现于法国政坛，那也将是一支羸弱、非主流的力量。

三、法国社会党溃败的轨迹及其外溢

20世纪60年代末，奉行马克思主义的第二国际法国支部演变为法国社会党。鉴于时代变迁，西方发达国家经济格局和社会阶层的深刻变化，社会党撇弃了以革命取得政权思想，但就对资本主义态度，如何反对或抵制资本主义，理念与对策困惑、摇摆不定。社会党人前外长韦德里纳称，在法国“左派只是以意志为动力，反对国内外一切不公正……要通过政治和国家权力来纠正这些不公正”，而忽略经济规律。

1981年，密特朗以其出色的政治智慧和“法国式社会主义”的新颖、动人的口号，曾集合了社会党和左派力量，赢得大选，并连任至1995年。但其初期推行的强势国有化、扩大就业等左派政策很快就碰上南墙，被迫改弦更张，密特朗高举的社会主义旗帜，也悄悄地收起。而密特朗执政期间因实在难以应对经济、政治困局，不得不两次请右派总理出山帮忙，与他“共治”国家。而2002年，与右翼总统希拉克“共治”的社会党总理若斯潘投身总统选举，欲在法国彻底改天换地，但在首轮投票时竟然败给极右翼候选人勒庞，使后者得以进入决定总统取舍的第二轮，没有守住阻挡极端派攫取国家大权的闸门，法国政局一度陷入危机形势。社会党的丢失人心和难担大事暴露无疑。同时，社会党执政队伍还不时发生分裂，首先是共产党退出与社会党的左派执政联盟，尔后党内左派意识更强的舍维尔芒因在外交政策上与政府分歧，又退出社会党另组“公民运动”。此外，在密特朗任职期间，政权要人卷入的丑闻接连不断，曾任总理的贝雷戈瓦因债务紧逼而被迫自杀，社会党名声狼狈。

密特朗执政道路的坎坷典型地表明，社会党政治的过度理想化、不接地气、不善解决实际问题，成为其与生俱来的政治基因，阻碍其建功立业的致命软肋。另外，在法国，右翼戴派政党为当代第五共和国史上开国元勋，政坛扎根较深，掌握国家大权时间更长，社会党的逊色几成必然，难以越位成为国家第一大党，其政治生涯在第五共和国经历了起起落落，而挫败多于成功。而在如此背景下，2012年以来的时间段内，当西方传统党派和建制普遍遭到多方严峻挑战而日趋无力应对时，法国社会党本已涣散的根基才土崩瓦解。

放眼周围，欧洲各国的社会党在不同程度上都与法国社会党被同样的结构性难题缠绕：全球化发展大潮袭来时，必要的革新受社会福利为上的政治模式捆绑步履维艰，民意流失。同时，近年来，欧洲难民危机爆发，各国社会党有关政策与主张既需保持人道关怀、对外开放形象，又无力接纳大量无秩序外来人口，且取得本国居民支持，在政策选择上也无以应对。

尤为值得注意的是，欧洲各国社会党政治上的退缩，减弱了主流政治遏制极端主义的力度。社会党应对多方挑战的不利，客观上帮助了极端党派迎合失望的群众“换一种政治”的要求，借机扩大影响，甚至进入执政队伍。

欧洲社会党地位与政策陷入逆境，且影响到国家政局已成常态。在德国，政坛上举足轻重的左翼社民党近期处境与对策的摇摆不定是典型例子。该党最初独立参加九月大选，意图摆脱与右翼联盟党合作中的辅助地位，但单飞得胜未果；而与此同时，执政老手联盟党虽取得了议会第一大党地位，但又屡屡组阁受挫。德国政局呈现不但尴尬，且可能无法收拾的罕见空白。顾及大局的社民党只得转过身来，与联盟党商谈联合执政，不过它坚守自己本性与主张的初心就前景莫测了。同时，极端主义的选择党历史上首次进入议会，给国家未来政策走向增添的不确定因素，又需社会党可能组成的执政联盟艰难应对。在德国邻国奥地利，执政的人民党总理排斥了社民党而与极端主义的自由党联合组阁，并分给它几个部长职务。奥总理虽保证坚守欧盟成员立场，但在难民分配问题上，已表示赞成东部维谢格拉德集团国家对欧盟决策的异议，甚至被认为如此下去，在欧盟中所占位置将从西向东移动，从而增加欧盟中的离心力。

日本内外政策与亚太局势*

外交学院国际关系研究所　周永生

日本作为亚太地区有影响力的大国，它的内外政策对亚太地区有着广泛而深刻的影响。相关影响既有消极的一面，也有积极的一面，必须针对具体政策进行具体的理性分析，不能感情用事，也不能片面而论。

一、安倍政府的国内经济政策

安倍政府以安倍经济学为主导，推动日本经济的恢复和发展，已经取得了一些好的效果，但是，由于内需没有全面启动，离完全摆脱紧缩，走向稳定发展，尚有差距。

（一）日本经济温和复苏

自从2012年12月安倍执政以来，日本经济长期维持低速发展状态，经济增长率保持在0.5%—1.5%之间。这是日本自泡沫经济破灭以后，维持经济连续增长最长的一个历史阶段。2016年日本经济增长率为1%，GDP按照日元本币现价为537.37万亿日元，按照美元现价为4.94万亿美元。[①] 日本2017年的GDP增长率约为1.2%—1.5%。

---

* 本文受到外交学院中央高校基本科研业务费《日本21世纪安全保障战略》项目支持，项目编号：3162016ZYKA03。

① 《全球宏观经济数据>国家>日本》，新浪财经网站，http://finance.sina.com.cn/worldmac/nation_JP.shtml。

日本本轮经济复苏从2012年12月起至2017年11月已持续60个月，超过二战后经济高速增长时期，经济复苏持续时间第二长的“伊奘诺景气”(1965—1970年)。2017年上半财年（4—9月）经常项目顺差比去年同期增长11.7%，达到11.5339万亿日元，是2007年下半财年（11.8560万亿日元）以来的最高水平。① 自2012年以来，日本的房地产价格年化增长率为1%，东京地区的房价年化增长率为3%—4%。② 2017年10月失业率为2.7%（1994年6月最低），失业人数按年降幅加快至7.2%，只有181万失业人口，就业人口数量6,581万人，就业率59.2%。③ 这几乎是日本失业率最低状态，很多地区出现了1974年以来最大的用工荒。这些现象表明日本经济的持续好转。

2017年1—9月，日本货物进出口额为10058.0亿美元，比上年同期（下同）增长8.6%。其中，出口5130.8亿美元，增长7.8%；进口4927.2亿美元，增长9.4%；贸易顺差203.6亿美元，下降21.3%。1—9月，日本与中国双边货物进出口额为2141.8亿美元，增长7.8%。其中，日本对中国出口952.9亿美元，增长16.0%，占日本出口总额的18.6%，提高1.3个百分点；日本自中国进口1188.9亿美元，增长2.1%，占日本进口总额的24.1%，下降1.8个百分点。日本与中国的贸易逆差236.1亿美元，下降31.2%。④ 中国是日本第二大出口贸易伙伴和第一大进口贸易伙伴。⑤ 由此可见，日本对外贸易呈现良好增长状态。安倍执政5年来，日本海外资产增长近50%，约是国内生产总值（GDP）的两倍。将出口

---

① 《日本上半财年经常项目顺差创新高》，中国经济网，2017年11月10日，http://news.china.com/finance/11155042/20171110/31649341_all.html#page_2。

② 《安倍经济学若坚持不辍 日本经济真能重获新生?》，汇通网，2017年10月31日，http://news.10jqka.com.cn/20171031/c601328083.shtml。

③ 《日本10月季调後失业率续低企2.8% 符预期》，阿思达克财经，2017年12月1日，http://hk.jrj.com.cn/2017/12/01094923725597.shtml。

④ 《2017年9月日本贸易简讯》，新浪网，2017年11月20日，http://finance.sina.com.cn/roll/2017-11-20/doc-ifynwnty5602501.shtml。

⑤ 同上注。

等挣得的资金投向外国股市和债市，然后将投资收益再次投向海外的动向非常活跃。日本企业和个人在海外持有的资产首次突破1000万亿日元。[①] 日本是少有的对外债权国，用海外资产减去负债所得的对外净资产也达到约350万亿日元，连续刷新历史最高纪录。[②] 从投资对象来看，有将近一半证券投资投向了美国，有近30%投向了欧洲。而直接投资对象则主要在北美和亚洲。通过投资收益获利的格局在增强。[③]

安倍经济学虽然没有把日本经济推上理想的复苏轨道，但是能够维持这种长期的低速经济增长，已经被认为是日本了不起的经济成就。

日本近年GDP与人均国民总收入[④]

年份	GDP（日元）	人均GNI(美元)
2016	537.37万亿	3.8万
2015	499.10万亿	3.67万
2014	487.50万亿	4.2万
2013	478.37万亿	4.61万
2012	475.53万亿	4.79万

（二）安倍经济学获得成就的原因

安倍经济学之所以能够获得一定的成就，主要源于日本内因和国际环境两个方面的因素。

就外因而言，美国和欧洲市场近年来持续走向经济复苏，促进了日本的对外出口，海外投资收益扩大。就日本国内因素而言，安倍执政以后，大力倡导安倍经济学，实行了以安倍三支箭为主要代表的经济复兴政策，包括大规模的量化宽松政策、大规模的财政投资政策、经济结构改革政策、日元贬值政策、促进妇女就业政策、增加公

---

① 《日媒：日本海外资产首次突破1000万亿日元》，参考消息网，2017年10月24日，http://www.cankaoxiaoxi.com/finance/20171024/2240238.shtml。

② 同上注。

③ 同上注。

④ 《全球宏观经济数据·国家·日本》。

立幼儿园和公立小学的政策、建立东京都经济特区政策、促进就业增长政策，等等。安倍的这些经济政策不能说没有效果，多多少少对于日本经济温和复苏和低速增长，发挥了一定的推动作用。但最重要的是推动股市价格增长的政策。2012年12月，安倍内阁刚刚组建之时，日经平均股价只有9000多，2013年12月，日经平均股价已经上升到2万，整整上涨了一倍。除了2016年夏季跌到16000多左右以外，其他时间大多数保持在2万左右。2017年12月1日，日经平均股价为22,819.03。[①] 这说明，在安倍执政期间，日本的经济状况好转，主要来自于日本股票市场股票价格的上升。各大中公司股票价格的上升，使这些上市公司有能力改善职工的工资收入，也有资本用于投资，因此促进了日本大中城市经济状况的改善。日本经济产业当中的主要大中公司，都属于东京证券市场的上市公司，股票价格在安倍执政之初，到执政一年以后的成倍增长，以及长期保持稳定，对于安倍经济学的成功，发挥了不可替代的作用。

（三）日本经济增长的负面因素

但是，日本经济消费低迷的状况并没有完全改变。2016年日本消费物价指数（CPI）为–0.12。[②] 2017年，日本消费物价指数仍然稳定，既有个别负增长的月份，也有正增长的月份，主要维持在0.4到0.7之间。这样低增长的消费物价指数，说明日本尽管已经走出通缩紧缩的阴影，但没有完全脱离通货紧缩。其主要原因是日本社会的老龄化和少子化，以及五年来人口大幅度减少。安倍执政五年期间，日本人口绝对值减少大约100万人，2016年减少大约30万人。日本国内的老龄化、少子化和人口的绝对减少，是日本社会的结构性问题，安倍政府无力扭转。因此，日本经济内需不足的问题也很难从根本获得解决，

① 「日経平均株価」、『Yahoo Japan』、2017年12月3日、https://finance.yahoo.co.jp/。

② 《全球宏观经济数据>国家>日本》。

这时刻威胁着安倍经济学可能走向失败。如果国际经济需求一旦走低，日本必将出现新的衰退。这也显示出了安倍经济学和日本经济低速增长的脆弱性。

（四）安倍政府新的经济政策重点

2017年11月1日，安倍组建新内阁，并于当日在国会发表施政方针演说。安倍表示，坚决开展“生产力改革”“人才培养改革”；将制定并迅速落实新的一揽子经济政策，人工智能、机器人、物联网；要实现这些会给生产力带来巨变的创新，引领全球正在萌动的“生产力改革”；我们要促进企业对设备及人才的投资，将截至2020年度的3年定位为“生产力改革集中投资期”。[①] 从安倍新的执政方针当中我们可以看到：一方面安倍要继续延续安倍经济学的政策力度，加大投资力度，保持量化宽松的金融货币政策；另一方面，要通过人才培养、技术的创新、工资的增长来推动生产力的变革和提高，引领全球生产力新一轮提高的潮流。

二、安倍政府的多边经济合作政策

近年来，安倍在对外政策方面有很大的布局，并且获得了部分成功。安倍政府企图以地区经贸战略，补充和推进他的政治、安全战略。安倍在国会演说中表示：“我们要向世界推广基于自由、公正规则建立起来的经济圈。”[②] 为此安倍政府所采取的政策措施主要包括：

（一）建立“自由走廊”

2016年11月，印度总理莫迪访问日本，在与日本首相安倍晋三发

① 「第百九十五回国会における安倍内閣総理大臣所信表明演説」、2017年11月17日、http://www.kantei.go.jp/jp/98_abe/statement2/20171117shoshinhyomei.html。

② 同上注。

表的联合声明中首次提出建立亚非“自由走廊”的概念，其走向是“从亚太至非洲”，此后，双方又就这条“走廊”过多次磋商。所谓的“自由走廊”计划，是日印携手在亚洲到非洲，重点在东南亚、中东、东非等沿着亚太与印度洋通道，及其印度洋周边的非洲国家兴建基础建设项目，扩大经贸合作，在亚洲相关国家主要是建海港，在非洲则是包括桥梁、道路、电网等在内全面的基础设施建设。毫无疑问，这一战略带有平衡中国的区域影响力，同中国“一带一路”战略竞争、抗衡的意味。

（二）建立日本—欧洲经济合作伙伴协定

2017年7月，安倍访问欧洲。7月6日，与欧盟(EU)在布鲁塞尔就经济伙伴关系协定(EPA)的缔结达成了框架协议。双方就贸易规则和关税下调达成框架协议草案。协议草案规定，欧盟同意协议生效后立即取消日本产葡萄酒、日本酒、绿茶的关税。协议生效第八年，欧盟取消乘用车关税；日本则减免欧盟产奶酪、猪肉、木材、小麦、意大利面等10项产品的关税。双方还决定，实现通关手续的顺畅化，加强知识产权保护，并建立统一的贸易规则。但是关于投资纠纷解决程序问题，双方还存在着很大的争议，尚未达成协议。日本和欧盟将争取在2018年中期达成正式协议，并在2019年早期正式生效。

日欧双方GDP总量占全世界的大约30%，欧盟每年出口日本的货物为580亿欧元，服务为280亿欧元；日本每年出口欧盟的货物为660亿欧元，服务为200亿欧元。① 日欧经济伙伴协定生效后，欧盟99%和日本97%的货物进口取消关税，欧盟85%农产品免税进入日本。② 日欧双方超九成商品将被减免关税，有助于日本和欧洲双向经贸关系的扩张，提升相互之间的经济依赖。提高欧盟国内生产总值的0.76%，日本

① 朱颖：《欧盟日本自贸协定重振经济信》，《联合早报》，2017年8月1日，http://www.zaobao.com/forum/views/opinion/story20170801-783584。

② 同上注。

的0.29%。也有助于促进日欧之间政治和军事安全等领域的合作。

（三）建立“全面且先进的TPP”

2017年11月11日，日本与越南共同宣布除美国外的11国就继续推进TPP正式达成一致，11国将签署新的自由贸易协定，新名称为“全面且先进的TPP”（CPTPP，Comprehensive Progressive Trans-Pacific Partnership“全面先进的跨太平洋伙伴关系协定”，也可以称为“后TPP”，以下简称为CPTPP）。CPTPP冻结了原TPP有关知识产权、劳工标准和文化保护等20个条款的效力。等于放弃了原来TPP5%的项目，但依然保留了大约95%的TPP条款，是迄今为止最高开放水平的经济和自由贸易协定。由于美国退出，签署国占全球经济的比重从约37%减少至13%左右，但规模依然相当可观。CPTPP的生效条件也大幅度降低，CPTPP的生效只要任意6国批准即可。此前TPP的生效条件是批准协定的国家GDP应占全体签约国GDP之和的85%以上。这种规定，有利于日本主导的CPTPP快速生效，是安倍政府对外经济合作政策的重大进展。

安倍政府之所以致力于建立多边经济自由贸易协定，在于通过多边协定，拓展日本的国际经济贸易范围，深耕自由贸易与国际经济合作的潜力，以便为安倍经济学提供最大的发展助力。安倍为此指出：“我国与欧盟开展的日欧经济合作协定谈判，经过4年多的不懈努力终于达成框架协议。这个拥有6亿人口、占世界GDP30%的巨大经济圈，将成为安倍经济学的‘新引擎’。”[①] 同时，安倍把建立多边经济贸易合作圈，看作是输出价值观，巩固日本政治和国家价值体系安全的外部基础，进而可以进行安全和军事政策的协调，核心目标是通过地区经济合作，服务于本国经济增长，争当在世界经济领域具有影响力的大国，进而为政治大国的目标奠定世界经济和本国实力的基础。日本有

① 「第百九十五回国会における安倍内閣総理大臣所信表明演説」。

些区域经济合作，明显带有同中国竞争和抗衡的意味。建立“自由走廊”和CPTPP的政策，就具有明显牵制中国的意图。

三、日本对地区局势的因应战略

安倍政府在亚太地区具有长远的地区战略，包括建立价值观联盟、海洋国家联盟、菱形联盟、印太战略，等等。对于其中的有些战略，安倍政府并不满足于某些战略的地区局限性，而实际上也将其看作是日本的世界战略，或者是愿意推动其在条件许可的情况下上升为世界性的战略。安倍政府想通过推动地区战略获得地区发展、地区秩序和地区安全的主导权，以便为日本的短期与长期国家利益服务。

（一）建立日本甘愿付出与得利的日美关系

2017年2月中旬，安倍访问美国，适应于特朗普赢得经济利益的心态，为美国带去了十年之内1500亿美元的企业投资大礼单，并答应同美国进行双边贸易磋商，解决美日贸易不平衡问题。安倍想通过对美国经济上的好处和让步，换得美国在安全和领土上对日本的保证。

美国在《日美共同声明》当中基本上满足了日本安全和牵制中国的要求。美国对日本安全保卫的表态，甚至超过了以往的程度。

美日双方在2月10日发表了共同声明表示：毫不动摇的日美同盟是亚洲太平洋地域和平、繁荣和自由的基石。美国保证，包括核力量和常规战力在内，以双方所使用的所有种类的美国的军事力量保卫日本的承诺不动摇。在亚洲太平洋地域日益严峻的安全保障环境中，美国加强了本国的地区存在，日本在同盟中要进一步发挥巨大的作用和责任。[①] 两首脑确认，《日美安全保障条约》第五条适用于钓鱼岛。两

① 「日米首脳会談」、「共同声明2017年2月10日」、2017年2月10日、http://www.mofa.go.jp/mofaj/na/na1/us/page1_000297.html。

首脑对任何单方面行动损害日本在钓鱼岛施政的行为表示反对。日美两国，为了确保东海的和平与稳定加深合作。两国首脑强调维持基于国际法的海洋秩序，包括在航行及空中飞行、以及其他合法自由利用海洋的重要性。日美两国反对尝试以威胁、强制或无力主张海洋权利。日美两国要求相关国家放弃包括对据点进行军事化，提高南海紧张局势的行动，按照国际法行事。[①]

安倍回国以后，在国会答辩当中表示，以后再不需要向美国反复要求，对钓鱼岛作出承诺，因为这次的共同声明，已具有法律上的效力。其目的是使美国的支持承诺，产生永久化的效果。

2017年11月初，特朗普总统访问日本，进一步加强了日美两国的同盟关系。双方表示，日美两国在对北朝鲜问题上百分之百的相同，美国以日美同盟存在作为地区基础的承诺没有动摇。双方再次确认了包括核力量和常规作战力量等以美国所有的军事力量保卫日本的承诺。[②]

两国首脑强调以日美为主导自由和开放的印度洋—太平洋，确保该区域的和平与繁荣，强调该地区法律支配、航行自由；提高连通性的经济繁荣；构筑基于提高海上执法能力的和平与稳定的三根支柱。并由两国相关政府机构进行具体磋商。[③] 日美两国首脑在关于东海和南海问题上做了惯常性的表态以后表示：两国首脑欢迎中国对地区及国际社会和平与繁荣做出积极贡献，并承认了同中国政府进行建设性对话的重要性。[④]

---

① 「日米首脳会談」、「共同声明 2017年2月10日」。

② 同上注。

③ 同上注。

④ 同上注。

（二）面对朝核局势的策略

对于朝鲜第六次核试验，安倍首相在9月3日的第一时间发表首相声明："我国在内的相关各国和国际社会谴责北朝鲜，到现在为止屡次违背联合国安理会相关决议，多次核试验和发射弹道导弹等挑衅行动，要求其放弃核武器与弹道导弹……对于北朝鲜此次强行进行核试验，我国绝对不能容忍。"① 日本对朝核问题的政策基本就是联合美国与国际社会对朝鲜进行更严厉的制裁和打压，以便最终迫使朝鲜屈服和改变。并且，在解决朝核问题方面，安倍政府的政策目标，不仅是要让朝鲜彻底弃核，而且还要废弃对日本造成威胁的弹道导弹，将绑架人质问题同朝核问题一并解决，让所有在朝鲜剩余的日本人质回到日本。除此以外，安倍政府在军事上也采取了相应的对策。

安倍应对朝核问题的军事对策主要包括以下四点：(1) 要求购买美国长距离空空导弹（AIM-120C空空导弹），并且已经得到特朗普政府的批准。AIM-120C-5射程超过110公里。(2) 要在秋田县和山口县各部署一套陆基标准3型（SM-3 Block2A）中程弹道导弹拦截系统，该系统可以对弹道导弹进行中程拦截，射程可达500—1200公里。此外增建两艘爱宕级宙斯盾军舰，使日本海上宙斯盾拦截系统由过去装备的6艘军舰，到2020年增加到8艘军舰。(3) 日本政府决定开始研制长距离攻击导弹，以便能够对朝鲜的核基地、弹道导弹基地进行远程打击，这种研制将从2018年开始，属于日本版的战斧巡航导弹。(4) 日本防卫省计划从美国购买射程为500公里的机载巡航导弹，并列入2018年的预算。同时正在商讨引进射程超过300公里的挪威"联合攻击导弹"(JSM) 以及射程超过900公里的美国"贾斯姆"—增程型导弹（JASSM-ER），并

① 安倍晋三「内閣総理大臣声明 平成29年9月3日」、http://www.kantei.go.jp/jp/97_abe/discource/20170903seimei.html。

将其装配到F35和F15等战斗机上面。[①]

日本借助朝鲜核武器和弹道导弹的威胁，采取明确的军事对抗措施，提升本国的装备水平，既有针对朝鲜的一面，也有以朝鲜为借口，实质上提升对中国、俄国军事力量应对能力的一面。日本在这三个领域装备能力的提升，都可以用来针对中国、俄国。日本配备美国的长距离空空导弹，对中国、俄国海军航空兵和空军作战力量具有强大的威胁；日本将要部署的陆基标准3型防空拦截系统，不仅可以防范朝鲜的弹道导弹攻击，也能够拦截中国、俄国的弹道导弹，对中俄的战略威慑能力具有遏制作用；日本研制成功长距离攻击导弹，具有日本版战斧巡航导弹的情况下，无论是对中国的钓鱼岛地区，还是对中国的内陆地区，将具有战术和战略进攻能力，给中国东部沿海和内陆地区带来新的威胁。

（三）由亚太战略发展到印太战略

在多边安全战略方面，安倍政府过去曾经针对亚太地区局势，提出过多项战略倡议和计划，包括建立价值观联盟，建立海洋国家联盟，建立菱形联盟等政治、军事和安全战略。近年来，随着日本经济实力的恢复和军事力量的增长，日本已经不再满足于将本国的战略重点仅局限于亚太地区，而是由亚太地区进一步拓展，发展出了新的印太战略。

就印太战略而言，无论是美国、印度、澳大利亚等印太地区的大国，都曾经有过类似的战略思想或提法，日本的印太战略，并不具有原初的创新性。但是，作为一个国家的领导人，反复强调这一战略，并进行大规模的外交联合与折冲，安倍却是各国政府当中的第一人。

2016年8月27—28日，在肯尼亚首都内罗毕出席第六次日本—非

---

① 《日本向美求购导弹射程超500公里 称将用在钓鱼岛》，海外网，2017年12月7日，http://military.china.com/important/11132797/20171207/31775468_all.html#page_2。

洲开发会议时安倍首次提到印太战略构想。该会议总共有20个伙伴国和20个国际与区域组织参加，主要围绕三个方面展开议题：通过推动经济多元化、工业化，促进经济结构转变；发展医疗卫生系统，提高生活质量；促进社会稳定，实现发展成果共享。安倍宣布日本政府和民间未来3年将向非洲投资300亿美元[①]，支持非洲的经济社会发展。

安倍演讲中提到："穿越亚洲海域和印度洋，来到内罗毕就会知道连接亚洲与非洲的其实是一条海上之路。给予世界稳定与繁荣的正是这自由开放的两大海域、两大陆彼此结合产生的伟大动力。将太平洋与印度洋、亚洲与非洲的交流活动构建成与武力和威慑无缘的重视自由、法治和市场经济之地，并使其富饶。日本有这个责任。日本希望与非洲各国一起，将连接两大陆的海洋建设成为以法治维护的和平大海。供应链就如同在亚洲与非洲之间架起了一座巨大的桥梁，传载着产业的智慧。我希望，在亚洲扎根的民主主义、法治以及市场经济基础上的发展，以及由此而生的自信与责任感，将会跟随微风吹遍整个非洲。让我们把亚洲到非洲一带建设成为增长与发展的大动脉。非洲与日本，共同畅想，共同前行。"[②] 安倍指出："在非洲这片广阔的大地上，却没有联合国安理会常任理事国。2063年议程提出，要在2023年前实现这一目标。我对此表示全面支持。非洲应在2023年前，诞生联合国常任理事国。联合国安理会的改革，是日本与非洲的共同目标。为实现这个目标，我希望能与各位携手同行。"[③]

从安倍的演讲当中，我们可以分析得出，安倍政府的印太战略主要包含以下六点内容：

---

① 「ＴＩＣＡＤ Ⅵ（第6回アフリカ開発会議）開会セッション 安倍総理基調演説」、2016年8月27日、http://www.kantei.go.jp/jp/97_abe/statement/2016/0827opening.html。

② 同上注。

③ 同上注。

第一，利用海洋通道，实现亚洲与非洲的紧密连接。

第二，将太平洋与印度洋、亚洲与非洲建设成为自由、法治和市场经济的富饶之地。

第三，让在亚洲扎根的民主主义、法治以及市场经济普及到非洲。

第四，把亚洲到非洲一带建设成为增长与发展的大动脉。

第五，安倍政府将同非洲国家达成政治联盟，推动安理会改革，实现本国成为常任理事国的梦想。

第六，日本要勾连美国、印度和澳大利亚，由四大国共同推进印太战略，以便将整个印太地区都纳入到自由、民主、法治与市场经济的框架当中。

在某种意义上来说，印太战略，是安倍过去要建立价值观联盟，建立海洋国家联盟，建立菱形联盟等政治、军事和安全战略，TPP区域经济合作战略等诸多战略的集成和发展。对于这样一个跨洲跨洋的大战略，日本单靠一国的力量无法支撑，而必须主要依靠发达国家，借发达国家的价值观和政治经济体制，来规范本地区发展中国家的发展。

由此我们可以看出，安倍政府的印太战略并非是日本与非洲单纯的经济合作战略，而是日本输出民主、自由、法治的价值观，推动亚洲和非洲市场经济发展，与非洲实现政治联盟，推动安理会改革，促进日本成为安理会常任理事国的综合国家战略。

同时，安倍政府进行了广泛的外交活动，促使更多的国家加入印太战略之中。在2016年9月的东盟峰会上，安倍向莫迪介绍“印太战略”，强调“印度是连接亚洲和非洲最重要的国家”，希望“日印紧密携手，推动这一构想”。2016年11月，印度总理莫迪访问日本，双方就推动印太战略达成一致。2017年9月14日，安倍访问印度，并与印度总理莫迪举行会谈。安倍指出：“日印关系是世界上隐藏了最大可能性的两国关系，我愿意和穆迪总理一道，使其潜力全面得到释放，以主导印度洋、太平洋地区和世界的和平与繁荣。”[①] 莫迪则回应表示，将支持“东向战略”和“自由开放的印度洋、太平洋战略”进一步合作的构想。[②]

除了印度以外，安倍政府又把澳大利亚拉入印太战略当中。2017年4月20日，日本以推动自由开放的印度洋、太平洋战略为核心，同澳大利亚举行了两国外长与国防部长的2+2会议。在会后发表的共同声明当中表示，日澳两国四位部长强调，在印度洋和太平洋范围内外，确保基于安定、自由和开放规则之秩序的重要性。并确认了基于包含基础设施在内，确保自由、开放的航路，以及提高地区之间相互连通能力的重要性。[③] 澳大利亚方面甚至表示，支持日本在印太战略当中发挥更大的作用。[④] 2017年9月18日，同在纽约出席联合国大会的河野太郎外相与澳大利亚毕晓普外长举行双边会谈，就印度洋、太平洋地区的海洋安全保障问题交换了意见。

2017年8月31日，安倍与访问日本的英国首相特雷莎梅举行会谈时，也提到了日本与英国共同建立“自由开放的印度洋太平洋战略”的议题。这说明，安倍政府想把印太战略打造成为一个世界级的战略。

为了更好地推行印太战略，向美国介绍和推广这一战略，成为安倍政府最为重视的外交策略之一。在2017年8月17日的日美两国外交部长和国防部长2+2会议上，日本外相河野太郎特意向美国方面介绍了日本的印太战略。并表示，为了支持印度太平洋地区沿岸国家的海洋安全保障能力，日本从2017年度到2019年度三年间，将对印度洋太平

---

① 「日印首脳会談」、2017年9月14日、http://www.mofa.go.jp/mofaj/s_sa/sw/in/page4_003293.html。

② 「日印首脳会談」、2017年9月14日、http://www.mofa.go.jp/mofaj/s_sa/sw/in/page4_003293.html。

③ 「第7回日豪外務・防衛閣僚協議（「2＋2」）共同声明（仮訳）2017年4月20日」、2017年4月20日、http://www.mofa.go.jp/mofaj/a_o/ocn/au/page3_002085.html。

④ 同上注。

洋地区沿岸国家进行5亿美元的援助。[①]

2017年11月5日，特朗普总统访问日本，在日本东京的横田美军基地向近2000名驻日美军官兵和部分日本自卫队队员发表演讲。特朗普第一次向外界描述了他的“印太战略”构想：“印度洋—太平洋地区许多国家的繁荣，得益于美国现役军人和我们的盟友所作出的牺牲，还将得益于你们一如既往的牺牲。”“我们将与朋友和盟友合作，寻求一个自由而开放的‘印太’地区。”“当你们和美国人民一道在整个‘印太’地区，目睹到自由和独立国家的国旗时，你们要……为你们所提供的安全保障自豪。”[②] 特朗普的此番演讲，实际上不仅等于承认了安倍政府倡导的印太战略，而且等于顺手牵羊，采取拿来主义的精神，把安倍政府倡导的战略，拿过来为己所用，赋予了美国国家战略的新内涵。这使安倍的印太战略，获得了超出预想的溢出效应。这种情况对安倍政府而言可能有有利的一面，是由于美国接过了这样一个战略旗帜，使日本政府的这一战略得以扩大、拓展，增加了巨大的外部助力。但是也有不利的一面，如果美国长期坚持这样的战略，由于美国所具有的巨大影响力，这一战略不仅将完全为美国所主导，服务于美国的全球战略利益，也将使原初安倍政府的倡导，颜色暗淡并相形见绌。日本今后对这一战略的推进，将不得不处于辅助美国推进的角色，甚至有可能落到被边缘化的地位。

2017年11月12日，美日澳印利用东盟会议的间隙，在马尼拉举行了印度洋—太平洋首次会议，对建设“自由、开放、繁荣、包容的印度洋—太平洋地区”表示支持。这次“四方会议”主要有七个核心议题：亚洲规则秩序、航行自由、尊重国际法、加强联通性、海上安全、核不扩散，以及反对恐怖主义。但是，四国没有发表联合公报或共同

---

① 「日米安全保障協議委員会（日米「2＋2」）」、2017年8月17日、http://www.mofa.go.jp/mofaj/na/st/page4_003205.html。

② 吴敏文：《特朗普的印太战略前景如何都有哪些国家参与》，中国新闻网，2017年11月16日 http://mil.news.sina.com.cn/2017-11-16/doc-ifynvxeh5073294.shtml。

声明，而是各自公布会议成果消息。主要包括四项内容：(1) 在地区内支持“以规则为基础的秩序”，其中包括保障航行与飞行自由、尊重国际法以及和平解决争端等；(2) 加强地区互联互通程度，前提是“符合国际法与国际标准”，并且基于“审慎的融资”；(3) 加强反恐和海洋安全合作；(4) 加强在遏制核扩散领域的合作等。[①] 日本发布的消息除了上述内容以外，对遏制朝鲜核扩散威胁着重强调，也强调了确保印度洋—太平洋的海上航行自由与海洋安全。[②]

安倍政府大规模推行印太战略的目的主要有四点：

第一，扩展日本的活动空间。借着自身经济增长和军力增长的实力，以及2016年3月29日对集体自卫权解禁的新安保法案的实施，将日本在亚太地区的势力存在，和印度洋地区的势力存在，联合打通，谋求在该地区范围之内，作为仅次于美国的主导力量；拓展日本政治、经济、军事力量的活动空间。

第二，塑造日本的大国地位。印太地区占世界海洋的大部分，是21世纪经济发展最活跃，最具有增长潜力的地区。安倍政府并不甘心于日本经济的相对萎缩和没落，仍然抱着做世界一流大国的雄心壮志，企图推动印太地区战略格局向着有利于日本方向的转变，创造对日本自身有利的外部发展环境，来塑造日本自身的大国地位。

第三，奠定同中国竞争的外部基础。日本要通过印太战略，积极引导地区国家同中国进行竞争，塑造牵制、规范乃至遏制中国的国际环境，保证日本海上石油通道与贸易通道的畅通与安全。夯实日本经济和国家发展外部的基础。

第四，增进日本军事强国的力量，逐步向军事大国的力量过渡，支撑实现政治大国的目标。安倍政府推行新安保法案的目的，就是要

---

① 《美日澳印密谈完毕：内容曝光很丢人，连个声明都没弄成!》，搜狐网，2017年11月22日，http://www.sohu.com/a/205891188_600524。

② 「日米豪印のインド太平洋に関する協議」、2017年11月12日http://www.mofa.go.jp/mofaj/press/release/press4_005249.html。

扩大日本自卫队的军事活动范围，以军事力量支撑政治大国目标的实现。推动印太战略，可以使日本自卫队的军事力量，借着这一战略，在印度洋、太平洋及其沿岸地区，进行相关的演练和军事活动，通过外部的军事活动，推动日本自卫队军事力量的逐渐壮大。为日本成为一个经济、政治和军事大国，奠定全面的基础。就此种目的而言，主要是为了推动军事大国目标的实现。日本在太平洋、印度洋、南海等地区，与美国、印度、澳大利亚、菲律宾等不断进行军事演习，已经展露出这个方面的政策迹象。

四、结语

安倍国内经济政策，是发达国家治理经济与社会的典型之一。就其国内经济政策对亚太地区的影响而言，总的来说是积极的，有正面作用。就外交政策而言，还带有明显的冷战思维，想争当除了美国以外的地区秩序主导国家，并带有明显制约中国的政治、经济、安全与军事政策倾向。

日本对中国这样一个有历史冤仇、异质国家的快速崛起，无法完全适应，并内心感到恐惧，这其中有日方自身不健康的心理原因，也有中国经济、军事等各方面蓬勃发展，对日本造成挤压效果，使其难以适应等客观因素。对于日本，中国一方面应发挥中国传统文化当中以和为贵的思想内涵优势，加强同日本的经济、政治合作；另一方面要敢于斗争，有理、有利、有节地回应对中国外交乃至军事上的挑衅。

安倍政府的印太战略及其前景

中国政法大学政治与公共管理学院教授　孙　承

美国总统特朗普的首次亚洲之行在讲话中提到印太战略，日本方面为此大受鼓舞，认为日本的地区战略构想得到美国的认可，至少是给抛弃奥巴马政府“亚太再平衡”政策后却未能提出新亚太政策的特朗普政府提供了政策思路，反映了日本在地区秩序构建上的主导作用。[①]那么，日本的印太战略包括哪些内容？提出的背景和目标是什么？前景如何？本文试对此做一分析。

一、印太战略的内容和两个层次

一般认为，印太战略是2007年8月日本首相安倍访问印度时在议会的讲话中提出的。在这篇题为“两洋交汇”(Confluence of the Two Seas）的讲话中，他先借用1655年莫卧儿帝国王子写的一本书名，称我们现在位于“两洋交汇”之处，并由此提出印太概念，他说：“自由之海和繁荣之海的太平洋和印度洋正在生机勃勃地连成一体，突破了以往地理界限的‘扩大的亚洲’正显露出清晰的轮廓。我们两国有力量和责任将它进一步拓展，成为透明之海和走向富裕繁荣。”安倍这样说，当然是要拉近日本和印度的距离，但也清楚地说明了印太地区的概念，即要突破印度洋和太平洋两个地区的地理界限，将两个地区连接成一体，亚太地区这一地缘政治概念扩展成印太地区，实现“扩大

① 湯浅博「米中動かすインド太平洋戦略」、『産経新聞』、2017年11月29日。

的亚洲”。安倍在讲话中也提出了印太战略的内容。他强调日本与印度的“伙伴关系是共有自由和民主、尊重基本人权的基本价值和战略利益的结合”。他说：“日本外交正在推进各种构想，在欧亚大陆外沿构建‘自由与繁荣之弧’，日本与印度的全球战略伙伴关系就是这一构想的轴心。通过日本和印度的结合，‘扩大的亚洲’再吸收美国和澳大利亚，将发展成为遍及太平洋全区的广大的网络。这是个开放而透明、人与物、资本与智慧自由往来的网络。追求自由、繁荣是我们两个民主国家应该发挥的作用。”因此，日印要和有同样想法的国家加强安全合作。① 但安倍没有想到的是，一个月后，他即因身体原因辞职。此后，只有麻生首相间或提到“自由与繁荣之弧”②，日本官方文件则未再提及印太战略。

二次执政后，安倍及其内阁官员在外交场合又多次提到这一战略设想。2013年2月，安倍在美国战略与国际问题研究中心演讲时提及印太地区，并称日本要成为国际规则制定者。③ 2014年4月，日美首脑会谈后，外务省发表的文件提到：“日美两国还与印度就地区和全球广泛课题积极进行三边对话，特别是与区内国家展开印太经济走廊的人道支援、灾难救助领域合作，以加强印度洋和西太平洋海上安全和地区联系。”④ 2014年5月，在新加坡举行的香格里拉对话会上，安倍强调：“亚洲太平洋，进而扩展到印度洋这一伟大的增长中心”，突出印太经

---

① 安倍晋三『二つの海の交わり』、2007年8月22日，http://www.mofa.go.jp/mofaj/press/enzetsu/19/eabe_0822.html。

② 麻生内閣総理大臣講演「安全と繁栄を確保する日本外交」、日本国際問題研究所（JIIA）フォーラムにて、2009年6月30日，http://www.kantei.go.jp/jp/asospeech/2009/06/30speech.html。

③ 安倍晋三『日本は戻ってきました』、2013年2月22日（CIISでの政策スピーチ）、http://www.kantei.go.jp/jp/96_abe/statement/2013/0223speach.html。

④ 外務省「ファクトシート：日米のグローバル及び地域協力」、2014年4月25日、http://www.mofa.go.jp/mofaj/na/na1/us/page3_000757.html（2015年1月21日アクセス）。

济合作的重要意义。[①] 2015年1月，外相岸田文雄在访问印度时发表题为《开创印太时代的伙伴关系》的讲话，称“印太地区作为世界繁荣中心的时代正在到来。”[②] 2016年8月，安倍在肯尼亚召开的第六次非洲开发会议上表示：“日本有责任使太平洋和印度洋、亚洲和非洲的关系摆脱武力和威胁，成为重视自由、法治和市场经济的繁荣地区。日本希望和非洲国家一道努力，使连接两个大陆的海洋成为和平、法治的海洋。”[③] 由上可见，安倍再任首相后提到印太战略的频次明显增加，印太战略受到重视是不言而喻的。

目前公布的最有代表性的文件是日本国际问题研究所2015年3月发表的研究报告《印太时代的日本外交：对摇摆国家的政策》，其为日本外务省自2013年始连续两年的研究课题“印太时代的日本外交”的最终成果。该报告的副标题是“对摇摆国家的政策”，而在前一年公布的阶段性成果中使用的副标题是“对次大国和摇摆国家（Secondary Powers/Swing States）的政策”。据此可以理解，印太时代日本外交的重点和目标，或者说日本的印太战略，主要是通过对这一地区的次大国和摇摆国家的政策来实现的。按报告的分类，美国是这一地区的大国，中国是即将超过美国的大国。此外，印度、澳大利亚、印度尼西亚是这一地区的次大国，还有作为一个整体存在、发挥重要作用的东盟，次大国和东南亚国家同时又是摇摆国家。日本外交就是要在日美同盟的基础上，加强同次大国的合作，特别是同印度和澳大利亚的合

---

① 「第13回アジア安全保障会議（シャングリラ・ダイアローグ）安倍内閣総理大臣の基調講演」、2014年5月30日、http://www.kantei.go.jp/jp/96_abe/statement/2014/0530kichokoen.html。

② 「岸田外務大臣スピーチ『インド太平洋時代のための特別なパートナーシップ』」、2015年1月18日、http://www.mofa.go.jp/mofaj/s_sa/sw/in/page22_001770.html。

③ 安倍晋三『TICADⅥ（第6回アフリカ開発会議）開会セッション　安倍総理基調演説』、2016年8月27日、http://www.kantei.go.jp/jp/97_abe/statement/2016/0827opening.html。

作。[①] 这实际上是安倍提出的日美澳印四国“民主菱形联盟”的基本框架，也是印太战略的基础。但这个菱形联盟有一个缺陷，即这四个国家并不相邻，在菱形的中间部分是与中国相邻的东南亚国家，因此构建起四国基本框架后必须争取东南亚国家的参与。对于东南亚国家在这一战略中的意义，日本防卫专家西原正认为：“日美澳印四国携手，对于保卫自由、开放的印太地区是重要的，但却有点忽视了处于印太中心的东南亚。”位于两大洋联结点的东南亚战略重要性不言而喻，马六甲海峡和南海是联系两大洋的生死攸关的海上通道。在安全上，日本要加强日美菲越合作；从日美澳印合作来看，印太地区的重点也在东南亚。[②]

从以上安倍首相和日方政、学界人士披露的印太战略看，这一战略构想可分为两个层次：主体框架由日美澳印构成，同时吸收东南亚等地区内的其他国家，形成一个能够进行战略协作的网络；从内容上看，它包括安全战略和经济战略，目标是维护海上航线的安全，实现地区法治和促进地区繁荣；从作用上看，日美澳印构成战略主体，且日澳印等次大国要在这一构想中发挥特殊作用，特别是日本要发挥主导作用。

二、印太战略形成的背景

日本印太战略的形成背景主要有两方面的因素：一是亚太地区主要国家力量消长使战略环境出现变化；二是鉴于战略环境变化日本国家对外战略进行重大调整，转向更为积极、主动，在地区秩序构建上要发挥更大作用。

---

① 『「インド太平洋時代」の日本外交：スイング・ステーツへの対応』、日本国際問題研究所、2015 年3 月。

② 西原正「当面のインド太平洋地域の重要地帯は東南アジアにあると見るべきだ」、『産経新聞』、2017年12月5日。

亚太地区战略环境的变化，主要是中美日等主要国家力量对比发生变化和由此引起的地区国际关系的变化。进入21世纪后，首先是中国国家实力的迅速发展使日本认识到地区战略环境正在发生变化，开始着手采取应对措施。小泉内阁和鸠山内阁先后提出的东亚共同体构想就是在这一大的背景下形成的战略思考。这两个东亚共同体构想的共同特点是着眼于中国的发展和东亚的增长，希望加强与东亚国家的经济联系。[①] 虽然这两个东亚共同体构想都未能得以实施，但它反映了在中国崛起和东亚快速发展的国际环境下，日本对外战略调整的初步思考，也预示日本对外战略酝酿发生重大调整。在中国经济实力上升的同时，美国和日本经济增长相对放缓，也带动中美日关系的变化。就中美关系来说，苏联解体后，中美合作对抗苏联的基础不复存在。1996年，美日对安保条约重新定义背后的潜台词是：对中国未来可能成为威胁的防范。小布什政府对华政策更趋于强硬，南海撞机事件就是两国关系摩擦不断加深的反映。2001年纽约世界贸易中心遭袭使美国对外战略重点转向打击国际恐怖主义势力，中美在国际反恐斗争中再次合作，但美国对中国实力上升并未掉以轻心。美国对东亚政策的一个重大变化是要求日本在安全合作中承担更多的责任，因此逐渐放宽对日本的约束，这可从2000年和2007年《阿米蒂奇报告》得到证明。奥巴马执政时期，中美关系几经调整，最后美国推出“亚太再平衡”战略和决定参加并主导“跨太平洋伙伴关系协定”（TPP）谈判，试图在政治、经济、安全等各方面阻止中国在亚太地区扩大影响。但“亚太再平衡”战略开始施行后并不顺利，美国大有力不从心之感，更需要日本的支持。在2012年《阿米蒂奇报告》中，美方要求日本不能退缩，

---

① 小泉総理大臣のＡＳＥＡＮ諸国訪問における政策演説「東アジアの中の日本とＡＳＥＡＮ」＝率直なパートナーシップを求めて＝、シンガポール、2002年１月１４日、http://www.kantei.go.jp/jp/koizumispeech/2002/01/14speech.html；鳩山総理によるアジア政策講演 アジアへの新しいコミットメント-東アジア共同体構想の実現に向けて-2009年１１月１５日、http://www.kantei.go.jp/jp/hatoyama/statement/200911/15singapore.html。

要继续做“一流国家”，承担海上航线的安全和参加TPP谈判，协助美国维护国际秩序。[①] 东亚战略环境的变化促使日本在地区事务上采取更积极的政策。

日本在对外战略上的重大调整是在亚太地区采取更积极、主动的政策，试图主导地区秩序的构建。前述东亚共同体构想就反映了日本的这一战略动向。与此同时，日本朝野就亚太地区战略环境变化下的战略选择进行了深入的讨论，提出新的国家对外战略思想以及相应的战略构想和政策主张。日本新的国家对外战略思想的特点是改变以往的依赖性和追随性，强调独立性和主导性。2006年9月，安倍在其首次担任首相后的施政演说中宣称，日本外交“向基于新思考、实行有主张的外交转换的时候到来了”。[②] 2009年10月，日本民间智库日本国际论坛发表题为《积极的和平主义与日美同盟的应有状态》的报告，提出修改日本对外安全战略的建议。该报告认为“日本的和平主义，必须从以往‘消极的和平主义’‘被动的和平主义’，升格为‘积极的和平主义’‘能动的和平主义’”。报告建议，在“吉田主义”下，日本虽然有国土防卫的意识，但首先考虑的是由美国提供保护，在地区安全上总算有了应对“周边事态”的责任意识，而在世界安全上则完全是听命和迎合美国行事。因此，要实行“积极和平主义”，改变防卫政策和安全政策。日本既不要“一国和平主义”，也不要“一国防卫主义”，而是要和西方民主国家一起，通过加强日美同盟保障自身安全，同时也要为维护世界和平与安全承担起“一名世界市民的责任”，在为国际作贡献方面的立场和态度不能再模糊暧昧下去了。[③] 2012年12月，安倍东山再起担任首相后，即把“积极的和平主义”作为对外战略的指导

---

① “The U.S.-Japan Alliance: Anchoring Stability in Asia,” August 10, 2012, http://csis.org/files/publication/120810_Armitage_USJapanAlliance_Web.pdf.

② 『第165回国会における安倍内閣総理大臣所信表明演説』、2006年9月29日、http://www.kantei.go.jp/jp/abespeech/2006/09/29syosin.html。

③ 日本国際フォーラム政策委員会『積極的平和主義と日米同盟のあり方』、2009年10月。

方针予以落实，展开有特色的“安倍外交”。日本外务省官员评价安倍再次担任首相后的外交特色是，扩大了日本外交的范围和领域，不仅注意传统的近邻外交，还在全球范围开展首脑外交；高举国际公共财产保护者的旗帜，开展“价值观外交”；通过外交手段维护海洋、太空、网络等战略空间的国家利益。①2013年9月，安倍在咨询机构“安全保障与防卫力恳谈会”首次会议上提出：政府的外交、安保方针是“站在基于国际协调主义的积极的和平主义立场上，要比以往更积极地参与到确保世界和平和安定与繁荣之中”。②在随后出席联合国大会和访问美欧行程中，安倍多次谈到“积极的和平主义”，表示“我所肩负的历史使命，首先是要再次赋予日本活力，鼓励日本人民变得更加乐观积极，并以此促使他们成为宣扬积极和平主义旗帜的光荣旗手”。③日本“要举起新的积极的和平主义的旗帜”，④成为发挥与积极的和平主义旗帜相称作用的国家。⑤2013年底，日本公布《国家安全保障战略》，明确把积极的和平主义作为国家安全战略的基本理念，作为国际政治经济的主要行为者要做出比过去更积极的贡献。⑥《国家安全保障战略》是日本外交安全政策的总纲领，舆论评价它是今后十年日本外交、安全战略

---

① 『「安倍政権の外交」(メモ)』、日本国際フォーラム第２５９回国際政経懇話会メモ、2013年10月17日、http://www.jfir.or.jp/j/activities/roundtables/259_131017.htm。

② 『「積極的平和主義」柱に　安保戦略有識者懇』、2013年9月13日、http://sankei.jp.msn.com/politics/news/130913/plc13091307240002-n1.htm。

③ 『2013年ハーマン・カーン賞受賞に際しての安倍内閣総理大臣スピーチ』、2013年9月25日、http://www.kantei.go.jp/jp/96_abe/statement/2013/0925hudsonspeech.html。

④ 『第68回国連総会における安倍内閣総理大臣一般討論演説』、2013年9月26日、http://www.kantei.go.jp/jp/96_abe/statement/2013/26generaldebate.html。

⑤ 『安倍晋三日本国総理大臣基調講演』、2013年9月30日、http://www.kantei.go.jp/jp/96_abe/statement/2013/0930uk.html。

⑥ 『国家安全保障戦略について』、国家安全保障会議決定閣議決定、2013年１２月１７日、第3頁。

的顶层设计的最高文件，[①] 积极的和平主义的提出表明日本对外战略思想发生重大改变。

在上述亚太地区战略环境变化和日本对外战略思想转换背景下，日本政府和民间智库先后提出多个战略构想，“自由与繁荣之弧”“民主安全菱形”和印太战略的基本战略构想和意图是一致的，是战略构想不断深化过程中的不同表述，印太战略是在这些战略构想的基础上形成的。印太战略指示的地域范围清晰、目标明确，更适于操作落实。

三、印太战略的目标和存在的制约因素

印太战略是为了应对地区战略环境变化和日本对外战略思想转换而形成的战略构想，其目标是要维持一个有利于日本的地区战略环境和地区国际秩序。

日本认为其发展和繁荣的基础是战后在美国主导下形成的自由、民主和市场经济的世界政治、经济秩序，而现在这一秩序正面临被打破的危机。出于战略考虑，日本重视印太概念，反映其对地区战略认识的变化。日本国际问题研究所理事长野上义二解释说：“从海洋安全、经贸、各地区间的相互作用、大国政治对抗和竞争提高等观点看，‘印度洋、太平洋’正在形成一个整体地区的战略重要性上升了。今后如何形成‘印度洋、太平洋’地区秩序，设定规范和规则，可以说是对于日本的和平与繁荣具有深切关系的新外交课题。”[②] 前引日本国际问题研究所报告的项目负责人菊池努进一步对印太地区概念加以说明：印太概念有几个侧面，第一是海洋安全。太平洋和印度洋海域是世界主要商

---

① 『国際秩序「主導」に転換　国家安保戦略など３文書を決定』、2013年12月17日、http://sankei.jp.msn.com/politics/news/131217/plc13121723100019-n1.htm。

② 『「インド太平洋時代」の日本外交：Secondary Powers/Swing States への対応』、日本国際問題研究所、2014年3月、はしがき。

业航线，亚洲的繁荣依赖这条航线的安全，而中国的海洋政策引发同周边国家的对立。第二是经济。经济全球化和东亚经济外延与印度的东向政策促进东亚经济和印度经济的融合。第三是印太广大地区包括东南亚、东亚和亚太等几个地区层次的发展和相互作用，也决定印太地区的发展。第四是影响印太国际关系的中美日印等大国国力相对变化，不信任感增强。他坦率承认，印太概念形成的背景是美日面对中国崛起而要加强与印度政策的结果。[①] 日本防卫大学教授神谷万丈也认为，日本最近对印太概念的关心度上升最主要的原因是，要有效应对中国崛起后日益增强的“专断”主张。[②] 据共同社报道，预定在2018年春季修订的新一期海洋基本计划中，将写入安倍提出的“自由开放的印太战略”，其重点是确保日本海上通道安全、保护边境离岛，以抗衡加强海洋活动的中国，也有抗衡中国推进的“一带一路”倡议的目的。[③]

除了考虑到中国在亚太地区日渐扩大的影响外，印太战略的提出还有一个重要的原因是考虑到美国因素。日本要维持亚太战略格局和国际秩序一方面要继续保持日美同盟，另一方面，鉴于美国影响力相对下降和可能减少对亚太地区的投入也要采取更积极的措施。上文所说“积极的和平主义”外交思想就是在此前提下提出的。日本一方面要在亚太拉住美国，避免独自应对中国的局面，另一方面又要在美国“撂挑子”或应对不力的时候，主动承担责任，甚至发挥主导作用。美国今后的地区作用，特别是中美关系的变化，是日本在设计对外战略时必须考虑的主要因素。对此，菊池努在报告中分析，他认为印太地区秩序今后可能发生重大变化，出现四种情况：第一是继续维持冷战后美国一超独霸局面；第二，形成以中国为中心的秩序；第三，形成中

---

① 『「インド太平洋時代」の日本外交：Secondary Powers/Swing States への対応』、日本国際問題研究所、2014年3月、第1-2頁。

② 『「インド太平洋時代」の日本外交：スイング・ステーツへの対応』、日本国際問題研究所、2015 年、第117頁。

③ “日本新一期海洋基本计划将写入印度太平洋战略”，共同网，2017年12月5日，https://china.kyodonews.net/news/2017/12/b785f40adfb9.html。

美共管体制；第四，中美争夺地区霸权。因此，当前一个比较流行的观点是认为中美关系是今后印太地区国际秩序的决定因素。① 但在上述四种可能出现的情况中，最有可能出现的是中美关系在某些领域保持合作，而在某些领域反复出现斗而不破的局面。② 日本外交要通过加强日美同盟，使美国保持和加强对亚太地区的关注，消除亚洲国家对美国政策走向的担心和不安。③ 安倍2013年访问美国时信心满满地表示，在“接下来的印度洋、太平洋世纪，要由日本和美国一同向前带领”。④ 这反映了日本要拉住美国一道维持地区现状的诉求，也反映出其欲通过印太战略在地区秩序重组过程中发挥主导作用的企图。

在加强日美关系的同时，日本更提出新的战略方向。日本国际问题研究所的报告表示，不言而喻，日本要关注美中关系等大国动向，但还应认识到，今后印太国际关系的主战场，围绕以前被看作是“边缘部分”的地区和国家展开的可能性更大。因为在印太地区，除有美中这样的大国，还存在着虽没有超级大国的力量，但却对国际秩序走向具有影响力的国家和国家集团，它们的动向对今后形成何种秩序可能会产生重大影响。将这些国家引向日本所希望的方向是今后外交的课题。这些值得注意的国家和国家集团的特点是：自身虽不能成为国际秩序的主体，但具有一定的国力（经济规模和军事力量），有今后增强国力的潜力（经济增长的余地大），地理位置重要（战略要冲），有扩大地区和国际作用的愿望（积极对外参与），对外政策方向尚未确

---

① 『「インド太平洋時代」の日本外交：スイング・ステーツへの対応』、日本国際問題研究所、2015 年、第3頁。

② 山本吉宣他著『日本の大戦略：歴史的パワー・シフトをどう乗り切るか』、PHP 研究所、2012 年版、第7 章。

③ 『「インド太平洋時代」の日本外交：スイング・ステーツへの対応』、日本国際問題研究所、2015 年、第149頁。

④ “安倍内阁总理大臣2013年赫尔曼·卡恩奖获奖感言”，2013年9月25日，http://www.kantei.go.jp/cn/96_abe/statement/201309/25hudsonspeech.html。

定。[①] 报告将澳大利亚、印度、印度尼西亚和东盟国家定位为次大国和摇摆国家。日本印太战略构想的基本框架和构成与这一思想是一致的。很明显，日本印太战略的实质是在中国崛起、美国影响力下降的亚太地区，联合地区主要国家（次大国）承担起重建地区和国际秩序的责任，并要和地区其他国家也建立一种类似联盟的关系，以实现自己的战略目标。[②] 这是以日美同盟为基础的对外战略的补充，标志日本联盟政策正面临新调整和对外战略的新选择，其对地区国际格局和秩序演变的影响值得关注。

日本提出印太战略后各国的公开反应并不积极。十分明显，日本印太战略的目标是为了对抗中国日益扩大的地区影响，愿意公开追随其对抗中国的国家不多；但也要看到确实有一些国家对中国未来发展和政策走向有疑虑，企图建立制约中国的某种机制，特别是在特朗普政府提出"美国优先"政策后，对美国的作用和影响前景预判悲观的情况下，日本推销其印太战略不能说没有市场。但中美力量变化背景下地区国际关系的复杂性决定了日本印太战略的前景未必能完全如其所愿，因为各国不可能无视中国的发展，即使是美国和日本也不得不在对华政策上两面下注。美国总统特朗普2017年11月访问亚洲时虽然也大谈印太战略，把它作为替代奥巴马政府"亚太再平衡"战略的新地区政策，调整对印度的政策并希望其成为牵制中国的力量，但中美在广泛领域存在共同利益，合作大于竞争，"斗而不破"已是中美关系的常态。日本印太战略的目的之一就是防止中美出现相互"结"而被愚弄的局面。[③] 澳大利亚既是太平洋国家，也是印度洋国家，印太概念兴起，其战略地位受到重视。在安全上，澳大利亚是美国的盟国，近年

---

① 『「インド太平洋時代」の日本外交：スイング・ステーツへの対応』、日本国際問題研究所、2015 年、第7-8頁。

② 田久保忠衛「『普通の国』同士の同盟活性化は今年からだ」、『産経新聞』、2018年1月3日。

③ 『「インド太平洋時代」の日本外交：スイング・ステーツへの対応』、日本国際問題研究所、2015 年、第27頁。

也加强与日本的安全合作，但在经济上是中国重要的贸易伙伴。因此在澳大利亚存在两种意见，一种主张参与印太安全合作，另一种则主张与美国的亚太战略保持距离，对加强与日本的安全关系也表示担心。印度长期奉行不结盟外交政策，近年这一政策受到质疑，但仍重视奉行自主的外交战略。印度与中国存在领土争端，对中国的发展有疑虑，但对与美国和日本建立安全合作关系也持慎重态度。以致日方对印度立场评估亦不过于乐观。[①] 东南亚国家虽然积极应对地区大国力量变化，但不会听任大国政治摆布，从自身的安全和经济利益考虑，也不愿看到中国与美日对抗的局面。基于以上分析，正如日本将印太地区大陆边缘国家称为摇摆国家所表明的，这些国家是否能如日本所愿成为其印太战略中的一枚棋子尚难确定。特别值得注意的是，日本一方面积极推动印太战略下的日美澳印合作，正设想通过局长级协商、阁僚级协商，逐步实现四国首脑战略对话，并使之成为常态化的固定机制；[②] 另一方面，日本也积极推动中日首脑互访，并表示要参与“一带一路”建设项目。以上对于认知日本的印太战略不无帮助。

---

① 『「インド太平洋時代」の日本外交：スイング・ステーツへの対応』、日本国際問題研究所、2015 年、第14頁。

② 「来年にも日米豪印戦略対話　トランプ大統領に提案へ」、『毎日新聞』、2017年10月26日。

日本进攻性打击能力发展现状

中国国际问题研究院国际战略研究所副所长 苏晓晖

2017年12月，日本防卫相小野寺五典宣布，日本有意部署具备远程打击能力的巡航导弹，前期调研经费将纳入2018年度财政预算。对此，日国内舆论担心，部署巡航导弹违反“专守防卫”原则，可能改变日美在同盟中扮演的角色。

事实上，日本就发展进攻性打击能力的讨论由来已久。而近年来，美国多家智库和媒体关注日本进攻性打击能力发展态势，支持日方在打击敌方导弹设施等方面的努力。当前，进攻性能力的使用在日本受到较为严格的限制，但安倍政府仍致力于实现突破，提升打击能力。

一、日本针对进攻性打击能力发展的讨论由来已久

从20世纪50年代，日本即开始关注打击敌方基地可行性的相关问题，并设定了基本原则。多年来，日本国内针对发展打击能力的讨论时有进行，但总体坚持攻击敌方基地应符合宪法并在有限条件下实施。

（一）对攻击敌方基地可行性的初步设定

1956年2月，鸠山一郎内阁发表“政府统一见解”，提出日本在不违宪前提下攻击敌方基地须满足的三项条件：日本必须是遭受到了“即将发生且非法的”攻击，日本所有的防卫能力都不得超过防御“不可避免所需的最低限度”，只有在“无其他可用手段”进行防御的前提下才可实施打击。上述立场为日攻击能力设限，并成为日本此后对攻击

敌方基地能力展开讨论的基础。

美日对所分担的角色也有所预设。一般认为，美国发挥进攻性“矛”的作用，日本则是防御性的“盾”，主要为美国提供支持。日本《产经新闻》曾于2005年刊文披露，日防卫厅于1994年研究攻击敌方基地问题。该研究模拟使用F-4战机对敌方导弹基地进行攻击，结论是日本无法独自掌握成功实施打击的能力，而必须依靠美国执行此类任务。研究此前未向民众公布，一经媒体揭出即引起公众骚动。防卫厅长官为此举行记者会，说明攻击敌方基地符合宪法，同时表明本国尚缺乏实施此类攻击的能力。这与日本国内对美日责任划分的普遍认定相一致，认为日方发动进攻不被认可也不具能力。

（二）对使用打击能力的适用条件做出调整

1998年8月，朝鲜首次试射大浦洞1型导弹。导弹经日本上空落入太平洋。1999年1月，日本自民党设立危机管控项目小组，考虑如何应对朝鲜再射导弹。该小组讨论了进攻性打击能力可以发挥的作用，但不建议改变既定政策。同年2月，内阁重启关于对敌方基地攻击的讨论，并着重讨论对此种攻击能力的限制。针对有阁员提出将攻击能力与日本“不侵略”精神进行协调的问题，不少人强调，任何攻击敌方基地的能力都应限于日本不能对任何国家造成灾难性或毁灭性的损伤。同年3月，防卫厅长官对1956年鸠山内阁提出的日本受到“即将发生的”攻击的条款做出调整，认为侵略国实施攻击的初始时刻即意味着日本受到“武力攻击”。这一解释允许日本在遭到伤害之前使用武力，但“无其他可用手段”防御国家的限制依然适用。同时，防卫厅长官明确了先发制人打击和为自卫攻击敌方基地的不同，强调宪法对防卫能力的限制。[①]

2003年，朝鲜退出《不扩散核武器条约》并恢复短程导弹试验。同年1月，日本防卫厅长官基于1999年立场，设定了在不违宪前提下打击敌方基地的场景，即朝鲜的发射台做好准备并宣称准备攻击东京时，日本可将其视为朝已发动攻击而对朝即将发射的导弹进行打击。之后，这一假设场景又被修订为，日本已遭到第一波导弹攻击后才可进行反击。日本议员则对日方仅承担“盾”的角色提出质疑。首相小泉纯一郎在回应众议院质询时指出，政府当下对打击能力的解释与专守防卫原则不冲突，在敌方发射导弹时对其基地进行打击并未超出1956年政府见解所设定的限制。

2006年7月，身为内阁官房长官的安倍晋三举行记者会，推动自民党就日本是否可拥有攻击能力进行党内研究。时任外相麻生太郎强调，当核弹飞向日本时，日本不可能坐以待毙。

2009年，担任首相的麻生太郎公开推动将攻击敌方基地能力纳入《国家防卫计划大纲》修订，以使相关研究从党内层面扩展到政府层面。然而，麻生仍强调攻击敌方基地和先发制人打击之间的区别，认为日并不具备打击能力，必须依赖美日同盟关系，重申美对日防卫至关重要。

（三）解禁集体自卫权带来变化

2014年4月，在首相安倍晋三及自民党讨论重新解释宪法第九条的背景下，不少自民党官员试图澄清，政府针对攻击敌方基地的立场并未改变。防卫相提出，先发制人打击有悖日本遭到“即将发生且非法的”攻击的前提。

---

① James L. Schoff and David Song, “Five Things to Know about Japan’s Possible Acquisition of Strike Capability,” Carnegie Endowment for International Peace, August 14, 2017, http://carnegieendowment.org/2017/08/14/five-things-to-know-about-japan-s-possible-acquisition-of-strike-capability-pub-72710.

2015年，新安保法相关讨论引发争议。8月，防卫相在参议院特别委员会强调，尽管日本行使集体自卫权的条件发生变化，但攻击敌方基地能力仍属于专守防卫范畴。包括内阁法制局长官在内的多名官员重申，即使攻击敌方基地不违宪，日本也不能以行使集体自卫权为由攻击其他国家。另外，防卫相等不认可本国具有在敌人进攻前实施对敌方基地攻击的能力，且强调应避免对对方基地“连续打击”。由此，2015年的相关讨论再次强调可能对敌方基地进行打击的“非先发制人”性质，凸显美日同盟对日本安全的重要性。

2016年9月，朝鲜进行第五次核试验。2017年3月，自民党提交建议书，提请首相考虑获取打击能力，包括使用巡航导弹。①

二、当前日本关注打击能力提升的动因

多年来，日本针对进攻性打击能力的讨论和推动受地区和国内因素驱动，同时为同盟体系利益服务。在多重因素作用下，日本打击能力的发展尽管受到多重制约，但仍取得一定进展。

（一）地区和国内因素推动针对打击能力发展的讨论

朝鲜核导能力发展的重要节点与日本讨论打击能力的节奏契合。1998年朝鲜首次进行大浦洞1型导弹试射后，日本自民党第一次组建研究小组。此后自民党内阁的研究小组和探讨都紧密围绕朝鲜核试验。当前，日本正推进其下个五年防务采购计划、修改国家防卫计划指针，朝鲜核导计划推进成为日本加大力度探讨打击能力、强化力量建设的动机。

日本国内政治导向也对防卫政策产生重要影响。自民党四次通过

---

① Ryo Aibara, “LDP Panel Urges Strike Capability against 'Enemy' Bases,” *The Asahi Shimbun*, March 29, 2017, http://www.asahi.com/ajw/articles/AJ201703290050.html.

项目小组推动内阁就打击能力进行讨论，都出现在保守的小泉纯一郎和安倍晋三任期内。近年来，美在地区安全事务中展现出的“撤出”态势，也引发日本防卫政策调整以对冲由此产生的影响。

日美同盟关系也是重要考量因素。日本仍认为美军在日美“盾”和“矛”的关系中扮演进攻性角色。但近年来，日本官员通过发展更广泛的国内力量来增强本国独立威慑能力，并意图使日本在同盟关系中做出更大贡献，以此倒逼美保持对日安全承诺。

（二）安倍政府对打击能力建设尤为关注

安倍及其团队，包括其防卫相小野寺五典，均推动日本增强打击能力。安倍政府已开始为下一步行动进行铺垫，强调朝鲜军事发展对日本及周边地区的“威胁达到新水平”。政府已开始研究装备新型F-35隐形战斗机配备空对地导弹，并对情报、监视、侦察等攻击敌方基地所必需的能力优先增加投入。2017年，在小野寺五典主导下，防卫省准备并提交了一份意见书，要求引进巡航导弹。小野寺强调，摧毁敌方的攻击源，使其无法再次攻击极为重要。

（三）美国支持日本打击能力提升

美国支持日“再军事化”，目的是希望日分担更多地区责任。美国将接受日本发挥更广泛的安全作用，包括获得有限的打击能力，帮助美方应对朝核问题。[①] 美方认为，日能力发展将促进同盟体系更有效地协同行动，并强化同盟体系的威慑能力。日本能力发展并不能替代美国作为地区进攻性大国的地位，反而可以在威慑不起作用的时候作为美军的补充力量。同时，美日同盟需与包括韩国在内的地区伙伴紧密协作。美国应推动韩国消除由于历史上曾遭受日本侵略而对日“再军

---

① “U.S. Experts Urge Japan to Gain Strike Capability against North Korea Missile Threat,” *The Japan Times*, November 7, 2017, https://www.japantimes.co.jp/news/2017/11/07/national/politics-diplomacy/u-s-experts-urge-japan-gain-strike-capability-north-korea-missile-threat/#.Wh9pQVOOwso.

事化”产生的紧张情绪。考虑到财政和外交方面的成本，美国要促使日本在打击能力方面慎重投入，使打击能力得以在现有同盟框架内部署，并为日其他防卫能力部署留出空间。

三、日本发展打击能力仍受到限制

当前，日本政府通过各种方式试图突破长期以来发展打击能力所受的制约，但国内因素依然阻止安倍放开手脚。

（一）进攻性打击能力提升引发内外忧虑

鉴于打击能力发展的敏感性，日方反复强调，“先发制人”并非官方用语，而是很多非日籍记者将攻击敌方基地和先发制人打击混为一谈。同时，日本官方指出，日本官员一贯反对先发制人打击理念，有时日本议员的不标准用词和翻译会造成误读。

为减少反弹和质疑，日本突出其考虑重点和自民党研究重点是“反击”能力。日《防卫白皮书》也继续将使用远程战略轰炸机、攻击型航母等大规模杀伤性武器视为违宪。美方学者也由此判断，日反击能力受到范围和使用上的限制。[①]

周边国家对日本发展打击能力明确表示关切。中国强调，由于历史原因，日本的军事安全动向一直备受亚洲邻国和国际社会的关注，希望日本在考虑自身安全关切的同时，尊重其他国家合理的安全关切，谨慎行事。俄罗斯表示，日本引进美方军备，包括反导系统，会给俄日关系带来消极影响，包括签署和平条约问题在内。

① James L. Schoff and David Song, “Five Things to Know about Japan’s Possible Acquisition of Strike Capability”.

（二）安倍担心防卫政策进攻性转向干扰修宪

安倍无法忽视国内民众关切。2005年日本民众对1994年政府秘密进行打击研究的强烈反弹，2015年新安保法及相关措施引发抗议，都说明日本民众有强烈的和平主义倾向，反对政府政策出现严重偏移。另外，部分日本民众反对安倍不断加强日美同盟关系，认为美国将日本作为棋子承担安全义务，遏制中国影响力提升，减轻美战略压力，使得日本未来卷入冲突的风险切实存在。

当前，安倍也不愿因发展打击力量而干扰修宪目标。根据日本修宪相关程序，修宪动议在获得国会参众两院三分之二以上议员赞成后，需在60—180天内举行全民公投，获得有效投票半数以上赞成方可通过。修宪势力在参众两院占据优势，但民意并不在自民党掌控范围内。2017年以来安倍支持率下降使其难以在短期内实现敏感安全政策大幅度调整。2017年12月初，日本共同社开展的全国电话舆论调查结果显示，安倍晋三内阁支持率为47.2%，不支持率为40.4%；对于在首相安倍晋三执政期间修改《宪法》，48.6%的人表示反对，赞成的比例为36.0%。提高修宪成功率是安倍面临的现实问题。因此，安倍希望将政治资本集中到其蓄谋已久的修宪上。一旦因防卫政策大幅调整，包括在发展打击能力方面的冒进，引发民众强烈不满，修宪全民公投恐将更加难以过关。

（三）防卫预算难以满足需要

2017年12月，日本政府批准2018财年政府财政预算案，其中防卫预算连续第6年增长，并连续第3年超过5万亿日元。然而，当前的防卫预算并不足以满足日本在进攻性系统上的大额投入，政府还需优先满足其他更为关键和急需的防卫开支。

四、结语

在安倍要求下，日本防务和外交部门均致力于实现打击能力提升。安倍政府大力渲染朝鲜威胁，指称朝军事威胁已达到新水平。同时，着手制定新的防卫计划大纲和五年期“中期防卫力整备计划”(2019—2023年)，并与美国就防卫责任分担进行沟通。当前，日本打击力量发展面临重要时机。即使日本谨慎推进、有限提升，从长期看，打击能力的发展是必然趋势。

第四章　世界经济

特朗普施政十大经济转向及对中国经济的影响

中国社会科学院世界经济与政治研究所研究员　肖　炼

特朗普上任以来，其经济政策相对于奥巴马政府经济政策，发生了很大的变化。这些变化充满了不确定性，对美国经济、中国经济以及中美经济关系将产生重要影响。

一、特朗普施政十大经济转向

特朗普经济政策的变化可简单概括为以下十个方面：

（一）金融政策——从金融监管向金融自由化转变。金融自由化是特朗普新政的核心。特朗普称，“美国公司离开美国，既是因为税太高了，也是因为监管严厉，两者相比较，大规模削减监管规定比大幅减税更重要”。特朗普政府反对《多德—弗兰克法案》，认为该法案阻碍了银行向信贷合法的借款人贷款而伤害经济。该立法对大型银行设置了新的资本要求，限制银行自营交易，以防金融危机重演。当下美国经济危机已经过去，这个法案也已经过时了。为此，特朗普政府发布了“全方位去监管报告”。[①] 其主要内容包括：1．放宽美联储的年度压力测试，由一年举行一次改为两年一次，受试银行的最低资产规模由100亿美元上调至500亿美元；2．修改辅助杠杆比率（SLR）计算，将现金和现金等价物从分母中剔除；3．对沃尔克规则增加豁免、增进配

① 美国财政部，《金融监管核心原则报告》，2017年6月。

合、简化汇报；4. 赋予银行调整库存水平的自由，总资产不足100亿美元的银行得到豁免，如果银行的总资产超过100亿美元但交易资产、交易负债不足10亿美元，且交易资产与负债占比不超过总资产的10%，也应得到豁免；5. 改善信贷获得环境，废除或者修改住房按揭贷款风险自留规定，鼓励银行依靠大量指标、而不是仅仅靠6倍杠杆这一个标准提供杠杆贷款。同时，特朗普发布行政命令，规定“每推行一项新的监管，就必须撤销两项监管”，2017财年的新监管预算为零。

（二）货币政策——由扩张向收缩转变。特朗普多次抨击美联储低利率政策带来的负面影响，它推高了通胀水平和市场对未来的通胀预期。特朗普领导下的美联储加快退出宽松货币政策步伐，预计2018年将加息三次，2019年将加息两次，2020年将加息一次，从2017年底起启动渐进式被动“缩表”程序，预计第一年“缩表”3000亿美元，之后每年“缩表”6000亿美元，5年内将美联储的资产负债从4.5万亿美元减至2.7万亿美元。①

（三）税收政策——从增税向减税转变。② 美国国会参众两院最终通过特朗普税改法案，这是美国税收制度30年来最大幅度修改。包括个人所得税在内的多项税制都将被简化，美国企业税税率将大幅下降：个人所得税累进档从7个简化为12%、25%和33%三档；企业所得税由35%降为20%；对企业汇回国内的利润征收10%的一次性优惠税率，让企业将3万亿美元到5万亿美元的海外利润带回美国。

特朗普税改对美国经济的影响在于：减少企业税收负担，2017—2026年，特朗普减税方案为企业减负额度将占到企业税前利润的5.6%，美国企业累计税前收入将达到42.5万亿美元（美国税收政策中心估算）；③ 刺激美国经济增长，第一年会提高GDP1.7%（在现有的基础上），第二年提高1.1%，正面效应将持续五年，边际效应递减（美国国家税

---

① “美联储议息会议要点”，2017年9月21日。

② 民主党支持对高收入群体增税，而共和党一贯主张减税。

③ Tax Policy Center，2017.

收基金会预测)；扩大就业，将创造530万左右新的就业岗位；促使美国跨国公司的海外利润回流，目前美国公司海外囤积2.6万亿美元利润（约占美国GDP的14%）将会部分回流；刺激企业投资；有助于刺激居民消费；刺激股市上涨；加剧贫富分化，到2027年，将使高收入群体收入增加3%，税负率下降2.2%，而低收入群体收入增加0.2%，税负率下降0.2%（美国税收政策中心预测)。80%—90%的优惠将落在10%的人群身上（少数私营企业、农场主、部分中产阶级受益)。

（四）财政政策——从收缩向扩张转变。[①] 特朗普将完成从量化宽松货币政策到财政扩张政策的切换，经济政策的重心由货币扩张转为财政扩张。减税将增加美国财政负担，导致财政赤字和政府债务上升。公司税率从35%削减至20%将使政府财政赤字增加1.5万亿美元。未来10年内将损失10万亿美元财政收入，联邦政府将面临财政赤字进一步扩大的挑战（美国税务基金会预测)。美国国会预算办公室（CBO）预计，2016—2026年政府债务占GDP比重将从73.6%攀升至85.5%（创二战以来新高)。“除非政府支出大幅减少，否则到2036年政府债务将飙升到GDP的80%”。财政入不敷出的趋势将最终限制特朗普扩张财政政策的施展空间。

（五）投资政策——从乱花钱向基础设施建设投资转变。特朗普说，美国在中东花了大约6万亿美元，但国内的基础设施却破败不堪，美国的基础设施建设几乎停滞了数十年。他承诺推出1万亿美元的大规模基建投资计划，打造一个高效的现代交通网络，包括铁路、公路、桥梁、隧道、高速公路、机场等。[②] 发行“基础设施债券”，鼓励民间购买，该计划将在未来10年为美国带来2500万工作岗位。通过基础建设投资刺激经济增长的做法，作为对抗大萧条的手段，在20世纪罗斯福新政时期就采用过，属于“逆周期”刺激政策。现在，美国经济已经摆脱经

① 从小布什政府到奥巴马政府16年不仅花光了克林顿积攒的财政节余4000多亿美元，还负债近20万亿美元。

② 特朗普，《国情咨文》，2017年2月28日。

济危机并步入经济复苏阶段，这显然有悖于罗斯福经济学的基本原理。

（六）产业政策——从“海外制造”向“回归美国”转变。特朗普发布新的行政指令，用高关税抑制公司全球化行为：吸引美国海外资金回流，对迁回海外利润的美国企业一次性课征低至10%的税收；强迫跨国公司将亚洲生产线搬回美国，否则将向这些企业征收35%的重税。

（七）能源政策——从能源安全战略向发展传统能源转变。制定发展传统能源计划（“美国第一能源计划”，America First Energy Plan），它包括：减少对能源储备生产活动（50万亿美元以下）的限制；减少对能源基建项目的限制；取消对北极圈和大西洋海岸新钻探区开放的限制；扩大对页岩气土地的经营租赁（未来7年页岩气生产可以新增200万个工作岗位）；对开发传统能源的私人企业予以优惠贷款税率；进行为期10年的1万亿美元基建投资；撤销对联合国气候变化项目数十亿美元的资助。

（八）社保政策——从社会福利向商业福利转变。[①]（受阻）新政废除奥巴马医保法案，取消强制美国人购买政府批准的医疗保险方案，确立完善医疗体系的原则：保证美国人有途径获得资金来治疗投保前就患有的疾病；通过税收减免和扩大医疗储蓄账户帮助需要自己部分承担的美国人；给予州长官更多资源和灵活性；降低医保成本。

（九）移民政策——从“放松”向“收紧”转变。特朗普认为，美国移民体系每年会消耗纳税人几十亿美元的资金，提出废除《非法移民法案》（受阻），取消“童年抵美者暂缓遣返”（DACA）计划，改革签证法规，禁止伊斯兰7国公民入境美国。

（十）外贸政策——从全球化向所谓“公平贸易”（贸易保护主义）转变，从多边向双边转变。特朗普上任后立即兑现其退出TPP的承诺；在双边谈判的基础上重新进行NAFTA（北美自由贸易区）谈判；退出

① 民主党倾向于扩大社会保障，而共和党却主张消除社会福利；民主党强调政府投资的有效性，而共和党却明显青睐于扩大私人投资社保和医保。

巴黎气候公约。推翻他所认为的、给美国带来负担的所有国际多边贸易组织及其相关协定，用双边贸易协定取代多边贸易协定，重新开始一对一双边谈判，放弃一切与商业利益无关的意识形态，为美国捞取最大的实际利益。

尽管"十大政策转向"的实施困难重重，但总体上看，它们对推动美国经济复苏起到积极作用：GDP增长创三年新高（3.3%），失业率创10年新低(4.1%)，通货膨胀率长期保持较低水平（1.5%左右）。随着特朗普减税改革方案的逐步实施，2018年美国经济增长的步伐可能会进一步加快。

二、对中国经济的影响

（一）贸易政策的影响

特朗普对华贸易政策的首要目标是在经济上敲诈中国，利用美国对中国的优势（经济贸易优势、军事优势、国际联盟优势等）向中国施压，在贸易、知识产权、人民币汇率等问题上向中国发难，严禁高科技流入中国，延缓中国的创新进程。他在竞选总统时说，中国加入WTO导致美国超过6万家工厂倒闭和1000多万工人失业，准备对中国进口商品征45%的关税。尽管特朗普目前尚未兑现竞选承诺，但其并没有公开放弃这一承诺。

2017年，特朗普携商贸团访华，中美两国在能源、环保、技术信息、农业、医疗卫生等领域开展合作对话交流，签署了2535亿美元大单，既创造了中美经贸合作的纪录，也刷新了世界经贸合作史上的纪录。这些成果对稳定中美经贸关系、推动双边经贸关系健康发展起到积极作用。访华期间，特朗普对华态度"软化"，说"我不会指责中国""我非常信任中国"。但是，特朗普刚回国就马上变脸，在没有接到美国铝业正式申诉的情况下，美国商务部"主动"启动对中国出口美国铝板的反倾销调查，[①] 虽然美国本国企业可能并不希望这么做。[②] 同时，美国政府正式拒绝承认中国市场经济地位。[③]

如果美国和中国贸易战打响，可能产生三种后果：[④]

其一是全面贸易战。美国对中国进口商品征45%的关税，中国予以全面回击。这对美国经济的影响见图1（绿线表示没有贸易战情况下美国GDP走势）。2017—2019年，美国GDP将完全陷入“衰退”。即使美国GDP重回增长轨道，GDP增速也赶不上没有发生贸易战的正常情况（虚线）。在全面贸易战情况下，美国的消费水平（图2中的consumption列）将大幅下滑，政府支出（图2中的government列）也同样大幅下滑。美国消费和政府开支将遭重创。

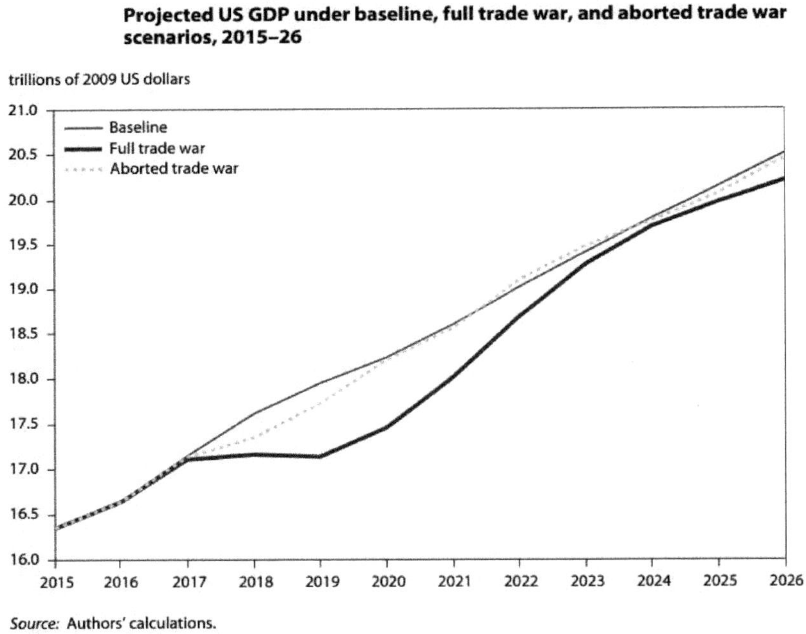

图1 2017—2026年，中美爆发全面贸易战对美国GDP走势的影响

---

① Commerce.gov11.28. 2017.

② 英国《金融时报》网站，“特朗普团队开辟与中国贸易战的新战线”，2017年11月28日。

③ 美国《华尔街日报》网站，“美国拒绝中国获得市场经济地位要求”，2017年11月30日。

④ 美国彼得森研究所，2016年。

Year	Percent deviation from baseline			Projected	
	Consumption	Investment	Government	GDP growth rate (percent)	Unemployment rate (percent)
			Full trade war		
2017	−0.2	−0.5	−0.2	2.7	4.9
2018	−1.7	−5.2	−1.6	0.3	6.4
2019	−2.9	−9.5	−2.7	−0.1	8.4
2020	−3.0	−8.7	−2.9	1.9	8.6
2021	−2.4	−5.1	−2.7	3.2	7.8
2022	−1.6	−0.8	−2.1	3.7	6.6
2023	−1.1	2.1	−1.3	3.2	5.6
2024	−1.0	2.3	−0.9	2.1	5.3
2025	−1.2	0.8	−0.8	1.4	5.5
2026	−1.5	−1.0	−1.0	1.3	5.9

图2　2017—2026年，中美爆发全面贸易战对美国消费和政府开支的影响①

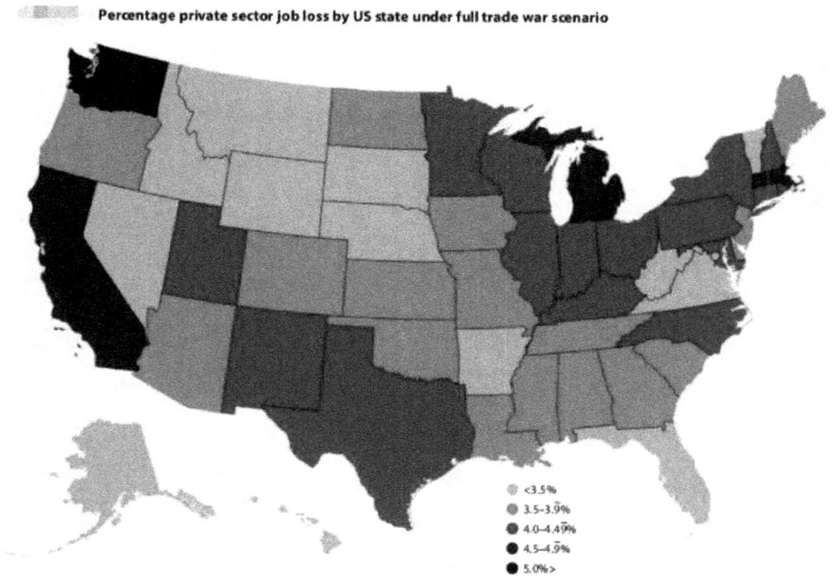

图3　2017—2026年，中美爆发全面贸易战对美国就业的影响

---

① 王健林说，特朗普试图限制中国人在美国投资的任何举动，都会直接影响万达集团20,000名美国雇员的饭碗。

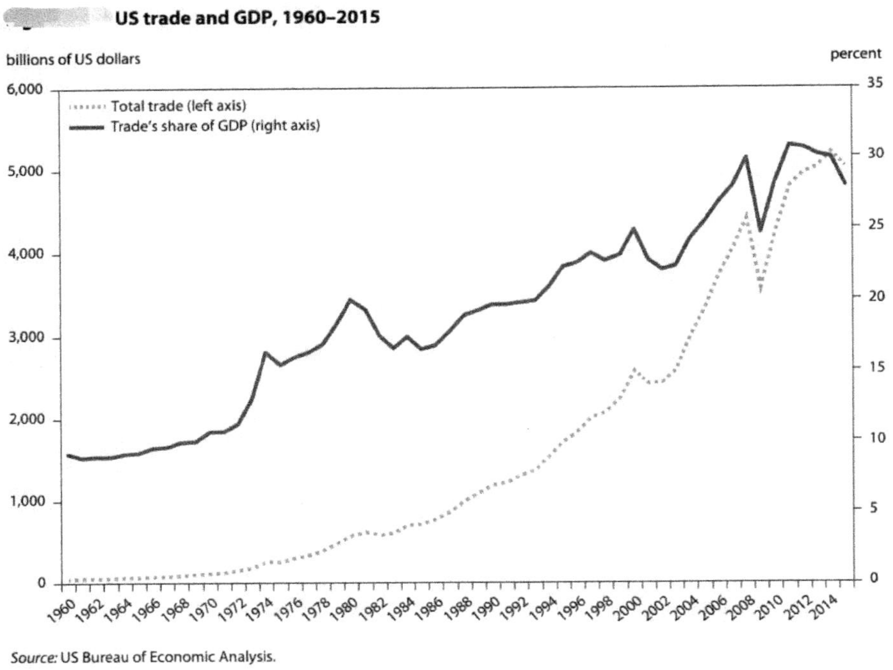

图4　1960—2014年，外贸对美国GDP贡献率走势

全面贸易战将导致失业率上升，高速公路以及装备制造行业的失业率最高，将达到10.2%，紧随其后的是建筑装备制造（失业率10%）和采掘业（失业率10%）；从失业人数来看，由于消费量大幅减少，零售业将失去31.1万个岗位，批发业和医疗产业将分别失去25.7万、19.2万个岗位。图7表示，美国各州私营部门损失的就业比率，西部地区就业损失最高达5%以上。

其二是非对称性贸易战。中国不进行全面反击，而是有选择地采取反制措施。

其三是短暂贸易战（不超过一年，中国和美国相互妥协）。美国私营部门将失去130万个工作岗位，占该部门就业总人数的1%。

1960—2014年，美国对外贸易对GDP的贡献率从不到1个百分点增加到近30个百分点（见图4）。从20世纪30年代大萧条至今，美国历届总统从未质疑通过国际贸易来提高美国就业和国际经济地位，特朗普还是头一个要打贸易战的总统，其结果只能是杀敌一千，自损八百，成两败俱伤。[①]

实际上，特朗普发起中美大规模贸易战的难度非常大。[②] 首先，共和党内部难以取得共识，激进做法会带来战略和外交风险。其次，特朗普并无独立实现对中国全面征收45%惩罚性关税的权利，法律只允许总统在不超过150天的时间里对所有进口商品征收最高15%的关税。再次，即便如此，中国也可向WTO提请诉讼进行报复。最后，美国无法承担由于贸易大战而带来的严重经济衰退和失业，这将使特朗普无法实现其优先发展美国经济的战略，并动摇其执政的经济和政治基础。

如果局部贸易战开打对中国的影响为：一是，可能减少中国GDP的1%—2%（出口占中国GDP的20%，对美出口占中国总出口的20%）；二是，对中国出口将产生很大影响，机电产品出口可能首当其冲。美国自中国的进口商品以机电产品为主，2015年进口额2370亿美元，占美国自中国进口总额的49%。家具玩具、纺织品及原料和贱金属及制品分别居美国自中国进口商品的第二、第三和第四位，2015年进口额分别为556.1亿美元、426.2亿美元和248.7亿美元，占美国自中国进口总额的12%、9%和5%[③]；三是，对中国就业产生负面影响，中国每百万美元货物出口对中国就业拉动为59人次，出口贸易产生1.2亿个就业岗位。中美两国发生全面贸易战将使中国损失2000万个就业岗位。

---

① 《每日经济新闻》，2016年12月18日。

② 根据美国1988年通过的《综合贸易与竞争法》(Omnibus Trade and Competitiveness Act)，财政部应每半年向国会提交《国际经济和汇率政策国会报告》，时间一般为5月和11月，分别评估上一个半年度主要贸易伙伴国的汇率政策，确定其是否存在"汇率操纵"。一旦确定某国存在汇率操纵，美国将不仅通过IMF向该国政府施加压力，要求调整其汇率政策，更可能通过对该国出口商品征税等贸易手段进行报复。事实上，自1994年以后，美国就再也没有将任意一个贸易伙伴判定为"汇率操纵国"。

③ 当然，美国的飞机、电机电气设备和机器、机械器具、汽车等产品对中国出口份额较高，且中国是美国国债最大的持有国，因此，中国有一定的回旋空间。

（二）投资政策的影响

中国是大政府小市场——政府大于市场，而美国是小政府大市场——市场大于政府。特朗普主要靠民间投资，这对中国既构成压力，也提供了双方合作的可能性。①

中国政府及国企的投资额占固定资产投资总额的比重在39%左右（2016年），为美国政府投资占比的两倍。

2016年中国固定资产投资8.73万亿美元（596501亿元人民币），美国2015年为3.67万亿美元，中国固定资产投资规模超过美国1.3倍左右。中国GDP增速下降，固定资产投资/GDP反而上升，这表明经济对投资的依赖度越来越高，而投入产出比在不断下降。

美国的固定资产投资占GDP的比重只有20%左右，美国政府部门的投资占整个固定资产投资长期维持在20%左右，也就是说，政府固定资产投资占GDP比重只有4%（包括州政府投资、防务性投资）。联邦政府真正可以用于大兴土木的投资资金大约为1500亿美元，相当于1万亿元人民币的水平，这才是特朗普可以操控的投资规模。2016年中国的固定资产投资，政府及国企的投资规模达到23万亿，为美国的23倍。②

中国民间资本流向美国的主要目的是投资房地产等资本市场，而非制造业等实体经济（美国金融在第三产业占比是9%，房地产在第三产业占比是16%）。中国制造业繁荣表象后的问题是债务增长过快，资产泡沫明显，中国金融业增加值占GDP比重达到8.3%，而美国只有7.2%，GDP增长的背后是经济“脱实向虚”。③

① 固定资产投资中，联邦政府的防务性投资占比也只有GDP的1.2%，唯有鼓励民间投资来拉动固定资产投资规模的增长（日本的软银、台湾的富士康等准备投资美国），这表明特朗普新政对海外资金有一定的吸引力。

② 李迅雷，“特朗普能让美国制造业再崛起吗?”，2017年1月。

③ 李迅雷，“特朗普要阻击中国经济增长?”，2017年1月。

另外，奥巴马任期内没有谈成的中美双边投资协定（BIT），特朗普政府是否接单继续谈判是一个未知数。特朗普认为中国对美投资给美国安全构成巨大威胁，拟推出“排华法案”，对华投资进行审查，这将增加中国企业在美国投资的不确定性，使中国企业在美经营成本上升，制约中国企业“走出去”战略的实施。

（三）金融政策的影响

特朗普新政的核心是金融自由化，放松所有监管。2008年美国金融危机的根本原因是金融过度自由化、银行缺乏自律。目前，美国经济已经走出危机，特朗普“好了伤疤忘了疼”，他正在为全球下一次金融危机搭建新的舞台。

中国金融业似乎没有吸取美国金融危机的教训，金融自由化某种程度上走在美国前面。2016年，中国金融业增加值占GDP比重上升到10.2%，美国金融业增加值占GDP的比例也不过6.5%。金融业占GDP比例快速提高，但制造业比重却在快速下滑，中国企业100万亿元的负债，以4%利率计算，每年企业要交利息成本高达4万亿元，相当于2015年中国新增GDP总量。[①] 如果特朗普金融自由化得以实施，将进一步加大中国外部和内部金融风险压力。

（四）货币政策的影响

美国摆脱金融危机，退出“量化宽松”政策，形成美元紧缩周期；而世界其他国家（包括中国）还处于经济衰退之中，纷纷采取不同版本的“量化宽松”政策。紧缩美元政策将打破全球原有资本流动、利率、汇率三者之间的平衡，引发全球金融市场的动荡。[②]

---

① 中央财经领导小组副组长杨伟民发言，2016年12月。

② 里根政府时期，每年从国外借钱占美国GDP的3.5%，国际收支逆差占GDP比重在0.2%—3.5%，如果特朗普模仿里根向外国借钱，国际收支占GDP比例将升至3.5%—6.1%，甚至高于2008年金融危机前水平，这将导致国际货币体系的风险。

首先，全球资本反向流动。金融危机期间，全球资本从美国向新兴市场国家流动，现在反过来从新兴市场国家向美国流动。2014—2015年，发达经济体吸引外资占全球份额已从41%上升至55%（9620亿美元），流向欧盟和美国的外商直接投资增长显著。

其次，世界其他国家将被迫调整自己的货币政策，要么停止“量化宽松”政策（包括降息、降准等），要么随美元加息而被动加息，否则其本币兑美元汇率就会大幅度贬值，这对于经济还在下滑中的国家来说无疑是雪上加霜。

再次，面临资本外逃和本币兑美元汇率贬值的压力，持有美元国债的国家只能被动抛售美债，以支持利率和汇率，避免资本外流。

美联储“缩表”的外溢影响：一是美联储“缩表”将有利于完善和丰富其货币政策操作方式。但“缩表”可能推升中长期利率走高，影响固定投资和经济增长。二是“缩表”将使全球流动性紧张，推高全球大宗商品价格。三是紧缩美元政策将加大中国金融风险，加大中国债务负担。如果美元升值15%，中国政府和企业债务占GDP的比重将上升20.6%；美元升值25%，中国政府和企业债务占GDP的比重将上升34.4%。[①]

（五）税收政策的影响

美国税改外溢影响可能引发全球竞争性减税，竞争性减税可能恶化各国政府财政状况，争夺税基则更可能导致双重征税、供应链扭曲，国际税收漏洞使跨国企业得以疯狂避税。德国、法国声称：“此举将对本国企业造成严重冲击，德、法无法接受特朗普这么大规模的减税。”英国拟降低企业所得税率至17%，以应对全球竞争性减税。

特朗普减税政策可能刺激在华的美国资本回流，导致美国企业撤离中国市场，使中国引进外资政策受阻。美元对人民币升值，增加人

① 《华尔街日报》网站，2017年1月27日。

民币贬值压力。中美两国税务负担差距拉大将伤害中国制造业国际竞争力。据经合组织统计，中国宏观税负高达37.2%，超过发达国家平均水平（30%—35%）。据中国国内的统计，中国企业税赋（68%）高于美国企业税赋（44%）。

（六）财政政策的影响

特朗普扩张性财政政策将使未来10年美国公共债务增加5.3万亿美元至28.4万亿美元，到2026年公共债务占GDP的比例将攀升至105%。2016年8月，中国持有美债规模占总外汇储备的比重达37.2%。如果中美发生重大冲突，中国持有美债将有被挟持的政治风险；如果美国发生债务危机，中国持有的美债面临价值缩水的经济风险。

（七）产业政策的影响

奥巴马“再工业化”使美国制造业出现回迁态势。2013—2015年，美国资本流出下降16.26%，资本流入上涨183.97%。而外资从中国制造业“进”在减少，“走”在增多。特朗普的“回归美国”产业政策及其配套的税收优惠政策，将加快美国在华企业回流的步伐，可能使一些美资企业从中国撤资或者减少继续投资。例如，苹果公司把一部分Mac电脑的制造从中国转移至美国；福特汽车、通用电气等制造企业也从中国撤回部分岗位；星巴克开始将其陶瓷杯制造从中国回迁至美国中西部地区。

“回归美国”产业政策不利于中国产业结构调整，降低中国的就业水平，对中国吸引外资政策造成极大阻力。中国应该提高企业向国外迁移的高度警觉，并制定相应对策，否则，中国企业将难以竞争过美国企业，也应付不了特朗普发动的“制造业战争”。

（八）能源政策的影响

“美国第一能源计划”将扩大世界能源市场的供给，有利于抑制世界能源价格的上涨。目前，中国已经取代美国成为世界最大的石油、天然气等能源进口国，能源对外依赖程度高达60%。因此，“美国第一能源计划”对中国的能源进口无疑是一个利好。

美国退出新能源市场竞争，为中国“十三五新能源发展战略”开辟了广阔国际空间。中国成为世界新能源市场领头羊。全球新能源领域有810万个工作岗位，其中350万个是中国创造的。未来25年，全球可再生能源的投资将达7.8万亿美元，而化石能源投资只有2.1万亿美元。2020年，中国对国内可再生能源的投资将达2.5万亿元。2015—2021年，中国在全球水力发电增量、风力发电增量，以及太阳能发电增量中所占比例将分别达到36%、40%以及36%。[①]

三、对策

特朗普施政十大经济转向对中国既是挑战，也是机遇。

（一）战略层思考：

1．如何利用特朗普“反全球化”发挥中国对世界经济的引领作用？

2．如何针对“贸易保护主义”促进国内经济结构转型？

3．如何通过出口产品差异化减少与美国（包括其他国家）的贸易摩擦？

4．如何积极推进“一带一路”建设拓宽中国经济生存发展空间？

5．如何调动国内社会力量参与中美博弈决策过程，利用国内压力取得谈判筹码，缓解谈判压力，将外部压力转变成国内改革和发展的动力？

---

① 国际能源署，2016。

（二）重视美国“加息+缩表+减税”组合拳的外溢效应

1．美国金融自由化加杠杆，中国金融监管去杠杆，两国的金融政策反差，一方面扩大美国的金融风险，另一方面挤压中国金融企业的经济效率。因此，应该把防范国际国内金融风险和提高企业经营效率作为中国金融体制改革的突破口，否则将难以应对特朗普金融自由化政策的挑战。

2．警惕美联储“缩表”引起全球流动性短缺、国际资本回流美国的“灰犀牛”出现，加快中国外汇体制改革步伐。

3．针对特朗普减税政策倒逼中国财税体制改革，由间接税为主向直接税为主转型，整合企业所得税优惠条款，降低名义税率，整顿和规范税外收费，降低企业综合税负，加强国际税收协调，避免恶性税收竞争。

（三）避免与美国开打贸易战

1．做好与特朗普打贸易战最坏准备，准备“大打”是为了“不打”或“小打”。

2．经济结构向内需转移，强大的内需是制衡特朗普打贸易战的本钱。2006—2016年，中国消费总额33.2万亿元比美国仅少1.05万亿元，中国住户可支配收入增速是美国的4倍，居民储蓄总额是美国的2倍多。消费结构将从生存性消费向发展型消费升级，中国市场的广阔前景被全球包括美国企业看好，这是防止大贸易战的本钱。

3．驳斥“中国加入WTO使美国工厂倒闭和工人失业”的谎言。“次贷危机”引发的金融危机才是美国工厂倒闭和工人失业的原因。2008年金融危机中美国政府“救大不救小”，救大银行、大企业（包括特朗普家族企业），对中小企业和一般居民见死不救，任其自生自灭，中小企业和工人成为金融危机的牺牲品。

4．亚洲国家与地区对美出口顺差转移到中国。

5．美国夸大对华贸易逆差规模。如果改变现行的原产地统计方式，美国对华贸易逆差占GDP比重将从2%下降到0.8%。如果把通过外商直接投资实现的间接贸易计算在内，美国实现的间接贸易总额是直接贸易的2倍，美国是全球最大的贸易顺差国。

6．高科技产品出口限制是美国对华贸易逆差的重要原因之一。解决中美双边贸易失衡的关键在于，增加中国从美国的进口，而不是减少中国对美国的出口。

7．贸易逆差有利于美国经济。美国贸易逆差持续41年，美国GDP增长2倍，制造业增加值增长3倍，制造业就业岗位增加1倍。[①]

8．不是中国偷走美国财富，而是美国发动侵略战争耗费大量国民财富。过去30年，美国在13场战争中花费了14.2万亿美元，相当于美国GDP的76%。

9．科技进步夺走工人就业岗位。科技进步而不是贸易夺走美国就业岗位。1990年美国生产900万辆汽车需要26万工人，2016年美国生产1200万辆汽车只需要21.4万工人，这是科技进步的作用。[②]

10．美国贸易逆差的国内原因在于政府赤字过度，储蓄率低，家庭超前消费；外部失衡的原因是美国国内储蓄不足，美国与101个国家有贸易逆差，这不是中国能帮助美国解决的问题。

---

① 美国凯托贸易政策研究中心，2017年1月。

② 美国贸易代表佛罗曼，2017。

美国经济稳健复苏

清华大学中美关系研究中心高级研究员　周世俭

2017年美国经济稳健复苏，但就业率尚未恢复到金融危机前的水平，且收入增长缓慢、储蓄率上升，影响了国内消费的增长。美联储继续加息并开始缩表。众参两院通过的特朗普税改方案或将对2018年美国经济增长起到促进作用。

一、美国经济完全复苏尚需时日

美国经济经历了最严重的大衰退之后，从2010年开始复苏，到2016年历时7年，GDP年均增长2.05%，始终停留在温和复苏，没有回到3%以上的经济繁荣。2016年美国国内生产总值（GDP）仅增长1.5%。2017年初，特朗普入主白宫后，GDP增长开始加速：一季度GDP增长1.2%，二季度增长3.1%，三季度增长3.2%，四季度增长尚未可知。最近几年四季度的增长都不太高，2014年2.1%、2.15年0.9%、2016年1.8%。美国的季度统计是环比而不是同比，三季度增长高一些，给四季度留下的空间就小了。所以，2017年全年GDP的增长预测为2.5%左右，远高于上一年的1.5%。因此，美国经济出现了稳健复苏。2017年12月13日，美联储对经济做出了较为乐观的预测：2017年GDP增长2.5%、2018年增长2.5%、2019年增长2.1%、2020年增长1.8%。2017年12月4日，经济合作与发展组织（OECD）预测；美国经济2017年增长2.4%、2018年增长2.8%。

（一）美国经济尚未完全走出金融危机的阴影

投资者对实体经济信心不足，美联储为应对金融危机而采取的三批量化宽松的货币政策共投入3.963万亿美元，只有760亿美元进入了实体经济。绝大部分的钞票进入了股市、债市和房市，造成了虚拟经济的繁荣。2017年11月30日，道琼斯指数突破了24000点，到达24272点，12月28日又攀升到24827点；纳斯达克指数到达6950点，离7000点只有一步之遥；标准普尔到达2687点，再创历史新高。2017年全年道指增长25%，纳指增长28%，标普增长19.4%。美国股市出现了泡沫，一旦破裂或大幅度下跌将对经济造成较大影响。股市的繁荣造成了严重的两级分化。美国低收入人群在股市捡了点芝麻，而富翁们抱了个大西瓜。据美国《合众国际社》网站12月8日报道：目前美国1%的人口占有了全国40%的财富，而20%的富人占有全国财富的90%。

（二）美国的就业形势一分为二

据美国劳工部统计，失业率从2009年10月的10.2%到2016年11月降到了4.6%，2017年失业率从1月份的4.8%到11月份降到4.1%。这种统计方法遗漏了长期失业者和已丧失信心而不去登记的人群，例如年龄超过45岁的人一旦失去了工作就很难再就业。

与失业率下降相比，美国的就业形势却很不乐观。2017年1—11月新增就业208.9万人，月均18.99万人，尚不如2016年全年新增就业261万人，月均21.75万人。值得注意的是，2008年6月就业率为67%，2016年6月为62.3%，2017年9月也仅达63.1%，远未恢复到金融危机前的水平。须知就业是民生的根本，大量失业人群的存在直接影响美国国内消费的增长。

由于广大劳动者收入增长缓慢，看不到经济繁荣的前景，老百姓有后顾之忧，致使居民储蓄率不断上升。2005—2006年美国经济繁荣期间，储蓄率为负数。金融危机后，2008年储蓄率升为2.7%，2013年

8月升为4.6%，2017年3月底升为5.9%。这意味着上万亿美元钞票存入了银行而未进入商场。经济焉能繁荣？另外一个反映人民生活水平的重要数据是自有住房率。据摩根斯坦利公司报告，2004年美国自有住房率高达69.2%。经过次贷危机和金融危机后，2013年自有住房率下跌至59.2%。经过经济复苏，到2016年6月底，自有住房率恢复到62.9%，比2004年69.2%下降了6.3个百分点，这意味着近500万个家庭丢失了住房，只好去投亲靠友或租房。

（三）美联储加息、缩表

2014年10月29日，美联储果断停止了量化宽松的货币政策，并于2015年12月16日启动加息。在2016年12月14日、2017年3月7日、2017年6月14日和2017年12月13日五次加息，每次加息25个基点，将存款利息从0%—0.25%提升到1.25%—1.50%。预计美联储在2018年还会加息三次，至2018年底存款利息将达2.0%—2.25%。到2019年年底，可能会达到3.0%。在2017年9月的货币政策会议上，美联储宣布，从10月份开始缩减资产负债表（简称缩表）。金融危机后，美联储一方面采取降息方式“放水”；另一方面通过量化宽松措施购买国债和机构抵押贷款支持证券（MBS），这两部分构成了资产负债表。几年来，资产负债表从金融危机前的8000亿美元猛增到4.5万亿美元，增加了发生金融危机的风险。美联储希望收紧银根，这将造成市场减少流动性，对投资、消费和进口都会产生一定的影响。当然，美联储会采取渐进式、小步慢走的方式减少资产负债表。业内人士预测，2021年前其资产负债表将缩减至3万亿美元。美联储主席耶伦说，美国经济已做好准备逐步减少经济刺激政策。这说明美国经济经过7年的温和复苏，2017—2018年将展现稳健复苏，已具备了逐步减少刺激政策的承受力。

（四）美国国债剧增给经济发展增大压力

当前美国经济一个突出的问题是国债剧增。进入21世纪以来，美国国债以空前的速度在增长。从建国之始到1980年的204年里，美国政府累计发行国债9077亿美元。从1981年里根总统到2009年初小布什总统的28年里，国债就突破了10万亿美元，而奥巴马政府8年国债就超过了9.3万亿美元。特朗普一进白宫就面临19.7万亿美元的巨额国债。截至到2017年12月15日，美国国债已增至20.6万亿美元，相当于2016年GDP18.57万亿美元的111%，大大超过了60%的金融警戒线，联邦政府头上顶着一个国债“堰塞湖”。1985年时，美国还是世界上最大的债权国，而现在早已成为最大的债务国。40年前，美国国债号称“金边债券”，现在快成了“烫手山芋”。据美国财政部统计，2016年全球31家央行共抛售了近4000亿美元的美国国债。2017年10月，美国财政部宣布不再发行长期国债（因为很少有人购买美国长期国债）。2017年12月初，美联储主席耶伦在讲话中说，每当想起沉重的美国国债便夜不能寐。

二、“特朗普经济学”路径何在

在2016年总统竞选时，特朗普嘲笑奥巴马总统领导经济无能，每年GDP只有2个点左右的增长，扬言将领导美国经济每年增长4个百分点。特朗普凭借对经济增长和大规模增加就业的承诺赢得了大选。但在当选后的谢票集会上，他马上把GDP增长下调为3.5个百分点。2017年2月1日，财政部长史蒂文·努姆钦在宣誓就职仪式上当着特朗普总统的面说，我们要在特朗普总统的领导下确保美国经济每年增长3%以上。5月1日，深入了解经济情况后，努姆钦财长说美国经济要能做到增长3%至少还需要2年的时间。5月23日，经特朗普总统签署后送给国会的2018财年预算法案，对今后几年经济增长的预测是：2018年GDP增长2.7%，2019年增长2.9%，2020年增长3.0%。面对美国经济的现实，特朗普竞选时许下的美好诺言被大大地打了折扣！

为刺激投资，特朗普准备给企业和个人大规模减税，并吸引海外资本回归，刺激消费。给企业和个人较大幅度减税对于刺激经济发展当然是一个有效的措施。在经济学里，把减轻税费负担比作“放水养鱼”；反之增加税费负担则比作“竭泽而渔”。2017年11月16日，美国众议院以227:205票通过税改法案。12月2日，参议院以51:49票微弱多数通过。12月15日，参众两院就协调后的版本达成协议。12月22日，特朗普总统签署，于2018年1月1日起生效。主要具体方案如下：企业所得税从35%下调至21%，有了大幅度下调；个人所得税仍维持7档，分别为10%、12%、22%、24%、32%、35%和37%（原来7档分别为10%、15%、25%、28%、33%、35%和39.6%），除最低档和第6档未减外，其它5档都有所下调。比如，低收入人群从15%下调至12%，即年收入5万美元的人每年少交1500美元；而年收入100万美元的富人下调2.6个百分点就意味着少交2.6万元，这一税收政策十分明显偏向了富人和中产阶级。

特朗普总统如果想学习当年里根总统通过大规模减税（大幅度增加政府财政赤字和债务）来换取经济繁荣的办法，那么他必须清楚其二者面临的时代背景大不相同。1981年初上台的里根总统面对的是不到1万亿美元的国债，而特朗普总统面对的是超过20.6万亿美元的庞大国债，每年仅偿还国债本金和利息就至少需要1万多亿美元。钱从哪来？或许，只有以下三个办法：

办法之一是靠大规模发行新债换旧债，以债养债。但是债务有个上限的障碍，奥巴马政府时国会通过的债务上限是19.7万亿美元，2017年3月15日已经触顶。到9月30日结束的2017财年财政赤字达6660亿美元，比2016财年增长13.5%。国会4月18日临时放开的债务上限延至12月8日。为了避免政府关门，12月7日国会临时通过债务上限再顺延2个星期，到12月22日。12月21日，参众两院分别通过决议将债务上限再宽限到2018年1月19日。当然国会在共和党掌控多数的情况下肯定不会让政府关门。问题是债务上限的无休止提高，肯定会给美国经济的长期发展带来巨大压力。正如2015年10月13日，在关了门的白宫办公室里，共和党的议长约翰·博纳曾对奥巴马说："奥巴马先生，你必须清醒地看到你现在在花重孙子的钱！"

办法之二是打开印钞机，加班加点印制美钞。每印制100美元的钞票只需要付12美分的纸张和印刷成本。美元是国际货币，美国可以无休止地印钞票。为了应对金融危机，美联储搞了三批量化宽松，超量印发了近4万亿美钞。问题是美联储已启动了加息和缩表，正在逐步减少债务规模，还敢再量化宽松？再量化宽松下去，美元的国际地位和主权信用等级是否会发生动摇？早在2011年5月17日，世界银行发表《全球发展地平线——多极化：新的全球经济》报告，便曾指出："目前美元的主导地位将会在2025年之前的某个时候终结，取而代之的将是一个围绕美元、欧元和人民币的多种国际货币体制。"

办法之三是美国政府大幅度削减不重要的开支以减少财政开支。1991年国会通过平衡预算法案，明文规定政府如果要实施减税就必须同时提出如何增加政府的收入以减少财政赤字，防止出现新的不平衡。特朗普总统在2018财年预算中大幅度削减公共福利开支，每年减少1700亿美元，10年减少1.7万亿美元的开支。何为公共福利开支？主要是指失业救济金、食品券和医疗保险，等等。这一刀明显是砍向广大贫困阶层，必然会引发新的社会矛盾。2017年11月下旬美国国会预算办公室的报告称，根据参议院的税改方案，本该属于低收入群体的数十亿美元的联邦福利可能因此泡汤。另外，有消息称，特朗普政府准备拍卖战略石油储备以增加政府收入。

三、对2018年美国经济的预测

2018年美国经济最大的利好因素是实施特朗普税改法案。给个人普遍减税会刺激国内消费的增长，对GDP的增长也会迅速见效。这不仅有利于美国经济，也有利于世界经济。因为美国的消费品绝大多数源自海外进口，这对中国及广大发展中国家扩大对美国出口是个利好因素。

特朗普税改法案有利于美国实施再工业化，也有利于企业转型升级和技术创新，对于国内企业对实体经济增加投资是个利好因素。美国是世界上跨国公司最多的国家，跨国公司60%—80%的利润来源于海外。税改法案希望这些跨国企业资本回流不是件易事，因为其涉及到生产成本、产业集群化和价格不菲的回流成本。从长远来讲，特朗普税改对于资本外流能起到一定的抑制作用，也会带动和促进世界范围内的税制改革。全世界有不少国家的企业税高于美国，这就迫使这些国家调整税率。英国、法国等发达国家已公开宣布下调税率的计划。美国税改可能会引起世界范围的竞争性减税，因而会推动世界经济的发展。再加上从2017年起世界经济出现了比较强劲的复苏，世界经济形势的好转反过来对美国经济的稳健复苏也是利好因素。

由此判断，2018年美国经济的增长会比2017年略好一些，GDP有望增长2.6%—2.7%。2019年离2009年大衰退刚好10年，与西方国家经济衰退的周期刚好吻合。现在，美西方一些经济专家预测，2019年美国经济有可能出现衰退。然而，笔者认为即使发生衰退也会是一次温和性衰退，因为这次美国经济温和复苏的时间比较长，且始终没有达到繁荣。

欧元区经济的复苏及发展前景

国务院发展研究中心世界发展研究所研究员　丁一凡

2017年欧元区的经济终于出现了曙光，经济增长有望达到2.5%，创近年来的新高。失业率也下降到了8.8%，欧盟预测，2018年失业率有望继续下降到8.5%。考虑到欧盟的失业率一直比较高，甚至曾经达到过10%以上，因此当下失业率已经算非常低的了。另外，欧元的通货膨胀率仍很低，2017年全年只有1.5%左右，换句话说，欧元区宽松的货币政策仍有一定的回旋余地。

一、曾经的“问题国家”成为欧元区增长的新动力

欧元区经济的复苏很大程度上靠原来那些“问题国家”经济的回升。不仅原来陷入债务危机的国家，像希腊、西班牙的经济增长都恢复到了3%左右，高于欧元区的平均水平，其他的国家如法国和意大利也开始了复苏的势头。如意大利2017年的增长可能达到1.5%，而法国则可能达到1.7%。这样的势头若能维持，欧元区很快就会进入全面复苏的轨道。

适度的宏观经济调整是推动欧元区复苏的重要因素。经过三年的量化宽松、存款负利率操作和提供低利息贷款，欧元区宽松的货币政策为金融机构和实体经济部门提供了一个较为宽松的融资环境，推动资产价格不断上涨。

与此同时，欧元区的财政政策也从巩固转为中立，再转为适度扩张。当2010年欧元区爆发债务危机时，为了维护金融稳定和防范传染

性风险，欧元区国家采取了财政巩固的政策。2014年和2015年当债务危机过后，欧元区采取了中立的财政政策。2016年情况更为好转时，又转为轻微扩张的财政政策。2017年则转变为中等扩张的财政政策。中等程度的财政扩张为欧元区经济复苏注入了一剂强心针，刺激经济快速增长。随着美联储进入加息周期，欧洲央行也将开始进入货币紧缩阶段。当欧元区无法指望货币政策再起更大的刺激作用时，适度扩张的财政政策则成为刺激经济增长的最主要工具。预计2018年欧元区将继续中等程度的财政扩张。

近年来，欧元区的“问题国家”实施了大规模的结构性改革。2010年以来，爱尔兰、西班牙、葡萄牙和意大利对各自的劳动力市场都进行了大刀阔斧的改革。这些改革效果开始显现，经济增长加快带动就业，失业率逐渐回落。

欧元区成员国的政治风险一度造成外来投资者的恐慌。他们担心法国会出现民粹主义大幅兴起，意大利会出现民粹主义政府，德国的民粹主义影响大选的结果。但随着欧元区成员国大选的落幕，最糟糕的现象没有出现。法国大选有惊无险，民粹主义的国民运动候选人勒庞虽然在大选第一轮中有所突破，但第二轮仍被左右派联盟击败，“中间派”代表马克龙当选法国总统，随即又在议会选举中大获全胜，掌握了议会的绝对多数。在德国，默克尔再度获得最高票数，将继续担任总理。但因为联盟党与社民党的议席都大幅下降，默克尔不得不寻找与其他政党联合执政的妥协方案，并差点儿陷入组阁危机。德国的选择党打着反欧元的旗号获得了德国第三多的议席，这成为德国最大的政治隐患。无论如何，欧元区的政治风险降低对经济复苏产生了积极的影响。

二、经济复苏对各方面都产生了正面影响

经济复苏对金融业产生了积极效果，欧元区银行的整顿也初见成

果。据国际评级公司分析，法国的巴黎银行和兴业银行都已进入了欧洲最稳定的投资银行之列；而意大利商业银行的坏账率也已降到了近3年来的最低水平。经济基本面好转，银行业经营业绩好转，这些信息很快就反映到了资本市场上来，推动股市向好，吸引了更多的投资者。

欧元区经济的复苏，使欧元区最大的制造商德国受益匪浅。经济的复苏带动了装备设备需求的增长，德国企业接到的订单上升，德国制造业的业绩明显好转。前些年，德国舆论一直抱怨其他欧元区国家经济增长的停滞拖了德国经济的后腿，现在它应该为德国属于欧元区而庆幸，因为正是这些国家的经济复苏给德国经济的增长提供了巨大的市场和更多投资空间。

观察企业新订单的增长，可以发现经济复苏正在加速。欧元区的订单量已提高到此前商业周期顶部的水平，这表明欧元区工业正在加速复苏。一般来说，工业产出会滞后于整体经济复苏，但2017年9月份工业产出的增长率已达到了3.3%，这些新近增长的订单可能预示着欧元区GDP的增长会进一步加快。

随着欧元区需求持续改善，许多企业都表示，它们已达到产能极限。这需要企业增加投资。考虑到目前的产能利用率水平，2017年非金融企业投资的增长可能超过5%。

同时，银行贷款也开始缓慢增长，标志着投资正在增长，并为房地产市场复苏提供了助力。随着新订单的持续增长和工作积压的增加，就业人数也在增加。欧元区做的调查问卷表明，劳动力市场正在快速增长。2017年11月欧元区PMI显示，目前的就业人数已达到17年来的最高水平，而欧洲委员会显示，自1985年该指标开始以来，就业预期已达到了最高水平。

未来一年，欧元区的平均工资可能会增长。就业的改善与收入的上涨可以提振个人消费能力，这对严重依赖消费的欧元区经济无疑是一个利好的消息。

此外，调查表明，欧元区的消费者信心已达到自2001年1月以来的最高水平。事实上，除2000年的几个月和2001年1月之外，消费者从未像现在这样自信过。这主要是因为他们的就业前景和个人财务状况都很好，这就增加了他们的消费计划。预期购买耐用品的需求激增，可能会在2018年初推动年度消费增长达到2.5%左右。

三、欧元区的经济复苏是否会一帆风顺

欧元区的经济复苏未来能否一帆风顺取决于几个因素。一是货币政策的转向。美联储已经明确表明进入了加息周期，未来欧洲央行也会跟随，货币政策会从负利率转为正利率，进而进入提高利率的周期。这一切是否会导致流动性紧缺，从而影响资本市场和经济复苏？二是美国特朗普政府有关大幅减税的决定对欧洲的影响。如果欧元区国家跟着也大幅减税，对经济复苏有可能产生一定的促进作用，但也会使欧元区国家的公共财政状况变坏，这是否会使已经开始稳定的债务危机死灰复燃？如果欧元区国家不跟着美国搞大幅减税，会不会出现资本逃离欧洲、回流美国的现象，从而导致汇率的大幅波动和那些财政状况比较脆弱的国家出现债务错配的问题？

随着欧元区经济的复苏，中国与欧盟的关系有可能变得更为复杂。在“一带一路”倡议下，中国与中东欧16国的合作发展迅速，与南欧曾经历过债务危机的国家之间的合作也发展很快。中国对这些地区的投资增长迅速，引起了西欧国家的羡慕与妒忌。它们认为，中国闯进了它们的“后院”，是在分裂欧盟。当西欧国家对中东欧国家和南欧国家劝说无效时，它们便开始对中国对欧投资产生了怀疑，要在欧盟层面上建立对外来投资的审查机制，实际上明眼人都看得出这是冲着中国投资来的。与此同时，它们也要求欧盟进一步管制对中国的技术出口，认为这些技术可能使得中国将来的发展进一步架空欧洲的制造业。

其实，在15年的过渡期过后，欧盟仍不承认中国的市场经济地位的决定已经大大伤了中国人的感情。现在，欧盟还可能进一步限制中

国的对欧投资和加强对华技术出口的管制，这无疑等于又往中国人的“伤口”上撒了一把盐。当美国回归单边主义，国际多边体系危在旦夕时，欧洲人非但不与中国人合作去拯救这个体系，反而也要蜷缩起来。若干年后，欧洲人可能会后悔这些决定。中国当今已经成为全球最大的单一市场，而且科技创新不断发展，制造业升级换代发展顺利，中国的社会分配更趋公平，社会福利体系不断完善，释放出更大的购买力，这些都使中国经济的韧性越发明显。若欧洲与中国进一步合作，欧洲的经济复苏肯定会受益于中国的经济增长。但若不与中国合作，欧洲只可能失去这一市场，却无法迟滞中国发展的速度。

全球经济治理面临破坏性冲击与中国的应对

国际关系学院院长 陶 坚
国际关系学院国际经济系硕士研究生 栾天怡

近年来，全球经济治理的参与主体更加多元，原则共识得到强化，治理范畴基本确立，规则制定趋于详实，局势良好。然而，一股多年未见的破坏性冲击波袭来，全球经济治理来之不易的成果或将不保，发展势头可能遭遇重挫。

一、国际经济秩序出现“再失序”和“再碎片化”迹象

第二次世界大战后建立的国际经济秩序的混乱、失序和碎片化，呼唤全球经济治理。全球经济治理的进程如同“系统升级”和“碎片整理”，其间的中断、暂停或是误操作，都可能引起难以预料的结果。

当前国际经济秩序出现的“再失序”迹象，多与美国的行为直接相关。

一是自我否定。美国是现行国际经济秩序的奠基者和全球经济治理进程的重要推手，但是，特朗普上台以来，打着“让美国重新伟大”“美国优先”的大旗，采取了一系列单边主义和保护主义举措，重谈《北美自由贸易协定》(NAFTA)、退出《跨太平洋伙伴关系协定》(TPP)、修改韩美自贸协定，对一些国家进行贸易报复和制裁，阻挠美欧跨大西洋贸易和投资伙伴关系（TTIP）重启等。在新的美国《国家安全战略报告》中，全盘否定历届政府的贸易政策，声称“过去几十

年，美国一直在纵容不公平贸易行为”，为此，特朗普行政当局将“推动国际范围的公平和互惠经济秩序”。身为全球治理领导力量的美国，打着所谓“公平”和“互惠”的旗号，将自身宏观经济失衡造成的贸易赤字归罪于其他国家的“贸易欺诈”，实在是令人无语。英国《金融时报》的首席经济评论员马丁·沃尔夫这样写道：“一个坚持如此愚昧教条的愤愤不平的超级大国，很可能给全球经济和国际关系造成巨大危害。”全球治理本来就是一个多边概念，核心是合作共赢。若是听任特朗普总统把单边主义和保护主义用到极致，势必对全球经济治理产生系统性的破坏，从根本上动摇全球合作的基础。而美国所表现出来的内向化倾向、保护主义和孤立主义，本身就是对现有国际秩序的反动，美国正与自己塑造的世界“反目”。①

二是否定他国。2017年10月底，美国商务部发布了《中国非市场经济地位报告》，全面否定加入世界贸易组织（WTO）以来中国经济的市场化努力。美国这样做，也是对中国推行经济外交、积极参与全球治理行为的否定。联想到长期以来以美国为首的发达国家对发展中国家和新兴经济体投票权、发言权和规则制定权的一贯打压，可以肯定，美国即使自己不主导、不支持全球经济治理，也决不会允许任何国家超越自己成为事实上的领导者。美国把国内的衰退归因于他国的崛起，推卸责任，转移公众注意力，全然不理会自身的内因，甚至公开给那些有可能妨碍美国利益的国家扣上“竞争对手”的帽子。这种自己不好也不让别人好、自己不做也不许别人做的强盗逻辑与自私行为，更将严重阻碍全球经济治理。“美国是目前的多边体制或者国际秩序危机的主要根源之一”。②

三是否定自由贸易。自由贸易是全球经济体系赖以维系的纽带。

① 吉迪恩·拉赫曼：“特朗普会打破全球秩序吗?”，FT中文网，2018年2月1日，http://www.ftchinese.com/story/001076173?full=y。

② 庞中英：“美国的全球战略收缩了吗？其实是在另起炉灶酝酿新的国际秩序”，华夏时报网，2018年1月22日，http://www.chinatimes.cc/article/74172.html。

以往，美国一直高调谴责别国限制资本流动、进行贸易管控，从而牢牢地占据着市场经济和自由贸易的道德制高点。现如今，美国以“美国利益优先”为借口，不惜损坏二战后由其主导建立的以关贸总协定/世贸组织为核心的多边贸易规则体系。比如，为了消除对外贸易赤字，美国竟然提出要与所有重要贸易伙伴签订新的双边协定。“这种做法将摧垮当前的多边贸易体系，而且与市场经济也不相容。”① 又如，美国奉行“区别对待”原则，按照自己的喜好标准把世界划分成“采取公平和自由市场原则的国家和那些违反这些原则的国家”，分别采取公平竞争、贸易执法、抵制或打击的手段。在国内，美国也在施行原来他们自己都嗤之以鼻的做法，限制生产要素的自由流动，不得不说是在打自己的脸。

逆全球化、政治内向化和规则分散化导致国际经济秩序“再碎片化”。

全球化倒退，黏合力下降。当今世界，资本的自由流动和贸易的自由交往，如同黏合剂般地把各国、各领域、各行业连接在一起，构成一幅完整的世界拼图。可以说，全球化是国际经济秩序变革的重要推动力量，现行国际经济体系的碎片化问题只能依靠全球化的深化而不是倒退来加以解决。全球经济治理的重要任务在于化解现行国际经济体系不适应全球化而产生的矛盾，而且，全球治理的有效性和系统性，离不开全球化带来的高度黏合力。不幸的是，正如印度总理莫迪所指出的那样，全球化正在“慢慢褪色”，而“保护主义势力正在抬头，阻碍全球化。他们想逆转全球化趋势”。② 全球化的“消”，意味着合作的黏合力下降，保护主义的“涨”，意味着合作的脆弱性上升，此消彼涨，使得已然有所改善的国际经济秩序碎片化现象再度恶化。

---

① 马丁·沃尔夫：“为什么说特朗普是幸运的?”，FT中文网，2018年2月2日，http://www.ftchinese.com/story/001076190?full=y。

② 吉迪恩·拉赫曼：“莫迪：到2025年印度经济将翻一番”，FT中文网，2018年1月24日，http://www.ftchinese.com/story/001076063#adchannelID=1301。

美国的政治内向化和英国脱欧，是“再碎片化”的标志性事件。全球治理是一种国际公共产品，非竞争性和非排他性的特性使得多数国家更愿意选择搭便车，此时迫切需要具备能力的、以美欧为代表的发达国家来提供更多的公共产品，推动和引领各国协同合作应对共同挑战。就美国来说，其经济实力最强，利益与世界牵扯的范围最广、程度最深、内容最复杂，全球经济圈实际上呈现以美国为中心、向外发散的辐射式状态。一旦这个中心不愿再发挥主要作用，甚至不再认真考虑他国的相关利益，原先高度依赖美国或与美国经济利益密切相连的国家则将陷于混乱，失去方向。有能力的美国没有意愿维持秩序，有意愿的国家又没有足够能力，那么必然出现所谓的“金德尔伯格陷阱”。在欧洲方面，英国脱欧无疑助推了逆全球化的势头。欧盟是世界最为重要的区域合作模式，欧洲国家在政治、经济、文化等领域的协调管理和互通有无，为各地区的经济合作起到了强有力的示范作用，是经济全球化的一面旗帜和全球经济治理的重要角色。英国基于自身利益考虑而脱离欧盟的事实，会被不少人解读成全球化、一体化趋势是有可能停止或逆转的，“合”与“分”都是可选项，所以说，英国脱欧对全球化和全球经济治理造成的影响将是深刻而长远的。

规则的分散化现象值得警惕。当前，多边开放体系正在受到多种力量的撞击而变得有些破碎，单边、双边、集团的分散规则似乎正在取代多边一致规则。[①] 在特朗普眼里，各经济体是独立且分散的，并不是遵从于统一的全球规则和贸易准则的经济关联体。WTO成员国有164个，美国若是想寻求双边合作，就要分别与没有签订双边协定的151 个成员进行双边贸易协定的谈判。[②] 如果启动这一进程，WTO势必就被肢解成若干个零散的双边协议，割裂原有的全球大市场，全球

① 张蕴岭：“市场开放与规则之变”，《世界知识》2018年第2期，https://mp.weixin.qq.com/s/3-mH3d6_EgVbZXalh0rp5Q。

② 宋泓：“特朗普上台后美国贸易及相关政策的变化和影响”，《国际经济评论》2017年第1期，第109页。

经济治理规则将变得更加难以协调统一。当区域和双边的贸易协定发挥主要作用时，其优惠政策只适用于少数国家，全球贸易在一个个区域和双边的贸易协定下开展，贸易摩擦加剧，各种优惠政策复杂层叠，关税规则零散混乱，全球经济治理规则的“意大利面碗”效应不断加剧。[①] 台湾学者朱云汉甚至认为，在特朗普政府更为强硬的对外经贸政策冲击下，2018年的世界贸易体系“面临极为严峻的分裂危机”。

由上可见，全球经济治理进程伴随着修补、替换、重组、新建等一系列行为，在新旧秩序转换过程中的停顿、中断和倒退，可能引致方向的跑偏和后果的畸变，这正是“再失序”“再碎片化”现象的可怕之处，因为它远不止“一切回到原点”那么简单。“再失序”和“再碎片化”对全球经济治理造成的实质性伤害，世界各国都将为之付出惨重代价。

二、信心瓦解、动力失缺将是全球经济治理不可承受之重

特朗普冲击对全球经济治理的破坏性，还体现为更深层次的信心瓦解与动力缺失。

在信心方面。随着逆全球化的潮流渐强，人们对于经济全球化的负面看法增多，进而对于全球经济治理必要性和重要性的认知混乱或淡化。从全球层面看，经济全球化在提升效率、带来巨大财富的同时，全球资本流向和各国经济发展的不平衡问题更加严重，富国越来越富，穷国越来越穷，全球范围内的贫富差距明显拉大，发展中国家缺乏话语权，使得各国对推动全球化趋于谨慎或有所保留。从国家层面看，就连在美国和欧盟这样的发达国家里，逆全球化的呼声也是甚嚣尘上。反全球化并非新鲜事物，发达国家反对全球化才是值得关注的新现象。

---

① 徐秀军：“中国参与全球经济治理的路径选择”，《国际问题研究》2017年第6期，第31页。

美国和欧盟曾是全球化的积极推手，从中获取了丰厚收益、积累了大量财富，现在却成了民粹主义、保护主义、民族主义势力的大本营。西方媒体大肆宣扬全球化的弊端，推波助澜，加剧了民众对全球化的信心涣散。从国内层面看，不少国家的精英阶层掌握了绝大多数的财富，利益分配不公平，中下阶层利益受损，社会分化和贫富差距拉大。从基尼系数来看，欧盟（排除英国共27国）在2014年和2015年已经达到31，美国相比于欧洲，基尼系数一直较高，1994年就已经超过40，之后一直保持在40以上。逆全球化的关键主体还不是作为整体的国家，而是各国国内因全球化而利益受损的社会群体。

各国民众的不满已经对全球化和全球经济治理进程施加了很大的压力，美国特朗普政府的大动作更是雪上加霜。在G20汉堡峰会上，美国公然挑起事端，与他国的裂痕明显，美欧之间矛盾公开化，贸易准则、汽车、钢铁等议题迟迟达不成一致结论，使得G20杭州峰会开创的良好势头未能延续。作为全球经济治理主要平台的G20难以正常发挥作用，重挫了推动全球经济治理的热情。

在动力方面。一是保护主义、孤立主义动摇了全球合作的经济基础。由于贸易和金融保护主义，贸易壁垒有增无减，全球贸易摩擦不断，极大地影响了国际贸易增长，进而拖累了全球经济增长。全球经济复苏形势不稳定，反过来使得各国的开放热情和参与全球治理的积极性下降。需要强调的是，世界经济要从周期性复苏走向可持续的增长，须尽可能地减轻美国破坏性冲击的影响。二是架空世界贸易组织动摇了全球合作的规则依据。WTO是最有利于形成全球产业链和进行国际分工的国际组织，基于非歧视性原则、自由贸易原则、公平贸易原则、透明性原则和差别待遇原则构建起国际贸易秩序。美国不仅不支持WTO发挥其应有的作用，甚至绕过WTO，不再遵守其规则。美国公然无视WTO原则和宗旨，采取了一连串的“退出”行动，降低了自己的公信力，同时打击了其他国家遵守WTO规则的决心。三是挑起内斗动摇了全球合作的向心力。在美国《国家安全战略报告》中，33次提到中国，并把中国定位为“战略竞争者”和“修正主义国家”。2018年1月19日公布的《美国国防战略报告》，把中国和俄罗斯建立国际新秩序、参与全球治理的行为视作“中俄正从体制内破坏国际秩序，同时削弱其原则和其交通规则”，“中俄希望塑造一个符合其专制模式的世界，对其他国家的经济、外交和安全决策取得否定性权力”。参与全球经济治理的主体有5类，分别是主权国家政府、由多国政府主导的国际组织、非政府组织、国际企业以及个人。全球经济治理的本质就在于各参与主体通力合作，共同解决全球性的问题，有更多的主体参与，才能更好地解决全球共同问题。若像美国这样以不满、猜忌和敌视的态度对待其他参与者，全球治理的主体只会越来越少，全球治理步伐只会越来越慢。

在全球经济治理信心下降、动力不足的大背景之下，“中国信心”和“中国动力”显得尤其宝贵。2008年国际金融危机之后，中国逐渐走近全球经济治理舞台的中央。2016年，中国主办G20杭州峰会，提出了中国方案，开出了中国药方，全面阐述了中国的全球治理观，在贸易、投资、金融、科技创新、发展改革等方面都为全球经济治理注入了一剂“信心增强剂”。与此同时，中国以实际行动增加国际公共物品的提供，发挥国际领导力，“一带一路”倡议、亚洲基础设施投资银行、金砖国家新开发银行等，为全球经济治理提供支持和保障、注入强大的新动力。

三、中国的应对：示范引领、筑堤防波

全球经济治理面临前所未见的破坏性冲击，作为重要参与者的中国也承受着美国的空前压力，但中国积极参与全球经济治理的意愿不会改变，提高发展中国家在全球治理体系中的代表性和发言权的努力不会改变，推动全球经济治理全面改善的目标不会改变。

当务之急是维护好全球经济治理的现有成果。首先，密切与美国

的经贸合作。无论是从经济总量还是贸易量来看，中美双方都是紧密的合作伙伴。即使美国给中国扣上竞争对手的帽子，也不排除未来双方发生贸易战的可能性，但中国仍会坚持不懈地与美国建立新型大国关系，开展全面经济合作。中美两个大国间的正常经贸交往对于全球经济治理来说无疑是块“压舱石”。其次，旗帜鲜明地支持自由贸易。李克强总理强调，“没有自由贸易作为前提，公平贸易便无从谈起。假如连贸易都没有了，何谈公平?”英国首相特雷莎·梅也表示，“有人觉得没有从全球化中获利，我们做出的反应不应是减少贸易，而是要把自由贸易做得更好，用具体行动向世人展示自由贸易的好处。”[①] 第三，联合经济大国共筑“防波堤”。欧洲和亚洲大国的领导人保持了清醒的头脑，深知全球化的大势不可逆转也不应逆转。英国首相特雷莎·梅2018年1月19日在达沃斯世界经济论坛上，传递出英国想要进一步拥抱全球化、打造“全球化英国”的强烈信息。2017年6月，美国特朗普总统宣布退出《巴黎协定》，法国总统马克龙却仿效特朗普总统2017年的竞选口号，喊出了“让我们的地球再次伟大”，稳扎稳打地将自己树立成了这个各自为营的联盟的气候领袖。[②] 相关大国联手应对特朗普冲击，是具备共识和互信基础的。第四，打造全球经济治理的“推进器”。如联合国及其附属机构、世界贸易组织、二十国集团峰会、金砖国家峰会、达沃斯世界经济论坛，等等，应成为全球治理的多重动力来源。第五，打牢全球治理的“稳定之锚”。比如说，中国正在建设的双边或小多边的命运共同体，如“更为紧密的中国—东盟命运共同体”，中非“休戚相关、安危与共的命运共同体”，中阿“利益共同体和命运共同同体”，“携手共进的中拉命运共同体”等，对于处在风浪中的全球治理来说，能产生一定的稳固效应。

---

① 李克强：“没有自由贸易，公平贸易便无从谈起”，中国政府网，2018年2月1日，http://www.gov.cn/premier/2018-02/01/content_5263000.htm。

② 梅·露朵：“法国成为意料之外的气候领袖”，FT中文网，2018年1月30日，http://www.ftchinese.com/story/001076135?full=y。

中长期目标则是推动全球经济治理持续改进。一是推动全球经济治理体系创新，完善现有机制体制改革，推动治理平台的机制化，确保治理行为的稳定性和连续性。巩固全球性组织在全球治理中的关键地位，以大带小，兼顾多层次治理平台，充分发挥多边、区域、双边协议和机构的互补作用。支持大国引领，但不能过度依赖于某个大国，否则“特朗普现象”还会再现。只要不断深化全球经济治理，在实践中不断试错、纠偏，一定能探索出一条可行、高效的治理之路。二是以“共商、共建、共享”的全球治理观，吸引更多的国家和行为体融入全球治理体系。只有让更多的国家共享经济全球化以及经济治理带来的成果，才能保证参与全球经济治理的动力源源不断；只有加强南南合作，让更多发展中国家特别是中小国家参与，全球经济治理不再是“西方治理”和“大国治理”，才能开启国际经济秩序真正公正合理的新时代。三是尽己所能提供国际公共产品，发挥示范引领作用。中国践行“创新、协调、绿色、开放、共享”的发展理念，将长期保持对世界经济增长的高贡献率；坚持推动建立合作共赢的新型国际关系，维护世界和平和地区安全；坚定维护多边主义，支持多边贸易体制，积极推进经济全球化朝着更加开放、包容、普惠、平衡、共赢的方向发展；[①]倡导“一带一路”合作，履行《巴黎协定》承诺，落实联合国2030年可持续发展议程，激发全球经济活力。

作为全球化的受益者，中国一直真心希望各国都能分享经济全球化的丰硕成果。面对特朗普挂在嘴边的“美国利益优先”，中国不断提醒自己，不能过分追求自身利益，必须致力于全球共同发展，实现共同利益，建设人类“命运共同体”。世界各国如能摆正自己的位置，处理好本国利益和人类共同利益之间的关系，以开放为导向、以合作为动力、以共享为目标，实施联合、有效且系统性的全球经济治理，就

---

① 刘鹤：“推动高质量发展 共同促进全球经济繁荣稳定”，财联社，2018年1月24日，https://www.cailianpress.com/depth/209444。

一定能够构建“公正高效的全球金融治理格局、开放透明的全球贸易和投资治理格局、绿色低碳的全球能源治理格局、包容联动的全球发展治理格局”。[①]

① 习近平：“中国发展新起点，全球增长新蓝图——在二十国集团工商峰会开幕式上的主旨演讲”，《人民日报》2016年9月4日，第3版。

第五章　中国外交

中国外交的伟大历史征程

中国太平洋经济合作全国委员会会长 苏 格

中华人民共和国成立是20世纪举世瞩目之重大事件，它结束了中华民族百年贫穷落后、屈辱挨打的历史，开辟了中国历史新纪元，也改变了世界历史发展进程。在外交事业上，新中国奋发图强，砥砺前行，国际地位和影响力不断提升，成为维护与推动世界和平发展的重要力量。“不忘初心，方得始终”，本文旨在通过勾画新中国外交波澜壮阔的历史征程，重温昨天的磨难与艰辛，明确今天的担当与使命，不负明天的梦想与追求。

一、毛泽东为新中国外交奠立基础

中华人民共和国外交的源头，可追溯到延安时期。

（一）新中国外交的缘起

1.“我们外交工作的开始。”在中国遭受日本帝国主义侵略的民族危机关头，1935年底的中共中央瓦窑堡会议制定了建立抗日民族统一战线的政策。1941年太平洋战争爆发后，美国和中国成为战时盟国，国民党政府推行“攘外必先安内”政策，中共中央则倡导“太平洋各民族反日反法西斯的广泛统一战线”。

美方认为国共关系恶化不利于对日作战，遂迫使蒋介石同意美国政府派军事观察组到延安考察，探求缓解国共矛盾。1944年7月至8月间，美军观察组“迪克西使团”分两批抵达延安。毛泽东主席亲自给

《解放日报》社论定稿，在原稿标题“欢迎美军观察组”后增添了“战友们”三字。同年8月18日，中共中央发出重要文件《关于外交工作的指示》，将美军观察组来访视为“我们在国际间统一战线的开展，是我们外交工作的开始”。

2．两大重要方针。1944年9月—1945年11月赫尔利使华期间，美国“扶蒋反共”政策逐渐成形。随着战后国际形势的变化，1947年“杜鲁门主义”的提出和1948年“马歇尔计划”的启动，美苏“冷战”拉开序幕，美国开始实施“遏制”政策。

辽沈、淮海、平津三大战役之后，中国革命形势发生了历史性转折。中共七届二中全会前后，毛泽东洞察新中国面临的复杂国际环境，确立了对策的原则性和灵活性：只要帝国主义“不改变敌视的态度，我们就一天不给帝国主义国家在中国以合法的地位”；同时“也要同资本主义国家做生意”。为此，他提出两个重要方针：“另起炉灶”和“打扫干净屋子再请客”。“另起炉灶”就是不承认国民党政府同各国建立的旧的外交关系，而要“在新的基础上同各国另行建立新的外交关系”；“打扫干净屋子再请客”则是“帝国主义总想保留一些在中国的特权”，“我们要在建立外交关系以前把‘屋子’打扫一下”。

3．向社会主义阵营“一边倒”。1949年4月人民解放军挥师过江解放南京，毛泽东电示我军保护英、美侨民和外交人员，“如果美国及英国能断绝和国民党的关系，我们可以考虑和他们建立外交关系的问题”。毛泽东还电告南京军管会黄华可就地与美国大使司徒雷登接触，但美国国务院令后者“不得访问北平”。

在美方未给中共选择余地的情况下，中共和苏共关系取得进展。1949年1月底，苏共政治局委员米高扬到访中共中央驻地西柏坡。6月下旬，刘少奇率团秘密出访苏联。斯大林表示新中国成立后，将“立刻承认”并予援助。

1949年6月30日，毛泽东在《论人民民主专政》一文中，明确提出“一边倒”政策，昭示新中国将坚定倒向社会主义阵营一边。“一边倒”有两方面涵义：一是建立以工农联盟为基础的人民民主专政国家，走社会主义道路；二是联合苏联，联合各人民民主国家，联合其他各国的无产阶级和广大人民，结成国际统一战线。这与“另起炉灶”和“打扫干净屋子再请客”并称为新中国初期外交政策“三大方针”。

（二）坚决捍卫国家独立和主权

1949年10月1日，中华人民共和国宣告成立。中国历史由此进入新纪元，中国外交也揭开了崭新篇章。新中国成立第一年，就与17个国家建立了外交关系。

1949年12月，毛泽东主席、周恩来总理赴苏访问。1950年2月14日，《中苏友好同盟互助条约》签订，标志着“一边倒”政策的正式实施。该条约增强了国际社会主义阵营的力量，也为加强中苏两国友好合作、共同抵御外来侵略，为新中国开展大规模经济建设奠定了基础。

美国政府于1949年10月3日宣布继续承认国民党政府，一度图谋离间中苏关系，采取“等待尘埃落定”的态度。随着《中苏友好同盟互助条约》的签订，美在中苏之间“打入楔子”的幻想破灭。1950年6月25日，朝鲜战争爆发，美国扩大战争行动并决定派遣第七舰队侵入台湾海峡。中国领导人毅然做出赴朝参战的战略决策。中美两国直接军事对抗，以美国为首的西方阵营对新中国实行政治孤立、经济封锁和军事包围政策。

中美交恶的重要原因之一，就是美国对中国内政台湾问题的粗暴干涉。中国同美斗争的焦点就是维护国家主权独立和领土完整。早在中国革命胜利之前，美国就密谋了诸如“分离”“托管”等防止台湾“失陷”的方案，但慑于“政治影响”，杜鲁门于1950年1月发表“不介入”声明，以观望等待。朝鲜战争爆发为美国染指台湾提供了时机和借口，白宫采纳了麦克阿瑟视台湾为“不沉没的航空母舰和潜艇基地”之战略分析，悍然派遣第七舰队侵入台湾海峡。中国政府严正揭露美国侵略行径，在联合国等国际场合与美直接交锋。至此，台湾问题成为中美两国之间的最大争议问题。

1954年9月，中国人民解放军炮击金门。此举可谓《孙子兵法》“上兵伐谋”之行动，旨在防止台湾问题固化，反对美制造“两个中国”的阴谋。美和台湾当局既矛盾又勾结，缔结了所谓《共同防御条约》。1958年，台湾海峡风云又起，美国再次对中国内政横加干涉。中共中央做出“把蒋介石留在金、马”的战略决策，以“谈谈打打”“打打停停”策略，挫败了杜勒斯“战争边缘”讹诈。

（三）坚持“独立自主”与“和平共处”方针

建立国家不分大小、一律平等的国际关系，一直是新中国外交努力的方向。1953年12月，周恩来在会见来访印度代表团时首次完整提出和平共处五项原则：互相尊重主权和领土完整、互不侵犯、互不干涉内政、平等互利、和平共处。1954年4月，中印两国政府协商同意把和平共处五项原则列入谈判公报和《关于中国西藏地方和印度之间的通商和交通协定》，并将其作为指导两国关系的准则。同年6月，周恩来总理应邀访问印度和缅甸时，将上述原则分别写入同印度总理尼赫鲁和缅甸总理吴努的《联合声明》中，进而确认这些原则适用于同亚洲及世界其他国家的关系。

1955年4月，亚非会议（又称万隆会议）在印度尼西亚万隆举行。这是战后首次由29个亚非国家和地区举办，且没有西方殖民国家参加的国际会议。周恩来总理率团参会，坚持“求同存异”方针，广做增信释疑工作，挫败了美国分裂会议的图谋。会议《关于促进世界和平与合作的宣言》提出了十项国际关系原则，涵盖了和平共处五项原则的全部内容。1957年，毛泽东主席在莫斯科庄严宣告，中国坚决主张一切国家实行和平共处五项原则。1963年底至1964年初，周恩来总理出访亚、非、欧14个国家，提出了中国经济援助的八项原则，将五项原则扩展到经济领域。

新中国外交在实行“一边倒”政策的同时，始终坚持“独立自主”

方针。毛泽东明确指出，要用自己的腿走路。周恩来亦强调，为抵抗美国侵略和威胁，中国同苏联结盟是必要的，但不能丢掉自己的党和国家的独立性。回顾中苏结盟历程，中国始终坚持维护自身主权和党的独立性，对大国沙文主义进行了抵制和斗争。1956年波兰和匈牙利事件发生后，中共中央遵照毛泽东主席指示，强调各国共产党之间应遵循独立和平等原则，社会主义国家之间也应实行和平共处五项原则。

和平共处五项原则展现了强大的生命力，逐渐广为国际社会所接受，见诸大量国际条约和文献。从20世纪50年代后期到60年代末，中国又同多个国家建立了外交关系，形成了第二次建交高潮。70年代，联合国大会通过的《关于各国依联合国宪章建立友好关系及合作的国际法原则宣言》和《关于建立新的国际经济秩序宣言》均将和平共处五项原则纳入其中。

（四）“一条线、一大片”外交战略构想

国际关系发展也时常出现“分久必合、合久必分”的历史变迁。二战后，国际力量重新组合形成了“雅尔塔体系”。1955年华沙条约组织的建立，标志着两极格局形成。从建国初期到20世纪60年代末，新中国在两大阵营对峙中属于社会主义阵营。

然而，随着苏共奉行大国沙文主义，而中共则视独立自主原则为生命线，双方矛盾逐渐激化。1960年7月，苏联单方面撤回在华的1390名专家，撕毁了600多项协议和合同。中国以“坚持原则、后发制人；坚持斗争、留有余地；坚持团结，反对分裂”方针予以应对，但苏联领导人依然我行我素。1962年9月，中共八届十中全会决定把帝国主义、现代修正主义一起作为斗争目标。“反帝必反修”成为此时期中国外交基本战略，俗称“两个拳头打人”。1968年8月，苏联出兵捷克斯洛伐克。1969年3月“珍宝岛事件”爆发后，苏联在中苏边界陈兵百万，并扬言要摧毁中国核基地，对中国形成战争威胁。同年9月，周恩来总理同苏联部长会议主席柯西金在北京机场举行会晤，就维持边界现状、

防止冲突达成一定谅解。

此时的美国深陷越战泥淖内外交困，“尼克松主义”应运而生，即为确保同苏联争霸中的欧洲战略重点，谋求从印度支那脱身，实现所谓“均势外交”。毛泽东敏锐地注意到尼克松于1967年10月为《外交季刊》撰文中耐人寻味之观点：“从长远来看，我们简直经不起永远让中国留在国际大家庭之外。”

中苏关系破裂成为中美两国接近的催化剂。1969年春，在毛泽东指示和周恩来具体安排下，陈毅、叶剑英、徐向前、聂荣臻四位元帅接受了“研究国际形势”的特殊任务，并提交《对战争形势的初步估计》和《对目前局势的看法》书面报告。报告关于中苏矛盾大于中美矛盾、美苏矛盾大于中苏矛盾的战略分析，为打开中美关系之结提供了依据。

为破解国家安全“夹肉面包”的严峻局面，毛泽东纵横捭阖、运筹帷幄，毅然决定“打美国这张战略牌”：建立一个从中国经中东到西欧，越过大西洋到加拿大、美国，再经过太平洋至日本，包括太平洋南岸澳大利亚、新西兰在内的反对霸权主义“统一战线”；再将周围一大片亚非拉国家团结起来，形成了“一条线、一大片”的外交战略构想。用陈毅的话来讲，就是“下了这着棋，全局都活了”。

1971年4月，美国乒乓球队成功访华，“小球推动大球”。同年7月基辛格秘密访华，1972年2月美国总统尼克松访华，毛泽东与其举行了历史性会谈。《上海公报》的发表标志着中美关系正常化大门的开启，中国外交实现了又一次重大战略调整。

1971年10月25日，第26届联合国大会通过决议，恢复中华人民共和国在联合国的一切合法权利。此后，中国同大多数西方国家建立外交关系，形成了第三次建交高潮。中国在联合国组织框架内履行职责，为实现《联合国宪章》的宗旨与原则，为维护世界和平、推动各国友好合作和促进人类进步不懈努力。20世纪70年代，在毛泽东“两个中间地带”战略思想指导下，中国不断加强同其他第三世界国家关系，积极发展同西欧国家关系。中国对日贸易关系和民间交往不断发展，促成中日邦交实现正常化。

二、邓小平开启“独立自主的和平外交政策”

20世纪80年代后，邓小平领导实施了中国外交又一次重大调整，开启了“独立自主的和平外交政策”，不仅为中国外交事业指明了前进方向，也为世界和平做出了伟大贡献。

（一）“和平与发展”成为新的时代主题

1．中国国内和国际形势发生重大变化。1978年，中共十一届三中全会做出了将党的工作重点转移到社会主义现代化建设的战略决策。1982年，党的十二大确定了中国在新的历史时期面临的三大任务：在国内加紧社会主义现代化建设和争取实现祖国统一，在国际上反对霸权主义、维护世界和平。1987年，党的十三大制定了“一个中心、两个基本点”的基本路线。中国特色社会主义建设事业步入新的历史发展阶段，据此确立了“三步走”的宏伟目标。

这一时期，国际形势也出现了许多新变化。由于国内工业发展停滞、农业歉收、外交孤立等原因，苏联对外扩张受阻，逐步由咄咄逼人的攻势转为守势。美国则由收缩逐步转向攻势，同卡特时期以“缓和”求和平不同，里根政府更强调“以实力求和平”，“恢复美国的战略威慑地位”，以抗击苏联扩张。从宏观国际形势看，美苏关系进入了互有攻守、各有得失的“势均力敌”战略态势。西欧、日本及第三世界各国发展迅速，成为在国际舞台上发挥越来越重要作用的独立力量，全球政治格局逐渐从两极向多极发展。

2．中国外交战略调整。根据国内外形势发展变化，中国外交进行了相应的战略调整。中国领导人认为，美苏争夺已经相对缓和，双方既争夺又对话，世界和平有望得到长期维护。由于中国是占世界人口四分之一的大国，且已成为独立于美苏的一支重要力量，中国同美苏任何一方结盟或建立战略关系，都势必影响世界战略平衡，不利于国际形势的稳定。在此背景下，中国继续奉行“一条线”战略已不再适宜。

中国进行外交战略调整，目的在于为中国现代化建设争取一个尽可能长的和平稳定的国际和周边环境。“中国对外政策的目标是争取世界和平。在争取世界和平的前提下，一心一意搞现代化建设，发展自己的国家，建设具有中国特色的社会主义。”经此次外交战略调整，中国对外政策呈现出“独立自主”“真正的不结盟”的新特点。中国“不打美国牌，也不打苏联牌”，“也不允许别人打中国牌”。中国对外政策不再是“一条线”的联合，而是“独立自主的和平外交政策”。

美国屡屡干涉中国内政也是促使中国外交政策转变的因素之一。里根政府上台后改变了对中国战略地位的原有估计，主张强化与台湾关系，顽固坚持对台出售武器，中方就此进行了针锋相对的斗争。在1982年8月中美发表的《八一七公报》中，美国政府承诺“准备逐步减少对台湾的武器出售，并经过一段时间导致最后的解决”。考虑到售台武器是悬而未决的历史问题，中方在维护原则的基础上展现了灵活性，没有坚持美国停售期限。但中方立场明确：台湾问题事关中国主权和领土完整，即使“由于台湾问题迫使中美关系倒退的话”，中国也“不会吞下去”。

中国外交政策虽做出了重大战略调整，但对美政策并非与之“重新交恶”，而是坚持谋求在中美三个联合公报原则基础上，使中美关系稳步发展。20世纪80年代，中美之间进行了多次高层互访。1984年4月里根总统访华，邓小平肯定了中美关系良好的发展历程和前景，同时指出台湾问题是中美关系的主要障碍。1989年2月布什总统访华，中方表示历来重视中美关系，希望双方在和平共处五项原则和中美三个联合公报原则指导下，扩大和深化各方面合作，中美关系须“增进信任、减少麻烦”。

3．在邓小平外交理论指引下，20世纪80年代的中国外交成果卓著。

中国坚持反对霸权主义、维护世界和平的外交方针，发展了同美国、日本、西欧等西方国家和地区的正常关系。中国坚持不结盟的外交政策，在1980年《中苏友好同盟互助条约》期满后不再延长。中国逐渐缓和了对苏关系，同东欧一些社会主义国家关系也得到了恢复和发展。1989年5月，戈尔巴乔夫访华，同邓小平举行了最高级会晤。中苏两国本着“结束过去，开辟未来”的精神，实现了国家关系正常化。中国全面推进了同广大发展中国家关系，增强了自身国际战略地位。中国改善和发展了同周边国家关系，在处理某些历史遗留的领土和海域争端问题上，邓小平提出了“主权属我、搁置争议、共同开发”主张，既坚持了原则，又讲究策略，在一定程度上缓解了矛盾。

在邓小平“一国两制”思想引领下，中国政府积极推进香港问题和澳门问题的妥善解决。1984年12月，中英两国政府发表联合声明，确认中华人民共和国政府于1997年7月1日对香港恢复行使主权；同年4月，中葡两国政府发表联合声明，确认中华人民共和国政府于1999年12月20日对澳门恢复行使主权。港澳回归，洗雪了中华民族百年耻辱，成为实现祖国统一大业进程中的重要里程碑。

随着邓小平理论不断深入人心，中国国内思想进一步统一，普遍认识到当今世界是开放的世界，中国的发展离不开世界，必须正确处理对外开放与独立自主的辩证关系，彻底结束历史造成的封闭状态；必须不断完善全方位、多层次的开放格局，在平等互利的基础上增进国际间经贸、科技交流与合作，大胆吸收和借鉴人类社会所创造的一切文明成果——包括发达国家的先进经营方式和管理经验。随着改革开放进程的不断深入，从1978年到1989年，中国进出口贸易总额从206亿美元增加至1116亿美元。

（二）“独立自主的和平外交政策”经受国际格局骤变的考验

1.“韬光养晦、有所作为”。20世纪80年代末90年代初，东欧剧变、两德统一、华约解散、苏联解体，极大地冲击了原有国际关系格局，世界体系进入动荡重组的新时期。80年代末，在中国也发生了一场严重的政治风波。美国等西方国家借机对中国内政横加干涉，以各种手段施压，联合实施所谓“制裁”措施。中国同西方国家之间关系历经波折，中国独立自主的和平外交政策面临严峻考验。

在这场国际风云剧变中，中国在坚持“独立自主的和平外交政策”总原则的基础上，深刻全面调整相关政策。面对西方国家的施压和制裁，邓小平总揽全局，提出了“冷静观察、稳住阵脚、沉着应付”的外交战略方针，随后又增加了“韬光养晦、善于守拙、决不当头、有所作为”，构成“28字方针”。中国“在和平共处五项原则基础上从容发展同所有国家的友好关系”，坚持“韬光养晦，埋头苦干，不扛大旗不当头，过头的话不说，过头的事不做”，以超越意识形态和超脱的态度，经受住了东欧剧变和苏联解体的冲击；以坚定的立场和灵活的策略，顶住了西方国家的压力和制裁，为中国经济建设提供了有利的国际与周边环境。

2．坚决维护国家主权和尊严，确保经济发展。以江泽民同志为核心的党的第三代中央领导集体坚持邓小平理论和三个代表重要思想，处变不惊，沉着应对，坚决维护国家主权和尊严。同时，从中国人民利益和世界和平稳定大局出发，稳妥谋求改善外部环境并同西方国家发展正常的国家关系。美国对华实施“制裁”严重冲击和损害了两国关系，面对强权政治的施压和挑战，中国外交不信邪、不怕压，坚决捍卫了国家主权和尊严，迫使布什政府在政治上持续对华施压的同时，出于自身经济利益考虑延续给予中国最惠国待遇。

克林顿政府上台后，坚持把人权问题与对华最惠国待遇挂钩，中方进行了有理、有利、有节的斗争。1993年11月，在美国西雅图召开的亚太经合组织领导人非正式会议上，中美两国领导人进行会晤并达成共识：把一个健康、稳定的中美关系带入21世纪。1994年5月，美国政府提出对华接触政策，宣布将人权问题同“最惠国待遇”脱钩。1995年6月，李登辉访美事件导致中美关系跌至低点，中方本着“增加信任、减少麻烦、发展合作、不搞对抗”的精神处理中美关系，同时坚持反分裂、反“台独”斗争。1998年6月至7月，克林顿总统访华期间，双方进一步明确了面向21世纪中美关系发展的方向，克林顿公开承诺对台“三不”政策：不支持“两个中国”和“一中一台”主张，不支持台湾独立，不支持台湾加入联合国。

在世纪之交，美国“新干涉主义”给中美关系带来了新的挑战：1999年5月8日，以美国为首的北约悍然袭击了中国驻南联盟大使馆，激起了中国政府和人民的极大愤慨和国际正义舆论的强烈谴责；5月25日，“炸馆事件”硝烟未尽，美国国会又抛出“考克斯报告”，诬称中国“窃取”美“核机密”危及美国国家安全，中方对这一无中生有的污蔑予以严正驳斥。在双方共同努力下，中美两国关系在短期内得到修复和发展：1999年11月，中美就中国加入世界贸易组织（WTO）谈判达成协议，为中国最终入世扫清了最大障碍；在中国政府严正交涉下，中美两国代表就“炸馆事件”中方人员伤亡和财产损失赔偿问题举行多轮谈判，最终于2000年12月就赔偿问题达成协议；2000年9月和11月，中美元首分别在联合国千年首脑会议和亚太经合组织领导人非正式会议期间举行会晤；2000年10月，克林顿签署了对华永久正常贸易关系法案，使此项由美国参众两院通过的法案正式成为法律。据此，美国终止了按《1974年贸易法》相关条款对华“最惠国待遇”实行年度审议的做法，与中国建立永久正常贸易关系。

2001年4月，美国军用侦察机与中国军机在南海海域发生“撞机事件”后，小布什政府一度公开将中国定性为“战略对手”。“9·11”事件后，中方及时致电美领导人，表示愿协作共同打击一切形式的恐怖主义，两国关系得以转圜，美国逐渐将中国视为国际体系中“负责任的利益攸关方”。经过15年的艰苦努力，2001年11月，多哈WTO第四届部长会议审议通过中国加入WTO的决定，标志着中国对外开放进入一个新阶段。

3．中国外交取得全方位进展。1991年，苏联政局发生剧变，波罗的海三国爱沙尼亚、拉脱维亚和立陶宛等率先宣布独立。同年年底，原苏维埃社会主义共和国联盟解体，15个加盟共和国分别成为独立主权国家。本着不干涉别国内政和尊重各国人民自己选择的原则立场，中国政府宣布承认俄罗斯和其他独联体各国政府，并先后与其建立了外交关系。中国同俄罗斯和中亚邻国建立和发展睦邻友好关系，不仅为国内改革开放和现代化建设创造了良好周边环境，也对亚太地区乃至世界和平与稳定具有重要意义。

中国同发展中国家关系进一步巩固和加强。增进同发展中国家的团结与合作一直是中国对外政策的基本立足点。在政治上，中国主持公道、伸张正义、维护广大发展中国家合法权益；在经济上，中国按照“平等互利、讲求实效、形式多样、共同发展”四项原则，为发展中国家提供了力所能及的援助。中国积极发展同周边国家友好合作关系，先后同印度尼西亚复交，同新加坡、文莱和韩国建交，同越南、蒙古实现关系正常化。在中东，中国全面均衡发展同各国关系，先后同卡塔尔、巴林、沙特阿拉伯和以色列建立外交关系。在非洲，中国遵循对非发展长期稳定、全面合作关系的五项原则，1998年1月与南非正式建交。中国同拉美国家关系也不断发展，至20世纪末拉美同中国建交国家增至19个，中拉在经济和科技等领域的合作也取得长足进展。

20世纪80年代末期以来，西欧发达国家出于意识形态和政治考量，一度追随美国对华实行“制裁”，致使双边关系严重倒退，经贸合作受挫。90年代，欧美关系出现新动向，欧洲离心倾向加剧。欧洲认识到中国在国际事务中的重要作用，决定解除大部分对中国的制裁措施，恢复并提升对华关系，中欧政治关系由此进入了重要发展时期。90年代中期，中国提出发展同西欧关系四项原则：面向21世纪，发展长期稳定的友好合作关系；相互尊重，求同存异；互补互利，促进共同发展；加强在国际事务中的磋商与合作。1995年7月，欧盟通过了《欧盟与中国关系长期政策》报告，置中国于优先发展关系的重要位置。

在和平共处五项原则基础上，中国同中东欧各国不断发展友好合作关系。中国不干涉别国内政，尊重各国人民自主选择，提倡建立超越社会制度、意识形态和价值观念的新型国家关系，带动双方在各个领域的务实合作不断加强。同时，中日两国多维度的接触和交流也相当频繁。1998年11月，在《中日和平友好条约》签署20周年之际，两国政府发表了又一个指导双边关系的重要文件——《中日联合宣言》。此外，中国还积极开展多边外交，在国际事务中发挥了越来越重要的建设性作用。

（三）21世纪之初中国外交开新局

1．坚持和平发展道路。进入21世纪，世界多极化、经济全球化深入发展，科技革命加速推进，国际社会相互依存日益紧密，国际形势总体趋向和平稳定。但世界仍然很不安宁，不少地区持续动荡。世界经济发展不平衡现象加剧，尤其是南北差距继续拉大。霸权主义和强权政治依然存在，给国际事务带来负面影响。传统安全威胁未减，非传统安全威胁增加，世界和平与发展面临的机遇与挑战并存。

在这一时期，中国同世界关系发生巨大变化，经济依存度不断加深。经过数十年改革开放和经济发展，中国综合国力显著提高。中国外交顺应“和平、发展、合作”的时代潮流，提出推动建设“持久和平、共同繁荣的和谐世界”。中国推动经济社会发展的治国方略也发生了深刻变化，更加注重科学发展，从以前强调“快字当头”转为注重“又好又快”的平衡发展。面对2008年国际金融危机，中国沉着应对，加强和改善宏观调控，使经济发展稳健前行。21世纪头十年，中国经济年均增长率达到10.7%，外汇储备连续七年名列全球第一，经济总量从世界第六位跃居第二位。

中国外交继续秉持为全面建设小康社会服务的宗旨，同各国人民一道，努力营造和平稳定的国际环境、睦邻友好的周边环境、平等互利的合作环境、互信协作的安全环境和客观友善的舆论环境。

2．创新外交理论。党的十六大以来，以胡锦涛同志为总书记的党中央明确提出“科学发展观”，强调“坚持以人为本，树立全面、协调、可持续的发展观，促进经济社会和人的全面发展”，开辟了中国特色外交理论建设的新境界：一是深化对我国重要战略机遇期的认识；二是明确走和平发展道路的根本方略；三是提出互利共赢的开放战略；四是倡导建设持久和平、共同繁荣的和谐世界；五是进一步探索完善中国外交总体谋篇布局。

在外交理念上，中国主张进一步推进国际关系民主化，提倡各国应平等参与国际事务，通过协商解决共同关注的国际问题。中国坚持尊重国际法和国际关系基本准则，维护联合国权威和其在处理重大国际问题中的主导地位。中国提出“以相互安全为前提，以均衡发展为基础，以公认法理为保障，以对话合作为手段，以共同繁荣为目标”，推动建立“公正合理的国际政治经济新秩序”。在政治上，中国倡导相互尊重、平等协商；在经济上，中国鼓励相互合作、优势互补；在文化上，中国主张相互借鉴、求同存异；在安全上，中国推行相互信任、加强合作；在环保上，中国注重相互帮助、协力推进。

中国外交高举“和平、发展、合作”旗帜，抓住机遇，化解挑战，坚定不移地走和平发展道路，不断开创对外关系新局面，综合国力、国际竞争力、国际影响力显著提升。中国以自己的发展推动地区和世界共同发展，扩大同世界各国利益的融汇点，积极参与国际事务。中国积极参加世界主要国际组织，参与并签署多项国际条约和协定。在联合国各主要机构、八国集团同发展中国家领导人对话会（G8+5）等多边舞台上，中国积极参与并阐明其对重大国际问题的理念和主张。在世界贸易组织框架内，中国持续树立负责任大国形象，推进贸易和投资自由化、便利化，支持完善国际贸易和金融体制，倡导通过磋商协作解决经贸摩擦。

3．谋划外交新布局。国际关系缓和为中国对外关系发展提供了重要契机，外交政策也随之发生变化，既坚持“韬光养晦”，又注重“有所作为”，强调以“和平、发展、合作”精神处理国际事务和国际关系。

中国坚持发展全方位外交，形成了“大国为关键、周边国家为首要、发展中国家为基础、多边是重要舞台”的基本格局。

在处理与大国关系时，中国努力保持中美关系稳定发展，双方创设了战略与经济对话等十多个双边对话合作机制，以积极探寻合作，妥善处理分歧，并就探索构建新型大国关系达成重要共识。中国坚持从战略全局和长远角度处理中俄关系，以积极落实两国关系未来十年发展规划为中心任务，相互支持、全面合作、世代友好，不断加强两国在国际和地区事务中的战略协作。中国积极推动中欧全面战略伙伴关系健康发展，不断充实与拓展其内涵。中国稳步推进同中东欧等国政治关系和务实合作。中国加强同新兴经济体协调合作，推动金砖国家合作机制更上一层楼。各大国普遍增加了对中国的借重与合作。

中国坚持“与邻为善、以邻为伴”，不断发展与周边国家睦邻友好关系，积极促进区域合作深入机制化。上海合作组织走过了不平凡的发展历程，经受住了国际风云变幻的考验，进入全面务实合作阶段。中国推行睦邻友好政策，重视改善同东南亚邻国关系，加入了《东南亚友好合作条约》，并与东盟建立了“面向和平与繁荣的战略伙伴关系”，东盟—中国（10+1）、东盟—中、日、韩（10+3）对话机制进一步深化了中国与东盟关系。中国积极推动形成朝鲜半岛核问题六方会谈机制，为推动朝核问题和平解决发挥了重要独特作用。中日两国开启了战略互惠关系，但日本非法“购买钓鱼岛”引发双边关系跌宕起伏。

中国同发展中国家团结务实合作取得重要进展。中非合作论坛进一步巩固和发展了中国与非洲国家友好关系。中阿合作论坛等机制的建立和深化，成为促进中国同阿拉伯国家关系全面展开的平台。中国同拉美、加勒比和南太平洋地区国家互利合作亦不断深化。同时，中国还加强了同巴西、南非、墨西哥等发展中大国的协调与合作，“金砖国家”合作机制不断充实、完善。

2009年，二十国集团（G20）取代G8成为全球经济合作治理的主要平台。作为G20创始国之一，中国在国际事务中发挥着日益重要的作用。为维护世界和平，中国积极参与解决全球和地区热点问题，积极向联合国维和行动派出维和人员。在叙利亚、伊朗核、南北苏丹关系等问题上，中国积极劝和促谈，推动问题解决。中国还深入开展反恐等非传统安全领域国际合作，坚决维护国家主权安全，有效打击了“台独”“藏独”“东突独”等分裂活动。

三、习近平领航“中国特色大国外交”

当引领伟大中国继续前行的历史接力棒传递到以习近平同志为核心的党中央时，中国外交又一次站在了新的历史起点上，必须与时俱进地做出新的战略调整。习近平同志提出并领导实践的外交思想，历史性地成为新时期中国特色大国外交的行动指南。

（一）数百年不遇之历史大变局

21世纪的第一个十年过后，国际形势正经历数百年来未有之巨变：国际力量对比持续“东升西降”，新兴市场国家和发展中国家快速发展崛起，全球政治经济格局正处于大发展、大变革、大调整的时期。世界多极化趋势更加明显，经济全球化“双刃剑”效应持续显现。“单极”与“多极”斗争仍在持续，“守成大国”对新兴大国崛起的焦虑感和戒备心增强。国际政治安全矛盾跌宕起伏，世界经济竞争与相互依存两面性同在，全球治理任务艰巨，规则制定和秩序走向之争更趋激烈。非传统安全问题日益凸显，“软实力”竞争呈上升趋势。中国所面临的外部环境中，正、反两方面因素都呈上升趋势。今日之中国面临着三个“前所未有”：一是前所未有地靠近世界舞台中心，二是前所未有地接近实现民族伟大复兴的目标，三是前所未有地具有实现这个目标的能力和信心。中国发展仍然处于可以大有作为的重要战略机遇期，而最大的机遇就是自身的发展壮大。

党的十八大以来，以习近平同志为核心的党中央“以天下为己任”，团结带领全国人民继续奋力开拓。习近平同志深刻阐述了实现中华民族伟大复兴的中国梦，并赋予其更加深远的世界意义。“中国梦”丰富的思想内涵和历史担当，就是要完成“两个一百年”的历史使命：到建党一百年之时，全面建成小康社会；到建国一百年之时，将中国建成富强、民主、文明、和谐的社会主义现代化国家。这既是对千百年国家和民族历史诉求的高度概括，又是新时期民族团结奋进的精神动力。习近平同志带领全党和全国人民奋力推进“四个全面”战略布局，即“全面建成小康社会、全面深化改革、全面依法治国、全面从严治党”，共同托举起实现“两个一百年”奋斗目标、实现中华民族伟大复兴中国梦的伟大理想。

习近平同志高屋建瓴地提出“中国必须有自己特色的大国外交”。外交是内政的延伸，实现中华民族伟大复兴与中国特色大国外交战略有着内在辩证统一关系。国力增长必然引起国家利益内涵和外延发生变化，外交则需适应变化了的国际格局和国内形势。习近平同志牢记根本、不忘初心，审时度势地对新中国成立以来，特别是改革开放以来中国外交战略思想进行了继承与发展。新形势下，中国外交工作的战略目标、基本原则和主要任务就是：高举和平、发展、合作、共赢旗帜，统筹国内国际两个大局，统筹发展安全两件大事，牢牢把握坚持和平发展、促进民族复兴这条主线，维护国家主权、安全、发展利益，为和平发展营造更加有利的国际环境，维护和延长我国发展的重要战略机遇期，为实现“两个一百年”奋斗目标、实现中华民族伟大复兴的中国梦提供有力保障。

（二）中国特色大国外交理论体系和综合布局

在新的历史征程中，中国特色大国外交更具全球视野、进取意识和开创精神，不断推出新理念，实施新举措，展现新形象。

习近平同志站在时代潮头，运筹帷幄，把握历史方向，进一步丰富和发展了新中国成立以来的外交经验，为中国对外工作的理论和实践创新提出了新思想和新理念。十八大以来，中国共产党关于世界发展和国际关系的理论创新取得重大突破，形成了完整的中国特色大国外交理论体系。

一是丰富和发展了和平发展战略思想，深化和升华了和平共处五项原则核心精神，主张“六个坚持”，即坚持主权平等、坚持共同安全、坚持共同发展、坚持合作共赢、坚持包容互鉴及坚持公平正义。二是倡导建立以合作共赢为核心的新型国际关系，将“合作共赢”提升到国家外交旗帜高度，拓展至政治、经济、安全、文化等各个领域。三是同心打造“人类命运共同体”，并提出“五位一体”的总路径：倡导建立平等相待、互商互谅的伙伴关系；营造公道正义、共建共享的安全格局；谋求开放创新、包容互惠的发展前景；促进和而不同、兼收并蓄的文明交流；构筑尊崇自然、绿色发展的生态体系。四是倡导公平、开放、全面、创新的发展观，构建全球伙伴关系的合作观。五是践行共商、共建、共享的全球治理观，弘扬义利合一的价值观。六是倡导共同、综合、合作、可持续的安全观，要尊重和保障各国的安全利益，要涵盖传统安全和非传统安全领域，要通过对话与协商促进地区安全，要践行发展与安全并重理念，实现持久安全。这些新思想和新理念，摒弃了结盟对抗、零和博弈的旧观念、老套路，既具鲜明的中国特色，又有重大的世界意义，不仅是新时期中国外交的行动指南，也将对人类和平、发展与进步产生深远影响。

中国特色大国外交继承了以往中国对外交往的优秀品格和传统，并结合全球化和多极化发展变化的新形势，高举和平、发展、合作、共赢旗帜，既敢于作为又善于作为，既开拓进取又居安思危，既考虑现实需求又顾及长远影响，既维护本国利益又兼顾他国利益。中国特色大国外交积极谋篇布局，在延续基本布局框架的基础上，不断开拓创新，努力做好中外关系的“大文章”。

一是积极构建新型大国关系。习近平主席与奥巴马总统庄园会晤、瀛台夜话、白宫秋叙，与特朗普总统海湖庄园会晤、汉堡会见等，使中美关系发展迈上新征程，通过加强沟通、拓展合作、管控分歧，守住“不冲突、不对抗”底线，筑牢“相互尊重”基础，共同推进“合作共赢”目标。在四年多时间里，习近平主席六次访问俄罗斯，俄罗斯总统普京也六次到访中国，中俄全面战略协作伙伴关系基础得以夯实，互信与合作进一步增强，两国关系更趋成熟、稳定。中欧和平、增长、改革、文明四大伙伴关系进一步深化，利益交汇不断加深，战略合作水平持续提升。中国与其他发展中大国及地区大国友好合作关系也得到长足进步。

二是继续推动周边关系健康发展。中国提出亲、诚、惠、容的周边外交理念，继续把周边作为外交优先方向，与周边国家和睦相处、守望相助，同周边国家关系总体朝着更加积极的方向发展。

三是持续深化同发展中国家关系。中国提出树立正确的义利观，继续同其他发展中国家传承友谊、增进互信、深化合作、共谋发展，全面团结协作伙伴关系不断增强，取得了丰硕成果。

四是努力打造多边外交朋友圈。中国深入参与和引导多边外交进程，与联合国和其他重要国际组织关系取得新发展。中国秉持平等、包容和共赢的理念，力图走出一条“对话而不对抗，结伴而不结盟”的新路，迄今已同97个国家和国际组织建立了不同形式的伙伴关系，全球伙伴关系网络愈加广泛，合作共赢道路越走越宽。

（三）为民族复兴尽责，为人类进步奉献

习近平同志指出：“拿破仑说过，中国是一头沉睡的狮子，当这头睡狮醒来时，世界都会为之发抖。中国这头狮子已经醒了，但这是一只和平的、可亲的、文明的狮子。”步入21世纪后，中国综合国力和国际影响力日益壮大，中国毫不回避自己所应承担的大国职责和义务，一直努力为推动世界和平、发展和进步做出应有贡献。中国勇于开拓、积极进取，同时又做事有度、量力而行，不做超出自身实力和发展阶段的事情。

在对外经济合作方面，中国主张各国人民共享发展成果，每个国家在谋求自身发展的同时，都要积极促进其他各国共同发展。面对“逆全球化”和保护主义思潮抬头，中国始终坚持开放包容立场。中国外交向世界展现了大国的担当，不仅对冲了世界经济中的不确定性，也充分展示了中国的定力和自信。中国外交坚持以为发展和改革开放服务为第一要务，紧紧围绕这一大局营造更稳定、更友善的外部环境。作为最大的发展中国家和新兴经济体代表，中国在世界和区域共同发展中已经并将继续做出自己应有的贡献。中国经济发展虽已进入新常态，但在未来五年，中国将进口8万亿美元商品，吸收6000亿美元外来投资，对外投资总额将达7500亿美元，出境旅游人数将达7亿人次，这都将继续为世界各国发展带来更多机遇。

中国主张树立国际社会“利益共同体”意识，积极寻求各方利益最大公约数，携手促进共同发展。中国支持联合国千年发展目标，并将一如既往地秉持义利相兼、以义为先原则，同各国共同为实现2015年后发展议程做出努力。中国积极参与联合国维和、国际人道主义救援活动，履行索马里护航、尼泊尔地震救援等国际责任和义务；承诺设立总额为10亿美元的中国—联合国和平与发展基金；倡导创立亚洲基础设施投资银行和金砖国家新开发银行，开创发展中国家组建多边金融机构先河；宣布建立200亿元人民币的“中国气候变化南南合作基金”；坚定不移地支持应对全球气候变化的《巴黎协定》，展现了负责任、重行动的大国担当。

中国坚持奉行“共商、共建、共享”原则，推动“一带一路”建设，从陆上和海上两个方向拓展多条经济走廊，以推动实现缩小地区发展差距和区域一体化进程的目标。2014年至2016年，中国同沿线国家贸易总额超过3万亿美元。中国企业已在20多个国家建设了56个经贸合作区，为有关国家创造了18万个就业岗位。迄今，已有100多个国家和国际组织积极支持和参与“一带一路”倡议，联合国大会等也将“一带一路”建设内容纳入相关决议。2017年5月，来自130多个国家、70

多个国际组织的嘉宾会聚一堂，参加“一带一路”国际合作高峰论坛。2016年1月，中国倡议成立的亚洲基础设施投资银行开业运营，不仅深受亚洲发展中国家欢迎，也得到越来越多发达国家的肯定，截至2017年6月成员总数已达80个。“一带一路”已成为开放包容的国际合作平台和顺应各国发展愿望的全球公共产品。

当今世界仍动荡不安，地区战乱冲突依然存在。中国始终坚持通过对话协商和平解决争端，反对动辄使用武力或以武力相威胁，主张摒弃冷战思维，走出一条各国共建、共享、共赢的安全之路，促进国际和区域的共同安全、合作安全、综合安全和可持续安全。面对现有国际秩序和国际体系，中国始终主张对其在维护中加以改革完善。中国积极致力于维护地区稳定与安全，通过亚洲相互协作与信任措施会议、上海合作组织和东亚合作框架等机制，促进地区国家安全防务交流合作。中国积极参与打击恐怖主义、维护网络安全、抗击传染疾病等国际合作，在国际安全事务中发挥着负责任大国作用。中方积极参与热点问题的和平解决，倡导并践行“解决热点问题三原则”：坚持不干涉别国内政，反对强加于人；坚持客观公道，反对谋取私利；坚持政治解决，反对使用武力。

中国在维护国家主权、安全和发展利益方面积极有所作为，展现了坚定的战略定力。在朝核问题上，中国秉持“三个坚持”立场：坚持半岛无核化、坚持半岛和平稳定、坚持通过对话协商解决问题。在海洋领土主权与权益争端问题上，中国主张通过和平方式解决，坚决捍卫中国在南海的领土主权和海洋权益，以“三不”原则回击菲律宾“南海仲裁案”，同时适时推进与菲律宾关系的全面转圜，挫败了域外国家干涉南海局势的图谋。中国坚定不移走和平发展道路，但决不以牺牲国家核心利益为代价。在日本右翼“购岛”问题上，中国坚持主权立场，宣布划设东海防空识别区并实施常态化巡航。中国不惹事也不怕事，坚持“底线思维”。“任何外国不要指望我们会拿自己的核心利益做交易，不要指望我们会吞下损害我国主权、安全、发展利益的苦果。”此外，在非传统安全领域和“软国力”竞争中，中国对“颜色革命”等“不战而胜”的图谋持高度警惕和防范，坚持切实“将自己的事情办好”。

中国积极推动文明交流互鉴。习近平主席指出，“文明因交流而多彩，文明因互鉴而丰富”。崇正义、重民本、尚和合、求大同，博大精深的中华文化赋予了中国外交独特的印记。中国外交致力于通过推动全方位人文交流，广结善缘，加强民心相通，让中国梦同各国人民的愿景“美美与共”。中国文化注重对内“强根固本”，对外“兼收并蓄”，以使国家“软实力”之影响在润物无声、潜移默化之中得到国际社会的认同和接受。中国外交努力探索“借船出海”，以平易近人的语言和方式，讲好中国故事，贡献中国智慧，分享中国方案。近年来，中国领导人出访安排常与“文化年”等国家级交流活动相伴。此外，杭州G20峰会、“一带一路”国际合作高峰论坛、厦门金砖国家峰会等大型主场外交的成功举办，亦展现了中国的综合实力和良好形象。中国外交坚持了政府“以人为本、外交为民”的执政理念，领事保护工作不断加强，切实维护了中国公民和企业在海外的合法权益。

四、结语

“忆往昔，峥嵘岁月稠”。纵观历史，中国外交之根本宗旨，正是始终服务于中国人民从“站起来”到“富起来”，再到“强起来”的伟大历史征程。

毛泽东为新中国外交奠立基础。为建立广泛的国际反法西斯统一战线，中国共产党外交开始起步。面对美国“遏制”政策，新中国成立后走上向社会主义阵营“一边倒”的道路。随着20世纪60年代国际形势变化，中国外交实施了“一条线”的战略调整。

20世纪80年代后，邓小平领导实施了中国外交又一次重大调整，开启了“独立自主的和平外交政策”时代。在邓小平理论、“三个代表”

重要思想、科学发展观指导下，独立自主的和平外交政策与“韬光养晦、有所作为”的外交战略，经受住了两极格局瓦解和世纪之交国际风云剧变的重大考验，为中国和平发展赢得了宝贵的战略机遇期。

21世纪开局十载之后，国际格局变化“沧海桑田”，中国和平崛起“邦旧命新”。习近平开启并领航的中国特色大国外交，以和平、发展、合作、共赢为鲜明旗帜。在习近平外交思想指引下，中国特色大国外交以深邃的全球视野，主动塑造大外交战略的顶层设计和全面规划；以恢宏的战略定力，根据客观需要确立近、中、远期阶段性目标；以周密的谋篇布局，积极引领和处理大国、周边、发展中国家和多边领域外交工作；以务实的方针政策，将合作共赢理念落实到政治、经济、安全、文化等各个方面。

回顾中国外交筚路蓝缕的历史征程，其成功之处就在于准确把握了国际形势发展和变化的大趋势，同时根据中国自身的实力、地位，实事求是地确立外交阶段性目标和路线方针。环视当今世界，各国相互依存继续加深，求和平、谋发展、促合作、图共赢已成为不可阻挡的时代潮流。中国特色大国外交准确把握人类前途命运、中国和世界发展大势，致力于实现持久和平，促进共同发展；坚持独立自主，海纳百川，开放包容；秉持客观公道，明辨是非，求同存异；寻求平等合作，和谐相处，共享共赢。

“雄关漫道真如铁”，在习近平外交思想指引下，不论国际风云如何变幻，中国特色大国外交都将继续以坚定的理想信念和责任担当，积极稳妥共筑“人类命运共同体”，在新的历史征程上栉风沐雨，锐意进取，开拓前行。

习近平外交思想开创中国外交新时代

中国国际问题研究基金会研究员　尹承德

习近平外交思想顺应时代和历史发展客观要求，是中国国际地位和世界力量格局深刻变化的产物，其中心思想是构建人类命运共同体和以合作共赢为核心的新型国际关系，包含新发展观、新安全观、新全球治理观、正确义利观和“一带一路”倡议等一系列重大新理念。这是在新的历史条件下对中国独立自主和平外交政策的丰富和完善，也体现了当代国际关系的本质和发展规律。习近平外交思想开创了有中国特色的外交新时代和外交新局面，并为促进世界和平与发展作出了重要贡献。

一、外交新思想是时代深刻变迁的产物

近年来，中国与世界形势和时代历史条件发生了深刻变化。中国前所未有地走近世界舞台中心，前所未有地接近实现中华民族伟大复兴的中国梦，前所未有地具有实现这一目标的能力与信心。这是因为经过近40年的改革开放和快速发展，中国面貌已改天换地，成为全球第二大经济体、第一大对外贸易国、第一大对外出口国、全球经济增长第一大贡献国、第二大商品进口国，在国际上的地位和作用空前增强，综合国力跻身世界强国之林前列。中国已进入中国特色社会主义新时代，这必然要求与新时代及中国国际新定位相适应的外交新思想、新理念、新战略。

世界正进入大发展、大变革、大调整的历史新时期，国际力量格

局正经历深度变动，全球发展势头南强北弱的态势愈益明显，世界多极化和经济全球化继续推进，和平与发展两大时代主题强势凸显。另一方面，天下仍不太平，国际上仍存在霸权主义和强权政治，大国之间地缘政治角力仍然剧烈，国际形势紧张动荡的一面加剧，局部战争时有发生，国际恐怖主义和核武器扩散及气候变化危机仍很严重，地区与国际热点问题顽症难解，全球性问题与危机层出不穷、此起彼伏，难民问题和跨国犯罪难以止息，传统与非传统安全问题交织增多。在经济领域，逆经济全球化思潮泛起，不少国家尤其是发达国家高筑贸易和投资壁垒，南北发展不平衡与贫富差距仍在加剧。国际体系改革滞后，全球和平赤字、发展赤字、治理赤字情势严峻。国际社会殷切希望中国为促进世界和平发展增添更多正能量，为破解全球难题和减除“三大赤字”提供智慧和方案。习近平外交思想因而应运而生。

二、习近平外交思想的基本内涵

习近平外交思想是一个全面系统完整的体系，博大精深。本文仅对其基本要点做一概述。

（一）构建人类命运共同体

提出构建人类命运共同体，有着重大的现实意义和深远的历史意义。这既是中国外交的总纲领和总目标，也为国际合作和人类进步指明了方向和路标，具有划时代的意义和作用。

构建人类命运共同体是基于世界愈益变成“地球村”的实际，也是经济全球化的逻辑延伸。随着全球化的深入和新科技革命的突破性进展，特别是信息技术及航天航空技术的发展，各国的互联互动空前紧密与频繁。尤其在经济上高度相互依存，水乳交融，你中有我，我中有你，谁也离不开谁，实际上结成了荣损与俱、休戚相连的利益共同体。人类命运从来没有像现在一样彼此密切相关。这为构建人类命运共同体提供了可能并奠定了一定基础。同时，面对发展困局，各国只有增强命运共同体意识，坚持实行经济全球化、贸易自由化、投资便利化，走合作共赢之路，才能破解发展难题，实现新一轮经济增长与繁荣。

构建人类命运共同体是确保世界和平安全的必由之路。面对前述对世界和平及人类安全构成严重威胁和挑战的世纪性全球性难题，没有任何一个国家能独善其身和单独应对，其根本解决之道就是各国协同努力构建人类命运共同体。只有这样，各国才能同呼吸共命运，亲切和谐相处，精诚团结合作，群策群力解困，从而能有效破解全球难题，清除各种危机，并能从根本上防止地缘战略冲突和对抗，实现普遍安全、共同安全和可持续安全，共享文明进步与发展繁荣成果。因此，习主席高瞻远瞩地指出："为了和平，我们要牢固树立人类命运共同体意识，相互尊重，平等相处，和平发展，共同繁荣，才是人间正道。"①

（二）构建以合作共赢为核心的新型国际关系

2013年3月21日，习主席在访俄期间首次提出这一崭新理念。旨在推动构建各国相互尊重、公平正义、平等互利、合作共赢的新型关系，以从根本上保障世界和平，实现共同繁荣。这一新理念超越了意识形态与地缘政治樊篱，同以零和博弈、强权政治为基础的西方传统权力制衡理念划清了界限。

习主席构建新型国际关系理念是对当代国际关系理念的重大创新和升华，指明了国际关系的方向和正道。为推进这一新理念的有效建构，习主席强调了以下原则。

---

① "中流击水——政治专题片《大国外交》解说词（第三集）"，《北京日报》2017年8月31日，第4版。

1. 国家平等原则

习主席一再强调，世界各国不分大小一律平等，这反映了以《联合国宪章》为代表的当代国际法的本质特征。世界各国都是独立国家，在国格上都是独立的、平等的。各国内部事务应由各国自己解决，国际事务应由各国共同参与协商解决。任何国家都不能也不应高人一等，将自己的意志强加于别国。习主席关于大小国家一律平等的思想是对现在仍很盛行的国际关系中以大欺小、恃强凌弱、以高压贫的强权政治丛林法则的彻底批判和否定，也是建立公正合理国际秩序的前提条件和构建以合作共赢为核心的新型国际关系的基本要素。

2. 不干涉内政原则

内政主权是一个国家最根本的核心利益和须臾不能或缺的国家名器。不损害他国主权、不干涉他国内政原则已载入《联合国宪章》，必然是构建新型国际关系的题中要义。习主席一再指出各国应遵守《联合国宪章》宗旨原则，互不干涉内政，互相尊重彼此主权、安全等核心利益，尊重各国自行选择本国社会制度和发展道路的权利。习主席阐述的这些理念进一步发展了《联合国宪章》所规定的不干涉内政原则，为构建新型国际关系指明了路径。

3. 互利互惠原则

互利互惠、共同发展繁荣，是构建以合作共赢为核心的新型国际关系的重要出发点和落足点。随着和平发展潮流和经济全球化的深入推进，各国经济已经联成一气，密不可分，任何一个国家不能离开同其他国家的合作而实现自身发展目标。为了更有效地推进合作，促进共同发展，有关国家应克服和消除损人利己、以邻为壑的思想与行动，在谋求自身利益的同时，兼顾他国利益，在互利互惠的基础上推动国际经济合作不断深入和扩大。习主席以一个世界大国领袖的博大胸怀，提出立己达人、兼济天下，以自身发展促进世界发展，以世界发展促进自身发展等一系列互利合作理念，提出国际合作应达到双赢、多赢、共赢的目标，并带领中国切实贯彻这些理念。这是开展国际经济合作的唯一正道。

4. 文明互鉴原则

全球有190多个国家和更多的民族，都分属不同的文明。文明是这些国家和民族的信仰与精神寄托，是不容侵犯的。不同的文明如何相待，是对立对抗还是和谐相处，关系到世界的和平与人类的福祸。西方有些政学界人士鼓吹“文明冲突论”，把西方文明吹成“绝对真理”，说西方文明将在“冲突”中战胜所有对手，成为人类社会的“终极文明”。这是西方的政治霸权主义向文明领域的延伸。“文明冲突”必然招致国家冲突、民族冲突，这种论调是极端荒谬与有害的。习主席有针对性地提出文明交流互鉴理念，深刻地揭示了文明的本质，指出各种文明都有自己的优长，应当交流对话而不应对立对抗，应当相互包容相互学习借鉴而不应相互歧视相互排斥。这对消除可能的文明冲突，促进不同文明和各国和谐相处，推动构建新型国际关系有重要指导意义和引领作用。

（三）促进世界发展的新理念

发展是当今时代两大主题之一和各国国家战略的中心目标，也是习主席构建合作共赢新型国际关系的根本要旨。他高度重视发展问题，将其视为中国和国际社会的第一要务，不遗余力地为世界发展贡献中国的智慧、方案和力量。为破解世界经济发展症结和困局，他开出了标本兼治、综合施策的“药方”，提出公平、开放、全面、创新的新发展观，平等、开放、合作、共享的全球经济治理观，开放、包容、普惠、平衡的经济全球化观等发展新理念。他针对逆全球化思潮，着重强调要扩大开放原则，主张各国实行“三化”，即经济全球化、贸易自由化、投资便利化；针对国际经济关系的不平等不公正现象，着重强调要进一步改革全球经济体系，增加新兴经济体和发展中国家在其中的代表性和发言权；针对世界经济发展不平衡，南北贫富差距扩大，着重强调“共享”原则，主张经济全球化之利更多地向发展中国家倾斜。这些理念和主张对症下药，切合实际，反映了全球经济复苏与发展的客观规律，符合各国的普遍利益和诉求，得到各国广泛认同与响应，将推动全球经济实现新一轮复苏与增长。

（四）“一带一路”倡议

在经济全球化遇挫、世界经济持续低迷之际，习主席于2013年秋提出共建“丝绸之路经济带”和“21世纪海上丝绸之路”倡议，旨在通过搭建区域和跨区域合作新平台，引导有关国家实行发展战略对接，优势互补，开展以基础设施建设为中心的深层次、宽领域、全方位互利合作，以大力提振经济，实现共同发展。

习主席在提出“一带一路”倡议的同时，还提出了有利于其发展的政策理念，主张发扬和平合作、开放包容、互学互鉴、共利共赢的丝路精神，坚持“共商、共建、共享”原则，消除社会制度和地缘界限隔阂，向全球各个国家开放，各参与国在完全平等和自立自愿原则基础上，实行“政策沟通、设施联通、贸易畅通、资金融通、民心相通”，以实现各国利益最大化和多元、平衡、强劲、可持续发展。这些契合了各国的发展需要与诉求，得到广泛响应和积极支持，使得“一带一路”建设顺利开展，成功实施，成果超过预期。现在，有100多个国家和国际组织积极支持和参与“一带一路”建设，68个国家和国际组织同中国签署了“一带一路”合作协议，30多个国家同中国开展机制化产能合作。中国倡建专门为“一带一路”提供金融服务的亚洲基础设施建设投资银行（亚投行），成员国达84个，包括发展中国家和发达国家。该行是第一家由一个发展中国发起成立，并起主要作用的全球性国际金融机构。在“一带一路”框架下实施的许多大型项目如经济走廊、港口、铁路、桥梁、水电等重大工程项目都已落地，其中有的已建成或已收获早期成果。经贸是“一带一路”的重点合作领域，成果斐然。2014—2016年，中国同“一带一路”沿岸国家贸易总额超过3万亿美元，对这些国家的投资超过500亿美元，中国企业已在20多个沿线国家建设56个经贸合作区。[①]

“一带一路”立足亚洲，以欧亚大陆为合作主舞台，面向五大洲。目前，“一带一路”参加国达65个，覆盖人口46亿，占全球人口62%；土地面积5000多万平方公里，占全球陆地39%；经济总量23万亿美元，占世界经济总量31%。[②]习主席倡建的“一带一路”是世纪性、历史性创举，已逐渐从理念转化为行动，从愿景转变为现实，成为当今世界最大的合作平台，也是全球合作共赢的最佳平台和经济全球化的标杆区和示范区。“一带一路”的崛起是当今世界有深远影响的重大政治经济事件，有利于促进世界的和平与发展和世界格局的进一步积极变化，其发展潜力巨大、前景宽广。

（五）大国担当新理念

经过近40年的改革开放和高速发展，中国的实力地位和国际角色发生了质的飞跃，已成为一个名符其实的世界大国。在这一重大历史背景下，习近平作为国家元首，首倡实行“中国特色大国外交”。这就要求中国在国际事务中，在世界和平发展事业中，承担大国应有的使命、责任和担当。习主席强调中国要为人类作出更大贡献，要为世界和平护航，做全球发展的促进者。习主席这些理念源于“天下为公”的深刻哲理，他指出：“中国人历来主张世界大同，天下一家。中国人民不仅希望自己过得好，也希望各国人民过得好。”[③]这就是习主席中国大国担当理念的出发点。

中国的大国担当还主要表现在行动上。在政治安全领域，中国不但是处理、解决全球热点问题和诸多危机与难题不可或缺的重要力量，还在联合国维和、亚丁湾护航、应对气候变化和非洲埃博拉重大疫情

---

① 习近平：“中国将为‘一带一路’注入强大动力”，《解放日报》2017年5月15日，第2版。

② “‘一带一路’沿线国家经济社会发展报告”，《腾讯教育》2017年5月12日。

③ “大道之行——政论专题片《大国外交》解说词（第一集）”，《北京日报》2017年8月29日，第3版。

等行动中作出了突出贡献。在发展领域，中国是推动全球经济增长的最大贡献者，还高举全球化与自由贸易的旗帜，为全球经济发展指明了方向，提供了智慧和良策良方，并作出了重大实际贡献。如，发起成立亚投行、丝路基金、金砖国家新开发银行，并是其中最大出资国，还设立“中国—联合国和平与发展基金”和“南南合作援助基金”等，为促进世界发展，特别是发展中国家的发展提供了巨大资金支持。中国是维护世界和平安全，促进共同发展繁荣的主力军。

三、中国新时代大国外交新局面

习近平外交思想开创了中国外交新时代。其标志是中国外交进入鼎盛时期，中国的伙伴和朋友圈基本上实现了全球覆盖。中国国际地位、作用与影响力空前提升，迈步走向世界政治、经济舞台中心。其主要表现是近年来中国特色大国外交不断开创新局面，国际关系全面突进、精彩纷呈、亮点凸显，其中突出主要有三点。

（一）多边外交大放异彩

十八大以来，中国多边外交空前活跃，成果空前丰硕。在联合国框架中的全球性活动或会议上，在区域与跨区域组织和论坛领导人峰会上，中国的方案与主张基本上成为其共识与基调，并为其成功发挥了主要沟通与协调作用。尤其是近年来举办的多场大型主场外交活动都取得重大历史性成果，使中国一时成了举世瞩目的中心。如2014年11月在北京举行的APEC峰会和2016年9月在杭州举行的G20峰会是该两组织历次峰会中成果和意义最大的，已成为其发展史上的里程碑。尤其是2017年5月在北京举行的“一带一路”国际合作高峰论坛，有29个国家元首、政府首脑和100多国的政府高官及代表共1500多人参加，是共和国历史上一次规模最大的国际盛会，取得巨大成功，达成

270多项成果清单。[①] 会议规划了“一带一路”合作路线图，确定了重点合作领域和行动路径。为推进“一带一路”后续发展，习主席在会上宣布中国将向丝路基金增资1000亿元人民币，并鼓励金融机构开展人民币海外基金业务，规模约达3000亿元人民币。中国国家开发银行、进出口银行将分别提供2500亿元和1300亿元等值人民币专项贷款，[②] 用于支持“一带一路”建设合作。这是中国对“一带一路”建设的巨大支持，充分展示了作为倡导者的担当和责任。这些表明“一带一路”已进入全面展开的新阶段。

中国在国际多边舞台提出的方案、主张和作出的独特贡献，不但丰富和完善了有关国际多边组织、机制的运行规制，也丰富和完善了全球经济和国际秩序治理的“游戏规则”。这映衬出中国已从多年前物质产品的提供者转变为同时也是国际公共产品的提供者，已从国际规则遵从者转变为同时也是国际规则的制定者和国际秩序的塑造者。中国的国际角色定位发生了一定质变，开始跻身世界要角与主角之列。

（二）大国关系显著提升

中国高度重视发展与大国关系，将之视为中国外交的关键和重点。中国坚持在《联合国宪章》与和平共处五项原则的基础上，实行不结盟、不对抗、不针对第三方的方针，致力于同各大国发展相互尊重、合作共赢的新型关系，取得显著成效。

中俄关系稳步推进。两国元首保持密切交往，5年来互访与会晤达22次之多，这在中外国际交往中是罕见的，是两国关系高水平和特殊性的标志。双方全面战略协作伙伴关系不断深化，各个领域的合作都处于历史最好水平，其中成果突出的领域有三：一是军事安全合作不断增强。2017年6月初，两国防长签署了2017—2020年两国发展军事

---

① 张全、张煜：“高峰论坛成果丰富”，《解放日报》2017年5月16日，第9版。

② 同上注。

合作“路线图”，将两军关系提升到了一个新阶段，军工合作和两军联合军演显著扩大与加强。特别是军演范围继从南海扩大到日本海，再扩大到地中海，2017年又首次在波罗的海举行多兵种反潜演习，实质提升应对共同威胁联合实战能力。二是双方扎实推进“一带一路”建设同俄罗斯发展战略及同俄罗斯主导的欧亚经济联盟规划的对接，并积极探讨北极航道合作，共同打造“冰上丝绸之路”。这将大幅提升以基础设施联通合作为中心的两国全面经贸合作。三是中俄国际合作更加同步。2017年7月上旬，习主席访俄时同普京总统就当前国际形势和重大国际问题发表联合声明，双方同意在处理重大国际事务中把彼此沟通协调和战略合作放在优先位置，共同维护国际战略平衡与稳定。中俄作为世界和平与安全中流砥柱的作用进一步加固与加强。在两国元首的直接引领下，中俄关系处于历史最好时期，并成为大国、邻国关系的典范。

中美关系稳中有进。特朗普入主白宫不久，即改变此前表现的对华强劲立场，转而采取建设性务实态度，使中美关系出现历届美国总统上任第一年罕见的积极进展。以特朗普上任不足3月就邀请习主席赴美与他举行海湖庄园会晤为开端，两国元首迅速建立了个人友谊与良好工作关系，年内互访与会晤3次，通热线电话10次，协调与保障了两国关系稳中有升。以习特海湖庄园会晤为基础，中美关系取得重要乃至某些突破性进展，两国建立了外交安全对话、全面经济对话、执法及网络安全对话、社会和人文对话四个高级别对话机制，制定了加强双边经贸关系的“百日计划”。双方还决定建立两军联合参谋部对话机制，以加强两军交往与合作。四个高级别对话机制都卓有成效地举行了首轮对话，“百日计划”取得预期成果，推动中美关系全面提升。2017年11月上旬特朗普总统赴华进行国事访问，是年内中美关系的“压轴戏”，取得重大成功。此访进一步加深了两国元首的友谊与互信，在一系列重要双边和国际领域达成了重要共识，尤其在经贸领域取得突破性成果，双方共签署34个合作项目，金额达2535亿美元，其数额之巨在中外经贸交流史上是罕见的。双方还同意年内举行两军联合参谋部对话机制首次对话，和人道主义救援减灾联合实兵演练。这些为中美关系行稳致远打下了一定基础。

中欧关系稳步提升。中欧在已建立全面战略伙伴关系和共同打造和平、增长、改革、文明四大伙伴关系的基础上，相互关系不断全面深入发展，形成了以领导人会晤机制为政治引领，高级别战略对话、经贸高层对话、高级别人文对话机制为支柱的“1+3”高层对话格局和约70个各阶层交流对话平台。2017年习主席三度访欧，给中欧关系注入新的强大动力。这些保障中欧关系沿着平等互利、合作共赢的正确轨道前进，使中欧关系成为中国同西方大国关系的“领头羊”。当前，中欧合作继续拓宽和加深，尤其是作为中欧关系“压舱石”的经贸关系呈强劲增长态势。2016年双方贸易额达3.61万亿元人民币，2017年前三个季度双方贸易同比增长16.4%，增速居于中国和所有外贸伙伴的前列。欧盟继续保持中国第一大贸易伙伴地位。中欧还是相互主要的外资来源地和旅游目的地之一。中国同欧洲主要大国的关系也迈上新台阶。中英关系开启通往“黄金时代”的大门；中法关系保持高水平运行，特别是习主席同新总统马克龙会晤达成诸多共识，开创中法全面战略伙伴关系新阶段；中德关系走在中国与欧盟成员国关系的前列。2017年是中德建交45周年，习主席应邀再次访德，双方达成诸多重大成果，推动中德全方位战略合作进到新层次，达到新高度，并推动中欧关系更强劲发展。

中东欧16国同中国在“16+1”机制下的合作呈加速发展之势。双方在“一带一路”框架下的合作取得实质性进展。该16国绝大多数是欧盟成员，它们同中国的紧密合作本身就是中欧关系积极发展的组成部分，并会推动中欧整体关系的上升势头。

中日关系出现改善迹象。日本政府对中国“一带一路”倡议从抵制转变为赞赏，表示愿意参加“一带一路”合作。

（三）经略周边显成效

营造周边和平环境是中国对外政策的核心目标和首要任务。以习近平总书记为首的党中央根据“亲诚惠容”和睦邻、友邻、富邻的方针，大力经营周边，深化同邻国的平等互利共赢合作，妥善有效化解矛盾纠纷，促进了周边地区总体上的和平稳定，中国同周边国家关系普遍提升。

从北面的东北亚到中亚，再到南亚、东南亚，以“一带一路”建设为抓手，以共同参与的有关区域合作组织为依托，中国同这些地区国家的睦邻友好合作关系大多处于历史最好时期。其中两方面尤为突出，一是在东北亚。尽管半岛局势依然紧张，甚至剑拔弩张，而中国提出的解决朝核问题“双暂停”“双轨并行”思路，和通过谈判和平解决的主张是唯一可行之路，有利于维护半岛与东北亚和平大局。中国同韩国因“萨德”问题陷于紧张的关系出现了转机。2017年11月初，习主席同文在寅总统会晤，双方就阶段性处理“萨德”问题达成重要共识，韩方承诺不追加“萨德”系统、不加入美国反导体系、不发展韩美日三方军事同盟。随后文总统访华取得重要成果，尤其是重申“三不”承诺，对两国关系全面恢复发展有积极意义。

二是在东南亚。中国同东盟关系是中国周边外交的一大闪光点。2017年夏，双方在落实《南海各方行为宣言》基础上，达成了“南海行为准则”框架协议，朝将南海建成“和平之海”迈出了一大步。双方经贸关系继续迅猛发展，2016年双方贸易达4522亿美元，互为主要贸易伙伴。2017年1—7月，双向贸易同比增长14.5%，[①] 高于中国整体贸易增速。中国与东盟双向投资增速迅捷，互为主要的投资伙伴。现在双方已完成自贸区升级版谈判，经贸关系将进一步提升，有望实现到2020年双向贸易额达到1万亿美元，新增双向投资1500亿美元的目

① “中国—东盟携手共谱繁荣新篇章”，新华社北京（2017年）11月12日电。

标。[①] 双方人文交流愈益密切，已成中国—东盟关系的新支柱。2016年，双方人员往来突破3800万人次，每周往来双方各地的航班突破2700架次，双方互派留学生接近20万人次。[②] 中国与东盟各成员国的双边关系也得到进一步改善和深化。这些保障了南海局势持续走向缓和与稳定。

（四）同南方国家的团结与合作谱新篇

在新时期，中国加大了对发展中国家的支持力度，坚持把发展问题，主要是发展中国家的发展问题列入联合国和全球性与多边活动的优先议程，力主把增加发展中国家的代表性和发言权作为全球治理和国际秩序与体制改革的重要内容。为了促进发展中国家经济增长，缩小南北贫富差距，中国大力推动和参与南南合作、南北合作，积极推动落实联合国《2030年可持续发展议程》。中国"一带一路"倡议主要面向发展中国家，让它们更多更好地分享中国的发展经验与成果。中国更加鲜明地为发展中国家在国际上仗义执言，坚定地维护它们的独立、主权和正当权益。这些进一步证明中国永远是发展中国家同呼吸共命运肝胆相照的好朋友、好兄弟，极大地增强了两者之间的向心力与凝聚力。

中国同发展中国家的交流合作日益紧密。现在，中国与所有已建交的发展中国家基本上都建立了战略合作伙伴关系，与世界各个地区的发展中国家都建立了区域合作组织和合作论坛等合作机制，实现了面向发展中国家的地区多边合作架构全球覆盖，全面提升了中国同各地区发展中国家的友好合作关系。

对非关系是中国对发展中国家关系的重点。中国根据习主席提出的"真实亲诚"对非方针，全面加强了对非工作。随着"一带一路"建设在非洲落地，中非高层互访更加频繁，政治互信愈增，经贸关系

---

① "中国—东盟携手共谱繁荣新篇章"，新华社北京（2017年）11月12日电。

② 林昊、宋聃："中国—东盟合作为东盟时话伙伴关系树立典范"，新华社马尼拉（2017年）11月12日电。

更向深度和广泛扩展。中国连续多年是非洲第一大贸易伙伴和主要外资来源地之一，蒙内铁路等重大基础设施建设项目业已告峻工或取得重要进展。特别是习主席2015年12月在中非合作论坛的约翰内斯堡峰会上宣布，在未来三年同非洲国家实施“中非十大合作计划”，帮助非洲国家实现工业、农业、基础设施等领域的现代化，中国将提供600亿美元的发展资金支持。[①] 现在该计划正在全面实施中。中非关系已提升至一个新的发展阶段。

中国与拉美国关系发展顺利，成果显著。双方高层互访频密，习主席主政以来三访拉美，拉美国家领导人接踵访华，双方确立了平等互利、共同发展的全面合作伙伴关系，建立了中拉论坛，特别是习主席2016年11月对厄瓜多尔、秘鲁、智利的成功访问及其后中国政府发表对拉美和加勒比政策文件，将中拉关系推向一个新的历史起点。现在中国已同9个拉美国家建立了战略伙伴关系，同7个拉美国家建立了全面战略伙伴关系。中拉关系形成了政治、经贸、人文、国际事务、整体合作和双边关系互相促进的“五位一体”新格局；建立了“1+3+6”（《中拉国家合作规划》“一个规划”，贸易、投资、金融“三大引擎”，能源等“六大领域”）经贸合作新框架，双方务实合作皆获预期成果。2016年中拉贸易总额达2166亿美元，中国对拉美直接投资超过1500亿美元。中国成为拉美的第二大贸易伙伴、第三大投资来源国。

中国同中东国家的友好合作关系稳步发展。中国依据《联合国宪章》，为处理解决中东热点问题提出了公正合理的主张，一贯支持巴勒斯坦人民争取恢复民族权利的正义斗争，在推动伊朗核问题达成最后协议和缓和中东紧张局势方面作出了重要贡献，受到中东地区国家的普遍赞赏。习主席在2014年6月于北京举行的中国—阿拉伯国家合作论坛第六届部长会议上，提出中国和阿拉伯国家合作共建“一带一路”

---

① 陈涛：“转型升级中的中非合作”，《国际问题研究报告》，世界知识出版社，2017年，第346页。

倡仪，构建中阿“1+2+3”合作格局，即以能源合作为主轴，以基础设施建设、贸易与投资便利化为两翼，以核能、航天工程、新能源三大高新领域为新的突破口的合作格局，得到阿拉伯各国的高度评价和积极响应，推动中阿关系迈上新台阶。2016年初，习主席出访沙特、埃及、伊朗三个中东大国，取得丰硕成果，中方分别同三国签署了共建“一带一路”谅解备忘录，为中国与其友好合作关系的深入发展注入强大新动力。中国同包括伊朗、土耳其、以色列在内的中东所有国家全方位互利共赢合作关系尤其是经贸关系蓬勃发展。2014年，双方贸易总额达到3398.63亿美元，中国从中东进口原油达到1.8亿吨。[①] 中东是中国进口原油最大来源地。近2年由于地区和世界经济复苏疲弱及油价走低等原因，双方贸易额有所减少，但仍在高水平上运行，中东仍是中国进口石油最多之地。

（五）经济外交结硕果

在全球经济和贸易投资持续低迷之际，中国对外经济关系逆势上扬。2017年前三季度，中国进出口贸易总额达20.29万亿元人民币，同比增长16.6%。[②] 2016年，中国对外直接投资流量达1961.5亿美元，同比增长34.7%，累计存量为13573.9亿美元。[③] 中国已成为全球最大的外贸国和主要外资输出国之一。

经济外交的重要成果是人民币国际化稳步推进。2016年10月人民币正式纳入IMF特别提款权货币篮子，这是人民币国际化的里程碑。截至2016年底，人民币已成为全球第六大支付货币，有60多个国家和地区将人民币纳入外汇储备，其国际储备货币功能愈益显现；中国人民银行与36个国家和地区的中央银行或货币当局签署了双边本币互换

---

① 姚匡乙：“中国与中东国家共建‘一带一路’新发展”，《国际问题研究报告》，世界知识出版社，2016年，第404页。

② 《2016年度中国对非直接投资统计公报》，商务部合作司，2017年9月30日发布。

③ “央行发布《2017年人民币国际化报告》”，《新民晚报》2017年10月19日。

协议，总金额超过3.3万亿元人民币，在23个国家和地区建立了人民币清算安排，便利境外主体持有和使用人民币。[①] 人民币国际化步伐加快对促进中国整体经济发展和提升中国在世界经济、政治中的作用与地位有重要意义。

习主席外交思想及其实践指引中国外交从成功走向成功，对维护地区和世界和平，促进各国共同发展也起了重要的引领作用。当前，我国外部环境和国际形势在向好演进的同时，还存在着严峻挑战与不稳定、不确定因素。中国外交机遇与挑战并存。无论是延长和更好地利用中国的战略机遇期，还是更有效和成功地应对挑战，我们都必须更好更扎实地贯彻、实践习近平外交新思想，不断增强国力，这样才能立于不败之地。

① 《中国对外贸易形势报告》(2017年秋季)，商务部国际贸易经济研究院，2017年11月7日发布。

中国进入全球外交新时代

清华大学国际关系研究院副院长、教授　赵可金

世界正处于大发展大变革大调整时期。迄今为止，21世纪最大的国际政治变化就是中国在世界舞台上的快速崛起，这意味着国际力量对比正发生自近代以来最具历史意义的大变革。欧美发达国家受到全球金融危机引发的一系列国际国内问题影响而实力相对下降，以中国为代表的一大批新兴经济体集体性崛起，推动国际力量对比更趋均衡。与近代以来的以往大国崛起不同，中国崛起不仅意味着国家实力的崛起，而且意味着非西方文明和文化的崛起，也就是美国著名国际政治思想家亨利·基辛格在《世界秩序》一书中所提及的“政治正统性”的崛起。

在中国国际影响力日益扩大的过程中，中国与世界的关系发生了历史性的变化。在十九大报告中，习近平宣告：经过长期努力，中国特色社会主义进入了新时代，这是我国发展新的历史方位。同时指出，这个新时代，是我国日益走近世界舞台中央、不断为人类作出更大贡献的时代。一个日益强大的中国在世界舞台上扮演什么角色，发挥什么作用以及实行什么样的政策，整个世界都在关注，中国自身也在积极思考。在十九大报告中，习近平同志明确提出，坚持和平发展道路，推动构建新型国际关系，构建人类命运共同体，为人类作出新的更大贡献。这是一个关乎治国理政全局的重大政治判断，也是新时代中国特色社会主义的重大战略选择，它意味着中国在实现了站起来、富起来的历史性任务基础上，正在阔步进入在国际舞台上强起来的新长征，规划了较长一段时期内中国对外事务的战略重心和努力方向。

一、全球外交

中国的发展离不开世界。诚如习近平同志在十九大报告中所指出的那样，开放带来进步，封闭必然落后。中国开放的大门不会关闭，只会越开越大。党的十八大以来，在以习近平同志为核心的党中央领导下，全面推进中国特色的大国外交，形成全方位、多层次、立体化的外交布局，为我国发展营造了良好外部条件。无论从涉及的地区和领域，还是从产生的国际影响力来讲，中国外交已呈现全球外交的鲜明特征，这意味着中国与世界各地休戚相关，实现中国梦离不开和平的国际环境和稳定的国际秩序，要求中国外交以参与全球事务、应对全球挑战为基本使命。

但是，长期以来，中国一直以一个发展中大国的角色出现在世界舞台上，在国际事务中恪守韬光养晦的外交方针，不打旗、不当头、不称霸，把主要精力放在推动国内现代化建设上，这是与当时的中国国家实力相适应的。随着中国日益走近世界舞台的中央，国际社会对中国承担国际责任的期待也在日益上升。当前，世界和平与发展领域面临着众多全球性问题，世界各国面临着众多共同挑战，比如世界经济增长动能不足，贫富分化日益严重，地区热点问题此起彼伏，恐怖主义、网络安全、重大传染性疾病、气候变化等非传统安全威胁持续蔓延。面对这些挑战，任何一方都难以独善其身，需要国际社会同舟共济，合作应对。在十九大报告中，习近平强调指出：中国始终做世界和平的建设者、全球发展的贡献者、国际秩序的维护者。这是中国共产党对全球化时代中国国际角色定位的最新阐述，意味着中国致力于积极应对人类共同挑战，通过发展全球伙伴关系、推进全球发展外交、全球治理外交，在解决全球问题上为人类作出更大贡献。

中国的全球外交要在继承中创新，在创新中前进。中国高举和平、发展、合作、共赢的旗帜，恪守维护世界和平、促进共同发展的外交政策宗旨，坚定不移地在和平共处五项原则基础上发展同各国的友好合作，推动建设相互尊重、公平正义、合作共赢的新型国际关系，倡导构建人类命运共同体，促进全球治理体系变革，为世界和平与发展作出新的重大贡献。尤其是在构建人类命运共同体方面，十九大报告做出了进一步的概括，强调在国际上建设持久和平、普遍安全、共同繁荣、开放包容、清洁美丽的世界的“五个世界理念”，与国内发展提出创新、协调、绿色、开放、共享的“五大发展理念”彼此呼应，融合发展，形成了国际国内一盘棋的全球外交思路。这是中国共产党应对人类共同挑战提出的中国方案，是今后较长一段时期内中国外交的总任务。

中国实施全球外交，并不意味着改变和平外交。习近平在十九大报告中指出，中国坚定奉行独立自主的和平外交政策。与以往大国为追求一己之私而不惜对其他国家动辄使用武力的做法不同，中国的全球外交是和平外交和发展外交。中国尊重各国人民自主选择发展道路的权利，反对把自己的意志强加于人，反对干涉别国内政，反对以强凌弱，也决不会以牺牲别国利益为代价来发展自己，决不放弃自己的正当权益，强调任何人不要幻想让中国吞下损害自身利益的苦果。可以说，中国是一支捍卫世界和平，促进共同发展的正义之师、和平之师。

中国实施全球外交，并不意味着寻求霸权外交。习近平在十九大报告中指出，中国奉行防御性的国防政策。中国的发展不对任何国家构成威胁。反对霸权主义和强权政治，是中国外交的坚定立场。诚如习近平强调的那样，中国无论发展到什么程度，永远不称霸，永远不搞扩张。这一鲜明立场也向世界宣告，中国外交在全球舞台上是维护世界和平的力量，不是称王称霸的力量。

二、全球伙伴

随着中国融入国际社会，推动构建新型国际关系和构建人类命运共同体均要求中国外交呈现新的气象，发展以我为主、面向全球的伙伴关系格局。对此，十九大报告指出，“中国积极发展全球伙伴关系，扩大同各国的利益交汇点。”这一判断回答了中国与谁发展外交关系，发展什么样的外交关系，以及如何发展外交关系的问题。世界上的所有国家，不管地处哪里，也不管与中国存在什么样的差异，中国都愿意与之发展全球伙伴关系，积极扩大同各国的利益交汇点。具体来说，主要包括四个层面：

一是推进大国协调和合作，构建总体稳定、均衡发展的大国关系框架。大国关系历来是中国外交的主战场，发展什么样的大国关系，一直是中国外交战略的关键问题。新中国成立后，面对两极对峙的国际格局，中国在大国外交中奉行“一边倒”的立场。后来，随着中美苏大国关系的复杂互动，中国的大国外交走过了曲折的发展历程。十一届三中全会以后，中国在大国外交上奉行独立自主和不结盟的方针，同各方都发展友好合作关系。20世纪90年代以后，中国与俄罗斯等国家积极探索不结盟、不对抗、不针对第三国的新型国家关系，探索建立不同形式的战略伙伴关系，取得了积极进展。进入21世纪以后，面对大国关系的新变化，中国又与美国积极探索构建不冲突、不对抗、相互尊重、合作共赢的新型大国关系。在总结大国外交的经验教训基础上，十九大报告正式确定推进大国协调和合作，构建总体稳定、均衡发展的大国关系框架，这为中国的大国外交指明了方向。这一判断的创新之处在于强调构建大国关系框架，而非仅仅注重发展大国外交本身，尤其是强调总体稳定、均衡发展，意味着在推进战略合作伙伴维度的同时，更加注重经济合作伙伴、执法合作伙伴和人文合作伙伴等维度，不断为大国关系充实更多内涵，不断注入正能量，使得中国的大国外交更具自信、更加全面和更为成熟。

二是按照亲、诚、惠、容理念和与邻为善、以邻为伴周边外交方针，深化同周边国家关系。作为亚太地区天然的地缘政治大国，中国历朝历代的统治者都把与周边地区外交关系摆在首要地位。新中国成立以来，周边地区亦是中国外交的重要组成部分。随着中国在国际舞台上的快速崛起，中国与周边地区关系的战略重要性更加凸显。党的十八大以来，适应国际国内形势的变化，以习近平为总书记的党中央在保持外交大政方针延续性和稳定性的基础上，积极运筹外交全局，进一步突出周边在我国发展大局和外交全局中的战略地位，周边地区成为中国外交的战略重心。在十九大报告中，在坚持与邻为善、以邻为伴周边外交方针的基础上，明确了亲、诚、惠、容作为周边外交的指导理念，强调深化同周边国家关系。亲、诚、惠、容的指导理念意味着中国周边外交将会发生深刻变化，在强调扩大中国与周边国家利益共同点和交汇点的同时，更强调讲原则、讲情谊、讲道义，赢得更多可靠朋友和真诚伙伴，打造周边命运共同体。在具体外交措施上，将突出推动建设互联互通基础上的高质量自由贸易区，发展形式多样的战略伙伴关系，不断夯实周边战略基础。

三是秉持正确义利观和真、实、亲、诚理念，加强同发展中国家团结合作。发展中国家是中国外交的坚实基础。十九大报告第一次将正确义利观和真、实、亲、诚理念写入文件，强调同发展中国家交往中大力弘扬正确义利观，坚持义利并举、义重于利、互利共赢的方针，“要讲感情，讲危难之中见真情”，构建与发展中国家的“命运共同体”。这些理念的提出，意味着中国不仅把自己看作是发展中国家的一部分，而且将自己牢固定位为一个发展中大国，在加强同发展中国家团结合作上更加进取担当，更加奋发有为，为广大发展中国家团结合作提供更多经济、政治乃至话语权上的支持。

四是加强同各国政党和政治组织的交流合作，推进人大、政协、军队、地方、人民团体等的对外交往。十八大以来，中国全面推进中国特色大国外交，已经形成全方位、多层次、立体化的外交布局，为我国发展营造了良好外部条件。政党外交、人大外交、政协外交、军队外交、地方外交和人民团体外交越来越成为中国立体化外交格局的重要组成部分，也是中国特色大国外交的重要力量。

三、全球发展

开放带来进步，封闭必然落后。中国开放的大门不会关闭，只会越开越大。对外开放是中国的一项基本国策，坚持互利共赢的开放战略，是新时代中国对外开放的基本方略。十九大报告指出，坚持对外开放的基本国策，坚持打开国门搞建设，意在开创对外开放的“升级版”，推动形成全面开放新格局。具体来说，包括以下四个方面。

一是积极促进“一带一路”国际合作，努力实现政策沟通、设施联通、贸易畅通、资金融通、民心相通，打造国际合作新平台，增添共同发展新动力。“一带一路”是习近平总书记提出的重要倡议，也是新时代全球发展的“中国方案”，意在打造国际合作新平台，增添共同发展新动力。这一倡议引发了国际社会的高度关注，一些国家和国际组织积极响应，建设进展迅速。十九大报告强调，要以“一带一路”建设为重点，坚持引进来和走出去并重，遵循共商、共建、共享原则，加强创新能力开放合作，形成陆海内外联动、东西双向互济的开放格局。同时，“优化区域开放布局，加大西部开放力度。赋予自由贸易试验区更大改革自主权，探索建设自由贸易港。”显然，“一带一路”作为中国对外开放和经济外交的顶层设计，为中国发展搭建了更广阔的全球共同发展的大舞台。

二是加大对发展中国家特别是最不发达国家援助力度，促进缩小南北发展差距。与欧美发达国家片面强调维护自有资本利益的经济全球化方案不同，中国提出的全球发展方案强调全面的经济全球化，强调尊重建设参与国的核心利益、社会制度、文化传统和发展道路，努力实现包容开放、合作共赢。尤其是十九大报告强调加大对发展中国家特别是最不发达国家援助力度，促进缩小南北发展差距，意味着中国在援助发展中国家上将更加积极，更有力度，努力做一个负责任、敢担当的发展中大国，推动经济全球化朝着更加开放、包容、普惠、平衡、共赢的方向发展。

三是中国支持多边贸易体制，促进自由贸易区建设，推动建设开放型世界经济。随着中国对外开放的日益深入，中国经济与世界经济已经融为一体，市场化水平不断提高。面对欧美发达国家一些反思和质疑经济全球化的声音和思潮，以及形形色色的保护主义和排外主张，中国坚持建设开放型世界经济的大方向，支持世界贸易组织等多边贸易体制，努力纠正和超越近代以来西方主导的经济全球化方案，推进全球化的道路创新、理论创新、制度创新和文化创新。十九大报告特别强调拓展对外贸易，培育贸易新业态、新模式，推进贸易强国建设。十八大以来，中国在上海、广东、天津、福建、河南、四川等地陆续建立了自由贸易试验区，实行高水平的贸易和投资自由化、便利化政策，全面实行准入前国民待遇加负面清单管理制度，大幅度放宽市场准入，扩大服务业对外开放，保护外商投资合法权益。同时，目前中国已经与东盟、智利、巴基斯坦、新西兰、新加坡、秘鲁、哥斯达黎加、冰岛、瑞士、韩国、澳大利亚等签订了自由贸易协定，中国贸易自由化、便利化的方向不可逆转，必将推动中国实现从贸易大国向贸易强国的转变。

四是创新对外投资方式，促进国际产能合作，形成面向全球的贸易、投融资、生产、服务网络，加快培育国际经济合作和竞争新优势。随着中国参与世界经济水平的不断提升，中国不仅成为贸易大国，也日益成为投资大国。中国是一个吸引外资的大国，引进外资的规模长期保持稳定，已连续25年居发展中国家首位。中国也是一个对外投资大国，截至2016年底，中国对外直接投资存量超过1.3万亿美元，境外资产总额达到5万亿美元，中国对外投资流量连续两年居世界第二位，对世界经济的贡献率越来越高。近年来，中国对外投资的产业布局正加速趋向完善，国际产能合作发展迅猛。中国制造业在2016年的对外投资规模达到290.5亿美元，同比增长45.3%，一批钢铁、水泥、有色、汽车等领军企业在境外建设生产基地，国际产能合作稳步推进。同时，对外承包工程合同额达到上亿美元的大项目共有482个，带动了中国装备、技术、标准和服务“走出去”。不难看出，中国的经济外交正在成为新时代中国外交最具竞争力的生力军。

四、全球治理

随着国际力量对比更趋均衡和世界经济格局的深刻转型，以中国为代表的一大批新兴经济体国家和广大发展中国家强烈呼吁变革全球治理体系，推动全球治理体系向着更加公正合理的方向发展。党的十八大以来，中央政治局在两次政治局集体学习中讨论全球治理问题，习近平总书记也在多个场合阐述了中国的全球治理观，提出“全球治理体系是由全球共建共享的，不可能由哪一个国家独自掌握”，“要推动全球治理理念创新发展，积极发掘中华文化中积极的处世之道和治理理念同当今时代的共鸣点，继续丰富打造人类命运共同体等主张，弘扬共商共建共享的全球治理理念”。在十九大报告中，明确提出中国秉持共商、共建、共享的全球治理观。显然，中国全球治理观的核心是全球范围的众多事情大家一起商量着办，不能由一家说了算，全球治理体系的规则和制度需要大家一起建设，由此产生的成果也将由大家一起分享。具体来说，包括以下四个方面：

一是倡导国际关系民主化，坚持国家不分大小、强弱、贫富一律平等。全球问题的治理，需要全球范围的普遍参与。其中，国家是全球治理最重要的参与方，全球治理的结果对各方都有影响，必须同舟共济，一视同仁。因此，中国的全球治理观倡导国际关系民主化的大方向，在外交政策原则上坚持国家不分大小、强弱、贫富一律平等。

这一原则立场与欧美国家强调的强权政治形成了鲜明的对比，有着显而易见的正当性和优越性，代表着全球治理的未来。

二是支持联合国发挥积极作用。在秉持共商、共建、共享的全球治理观的同时，如何对待现有的全球治理体系，如何建设一个更加公正合理的全球治理体系，是一个不容回避的问题。对此，习近平强调指出，“这种改革并不是推倒重来，也不是另起炉灶，而是创新完善”。在全球治理体系中，作为规模最庞大、领域最广泛的国际组织，联合国在全球治理中扮演着至关重要的角色。近年来，一些发达国家为一己之私虚化和弱化联合国的做法，不仅无益于全球治理的进步，反而会制造更多的问题和挑战。因此，十九大报告进一步强调要支持联合国发挥积极作用，在维护和加强联合国地位的基础上，推进全球治理体系的改革和完善，是新时代加强全球治理唯一正确的道路。

三是支持扩大发展中国家在国际事务中的代表性和发言权。当前全球治理体系的一个重要问题是广大发展中国家在国际事务中的代表性和发言权不足，导致其面临的诸多现实问题长期得不到有效解决，存在着严重的“治理赤字”。为此，作为中国外交的重要立足点，中国坚决支持扩大发展中国家在国际事务中的代表性和发言权，在联合国改革、国际货币基金组织份额和投票权改革、世界银行改革、世界贸易组织改革，以及一系列地区和国际制度改革问题上，代表发展中国家声音，支持发展中国家立场，推动全球治理体系向着更加公正合理的方向发展。

四是发挥负责任大国作用，为全球治理体系建设和改革贡献中国智慧和力量。随着中国实力和国际影响力的上升，国际社会都盼望中国在全球治理中发挥负责任大国作用。近年来，中国积极回应国际社会的期待，积极参与全球经济治理和公共产品供给，不断提高在全球经济治理中的制度性话语权，构建广泛的利益共同体。比如中国在国际货币基金组织中的份额和投票权升至第三位，人民币加入特别提款权货币篮子，中国成为欧洲复兴开发银行成员，“一带一路”建设稳步推进并取得早期收获，亚洲基础设施投资银行投入正式运营等，中国在全球治理中的角色越来越重要。十九大报告进一步明确提出要为全球治理体系建设和改革贡献中国智慧和力量，意味着中国将越来越强调提出中国方案，贡献中国智慧，提供更多国际公共产品。

总之，在中国特色社会主义进入新时代后，中国外交也步入了中国特色大国外交的新时代。这一时代的显著特征是中国日益走近世界舞台中央，不断为人类作出更大贡献。在对外关系上，中国特色大国外交已经呈现为全球外交的格局，不管世界风云如何变幻，中国将牢牢把握战略机遇期，坚定不移地发展全球伙伴关系，促进全球共同发展，推进全球治理完善，同各国人民一道，推动新型国际关系建设，推动人类命运共同体建设，共同创造人类的美好未来。这是十九大确立的新时代中国特色大国外交的基本方略和外交路线图。

“一带一路”与中国大国担当

中国国际问题研究所副研究员　万玲英

在世界金融危机余波荡漾，逆经济全球化思潮泛滥，世界经济复苏乏力和全球贸易持续低迷背景下，习近平主席于2013年秋先后提出共建“丝绸之路经济带”和“21世纪海上丝绸之路”（“一带一路”）的重大倡议。“一带一路”旨在通过搭建区域和跨区域合作新平台，引导有关国家实行发展战略对接，优势互补，开展以互联互通为中心的深层次、宽领域、全方位密切合作，以群策群力促增长，实现合作共赢共同发展，同时为经济全球化注入强大新动力，以促进全球经济强劲复苏与增长。“一带一路”沿线地区实际上成为了经济全球化的标杆区和示范区。“一带一路”建设合乎时代潮流和有关各国的根本利益，得到国际社会的积极响应，进展顺利，成果超出预期，有着广阔的前景。

一、历史性宏大战略构想

2015年3月中国国务院授权发布《推动共建丝绸之路经济带和21世纪海上丝绸之路的愿景与行动》，规划了“一带一路”的发展蓝图，标志着它是迄今为止世界上规模最大的国际合作平台，其表现主要有以下四个方面：

其一，合作地域广。“一带一路”陆上从中国大陆出发，通向中亚、南亚、俄罗斯和欧洲；海上从中国沿海出发，经印度洋至非洲，经南太平洋至南太国家。加上美洲也有不少国家已参加或表示有意参加“一带一路”合作，其合作区域范围攘括五大洲和两大洋的多数国家。

其二，布局宏伟。“一带一路”规划打造了“6廊6路多国多港”的宏大格局：6廊是指新亚欧大陆桥、中俄蒙、中巴、孟中印缅、中国—东南半岛和中国—中亚—西亚6大经济走廊；6路是指铁路、公路、海路、航空、管道和信息网络；多国是指一批先期合作国家；多港是指多个海上合作港口。通过将海上运输通道经港口与陆上交通设施相接，可以把“丝绸之路经济带”同“21世纪海上丝绸之路”联系起来，将经济效益辐射两洋（太平洋和印度洋）和各大洲有关国家和地区。

其三，内容宏恢。“一带一路”的主题和主干是经济合作。为了突出共同发展这一核心目标，规划了全方位宏大的合作内容，与有关国家实现“五通”。一是政策沟通，即通过各国政策协调沟通，为共建“一带一路”营造有利的合作环境与条件，实现一加一大于二的增大效应和双赢多赢共赢的效果。二是设施联通，即通过各国共建陆海空交通设施和信息高速路，形成一个复合型基础设施网络，将各国紧紧连在一起，促进其经济融合和一体化。三是贸易畅通，即各参与国大力推进贸易自由化和投资便利化，不断改善营商环境，推动相互贸易和投资快速增长。四是资金融通，即有关国家共同创设为“一带一路”建设服务的新型金融机构，并使之与传统多边金融机构合作，以减缩“一带一路”建设的融资瓶颈。五是民心相通，即各参与国大力加强在科学、教育、文化、卫生和民间交往等领域的交流与合作，为“一带一路”建设夯实民意基础。

其四，项目宏大。“一带一路”主要是建设各种基础设施如经济走廊、港口、铁路、公路、油气管道等大型和特大型项目。这些项目皆需投入大笔资金，如2014年中俄签署的从俄罗斯东西伯利亚至中国东北地区的天然气管道大合同，价值达4000亿美元，创有史以来世界最高纪录；再如同年中国同巴基斯坦签署的中巴经济走廊协议，中方将为该走廊建设投资460亿美元，是中国迄今为止最大的单向对外投资。

基于以上，习主席提出的“一带一路”倡议是史无前例的历史性创举，是国际合作和国际关系史上的丰碑。

二、从丰硕成果看其强大生命力

4年来，“一带一路”倡议开局良好，实施较为顺畅，建设进度和成效皆超预期。目前，已有100多个国家和国际组织积极支持和参与“一带一路”，成为全球最大的合作平台。30多个国家同中国开展了国际产能合作。

“一带一路”建设成果主要体现在落实“五通”上。政策沟通不断深化。中国同有关国家密切协调政策，对接发展战略和规划，同68个国家签署了“一带一路”合作协议，同60多个国家与国际组织共同发出推进“一带一路”贸易畅通合作倡议。

设施联通不断加强。中国和有关国家一道加速推进雅万高铁、中老铁路、亚吉铁路、匈塞铁路建设，从中国发出的中欧班列已经开通，到2016年底其运输路线达39条，开行近3000列，覆盖9个欧洲国家，[①]成为沿途国家提升经贸关系的重要渠道。中俄原油管道、中国—中亚天然气管道、中俄天然气管道东线都已建成。瓜达尔港、比雷埃夫斯港等港口已开工建设，有的已收获早期成果。一大批其他互联互通项目也在实施之中。目前，以经济走廊为引领，以陆海空通道和信息高速路为依托，一个复合型的基础设施网络正在形成。

贸易畅通不断提升。在世界贸易持续低迷之际，中国同“一带一路”沿线国家的贸易保持增长，增速高于中国同世界其他地区国家的贸易增速。2014—2016年，中国同沿线国家的贸易总额超过3万亿美元；中国对“一带一路”沿线国家投资累计超过500亿美元。[②]中国企业在“一带一路”沿线20多个国家建立了56个经贸合作区，累计投资超过185亿美元。[③]

---

① 安蓓等：“全景透视‘一带一路’成绩单”，《新民晚报》2017年8月4日，第24版。

② 习近平：“中国将为‘一带一路’注入强大动力”，《解放日报》2017年5月15日，第2版。

③ 吴思科：“通向人类命运共同体的光明之路”，《解放日报》2015年5月14日，第5版。

资金融通不断扩大。中国同“一带一路”参与国和有关组织开展了多种形式的金融合作。资金融通的主要支柱和保障是2016年1月开业的亚洲基础设施投资银行（亚投行）。至2016年底，亚投行已为9个项目提供了17亿美元贷款。亚投行现有成员国84个，以发展中国家为主体，也包括所有欧洲大国在内的不少发达国家。在联合国安理会五大常任理事国中，亚投行成员国占到四席。现在还有不少国家要求加入。随着成员国的增加，其股本数量也将扩增。亚投行融资主要面向发展中国家，提供贷款不附加任何条件，现已成为一家有影响的新型世界性金融机构。世界银行、国际货币基金组织、亚洲开发银行等国际权威金融机构已决定同亚投行开展合作，欧洲复兴开发银行也表达了同亚投行开展金融合作的意向。另一家为“一带一路”服务的金融机构“丝路基金”已签约15个项目，承诺投资额累计约60亿美元。中国同中东欧国家为“一带一路”建设服务的“16+1”金融控股公司已正式成立。另外，中国与“一带一路”沿线22个国家和地区签署了本币互换协议，总额达9822亿元人民币。[①] 这表明一个初具规模的“一带一路”金融合作网络已经形成。

民心相通不断加深。“一带一路”参与国在文教、卫生、科学、技术、游旅、民间交往等各领域开展广泛合作，各类丝绸之路文化年、旅游年、艺术节、影视桥、研讨会、智库对话等人文合作项目频繁呈现。中国政府每年向相关国家提供1万个政府奖学金名额，地方政府也设立了丝绸之路专项奖学金，鼓励文教交流。这些都加深了中国同“一带一路”沿线国家人民之间的相互了解与友谊，能为“一带一路”建设打下扎实民意基础，筑牢社会根基。

2017年5月在北京举行的“一带一路”国际合作高峰论坛取得巨大成功，是“一带一路”建设史上的里程碑，也是“一带一路”取得阶段性成功的重要标志。29个国家元首和政府首脑，140多个国家和80多

---

① 安蓓等：“全景透视‘一带一路’成绩单”，《新民晚报》2017年8月4日，第24版。

个国际组织的1600多名代表出席，[①] 是一次规模空前的国际盛会。该论坛达成270多项成果清单，规划了“一带一路”合作路线图，确定了重点合作领域和行动路径，有近30个国家在会上同中国签署了共建“一带一路”协议，使同中国签署类似协议的国家达到68个。[②] 这表明共建“一带一路”倡议已进入从理念到行动、从规划到实施的全面发展阶段。

“一带一路”立足亚洲，以欧亚大陆为合作主舞台，面向五大洲，不断发展壮大。现在，“一带一路”覆盖人口46亿，占全球62%；土地面积5000多万平方公里，占全球39%；经济总量23万亿美元，占全球31%。[③] “一带一路”已成为具有全球影响的新型国际合作舞台，得到联合国的肯定与支持，将其载入联合国大会和联合国安理会的决议之中。

“一带一路”之所以得到沿线国家欢迎，进展顺利，在短短4年时间取得重大成果，自有其原因和背景。这固然是中国的特殊贡献起了关键作用，还有两个因素起了重要作用。

第一，“一带一路”沿线国家为了自身利益而积极支持和参加中国倡议的“一带一路”建设，其很大程度上有争搭中国经济快车的考虑。中国自实行改革开放政策以来，经济连续30多年实现高速增长，现已崛起为世界第二大经济体、第一大外汇储备国、第一大外贸国、第一大外贸出口国、第二大外贸进口国，这表明中国的发展道路和经验是成功的。参加中国倡议的“一带一路”建设可以更有效地分享中国的发展经验和成果，是搭乘中国发展快车的最有效途径。同时，中国真正奉行和平发展国策与和平外交政策，不搞扩张不称霸，一贯尊重别国的主权、独立和领土完整，从不干涉别国内政，还倡导并力行构建人类命运共同体和以合作共赢为核心的国际关系新理念，致力于同各国开展平等互利合作，以实现共同发展与繁荣。因此，同中国携手合作共建“一带一路”政治上可靠，经济上得益。这些看法已成沿线各国

---

① 习近平：“推动‘金砖+’打造多元发展伙伴网络”，《解放日报》2017年9月4日，第2版。

② 张全、张煜：“高峰论坛成果丰富”，《解放日报》2017年5月16日，第9版。

③ “‘一带一路’沿线国家经济社会发展报告”，《腾讯教育》2017年5月12日。

的共识，是他们积极参与“一带一路”建设的主要动因。

第二，“一带一路”倡议本身的特质优势。主要表现在以下四点：一是共建理念先进。“一带一路”建设秉持共商、共建、共享理念，坚持开放合作、和谐包容、市场运作、完全自主、互利共赢原则，以实现参与国多元、自主、平衡、可持续发展。这些契合有关各国的愿望和要求。二是政治原则可靠。“愿景与行动”文件强调，沿线各国应恪守《联合国宪章》的宗旨和原则，尊重各国主权包括各国自主选择社会制度和发展模式的权利，不以任何理由干涉别国内政。在“一带一路”框架内，各参与国是完全独立自主和平等的，不存在主从关系和强制现象。这是各国建立健全和谐关系和确保“一带一路”沿线地区和平稳定的必要条件，也是保障各国开展互利合作，实现共同发展目标的政治前提。共同参与“一带一路”建设还有利于缓和存在历史遗留问题国家之间的争端。因此，参与“一带一路”建设既使本国经济获得更大的发展空间，又能有效地维护本国的独立与主权。这打消了中小国家特别是那些小国对参加“一带一路”会冒政治风险的顾虑。三是开放包容方针得力。“一带一路”倡议摒弃冷战思维，打破社会制度和意识形态界限，坚持对外开放方针，不仅向中国周边国家开放，向亚洲国家开放，向沿线国家开放，还向世界所有国家开放。这是“一带一路”机制不断扩大的主要原因之一。四是“一带一路”建设采取高度灵活、富有弹性的方式运作。对各国参与“一带一路”的方式与程度不作统一规定和要求，不刻意追求一致性，所有活动都由各国自主自愿选择参加。这些表明，“一带一路”倡议体现了沿线各国利益的最大公约数，对它们有百利而无一弊，有着极大的吸引力和凝聚力。

三、中国厉行大国使命和担当精神

中国作为“一带一路”倡议的提出者，对“一带一路”建设出力最多、贡献最大，充分展示了中国作为一个世界大国的博大胸怀与担当精神。

中国政府把实施“一带一路”倡议作为中国对外开放总纲领，全力以赴。习近平主席和李克强总理亲自部署和大力推动“一带一路”建设，在同周边和沿线国家领导人频频举行的互访或单边与多边会晤接触中把“一带一路”规划与建设列入重要议程，达成了广泛共识。2015年3月28日，中国政府在与诸多国家协调磋商并达成共识的基础上，发布《推动共建丝绸之路经济带和21世纪海上丝绸之路的愿望与行动》，为共建提出了基本原则、框架思路、合作重点、合作机制，为实施和实现“一带一路”宏伟规划绘制了蓝图，制定了准则，指明了方向。这些为“一带一路”建设顺利推行奠定了政治基础和运作规制。

中国为“一带一路”实现“五通”做出了最大和最多的实际贡献，尤其是在金融领域。中国成功倡建亚投行，并认缴股本297.8亿美元，占总认缴股本的30.34%，是亚投行第一大股东。亚投行的成功建成为“一带一路”建设解决投融资问题打下了一定基础。中国还出资400亿美元成立“丝路基金”。2014年12月，丝路基金有限责任公司注册成立并开始运作，公司注册资本为615.25亿美元，将投资“一带一路”基础设施、资源开发、产业合作、金融合作等领域。中国政府还让国内的银行和有关企业为“一带一路”提供服务。中国招商银行启动“一带一路新引擎”，为其建立了155个储备项目，其中38个项目已落地。中国招商银行还率先建立了“一带一路”服务体系，为“一带一路”企业的多元需求提供全方位金融服务。启迪控股和国内最大的数据中心企业世纪互联签署备忘录，共同发起成立100亿美元的基金，用于支持“一带一路”相关国家加强全球网络信息技术基础设施。

四、克服挑战，前景广阔

“一带一路”建设为沿线国家高度重视，开局良好，成效显著。但毋庸讳言，其落实也存在着障碍、风险与挑战。这包括：(1) 政治安全风险，如沿线有些国家政治动荡，存在民族与教派纠纷以及恐怖主义威胁；(2）外部势力的干扰，极少数国家出于对华成见或忌妒心态，或明或暗干扰和抵制中国发起的“一带一路”倡议，在中国周边挑事搅局，制造紧张局势，在中国与周边国家之间挑拨离间，对参加“一带一路”的国家施压。有些西方媒体和人士抹黑中国，甚至散布新的“中国威胁论”。这些都对“一带一路”建设产生负面影响。此外，融资难度大、资金需求与投入落差大，是妨碍“一带一路”建设的主要瓶颈。

总体上看，“一带一路”建设的有利因素多于不利因素。随着国际形势和国际关系正面演进，沿线国家互利合作不断深化，有利因素将不断增多，不利因素将逐渐消减。特别是“一带一路”沿线国家初步尝到参加“一带一路”建设的甜头，积累了一定经验，不会上少数别有用心者的当。“一带一路”倡议反映了合作共赢新型国际关系的本质和沿线国家历史发展的客观要求与根本利益，是谁也挡不住的时代潮流。随着“一带一路”共建成果增多，有关各国对其建设将更加重视和发力，“一带一路”之路将越走越宽，前景光明。

统筹国际国内规则　积极参与全球治理

广东外语外贸大学教授　赵龙跃

在党的十九大报告中，习近平总书记明确指出，中国坚持和平发展道路，推动构建人类命运共同体。前者是进入新时代的中国对世界的一种坚定承诺，后者符合人类发展向往的目标与世界各国人民的期盼，彰显了新时代我们党对人类前途命运的思考、对世界和平与发展事业的担当，也促使我们进一步思考新时代中国参与全球治理的战略路径。

一、构建人类命运共同体：新时代新担当

进入新时代，中国日益走近世界舞台中央，不断为人类作出更大贡献。在党的十九大报告中，习近平总书记明确中国特色大国外交要推动构建新型国际关系，推动构建人类命运共同体，对新时代中国参与全球治理进一步指明方向、作出部署，体现了中国共产党在新时代的新担当。

（一）和平发展合作共赢，建设新型国际关系

十九大报告指出，中国将高举和平、发展、合作、共赢的旗帜，推动建设相互尊重、公平正义、合作共赢的新型国际关系。2013年3月习近平主席访问俄罗斯时，首次提出推动建立以合作共赢为核心的新

型国际关系。[①] 十九大报告对此做了新的界定，既反映了和平与发展的时代主题，又为破解人类面临的挑战指明了解决之道。

相互尊重，即尊重各国人民自主选择发展道路的权利，国家不分大小、强弱、贫富一律平等；公平正义，即秉持共商共建共享的全球治理观，倡导国际关系民主化；合作共赢，即发展全球伙伴关系，秉持正确义利观深化各国合作，共同应对挑战、分享机遇。坚持不懈推进建设新型国际关系，既为我国发展继续营造良好的外部环境，又以实践向世界宣示：中国始终做世界和平的建设者、全球发展的贡献者、国际秩序的维护者。

（二）相互尊重平等协商，构建人类命运共同体

构建人类命运共同体，就是要建设持久和平、普遍安全、共同繁荣、开放包容、清洁美丽的世界。人类命运共同体思想首先是一个世界观，反映了中国对当今世界的看法。2012年11月，党的十八大报告指出，“这个世界，各国相互联系、相互依存的程度空前加深，人类生活在同一个地球村里，生活在历史和现实交汇的同一个时空里，越来越成为你中有我、我中有你的命运共同体”。这是人类命运共同体的先进理念首次载入中国共产党的重要文件中，成为中国共产党执政兴国的重要指导思想。之后，习近平总书记在坦桑尼亚尼雷尔国际会议中心[②]、第七十届联合国大会一般性辩论[③]、日内瓦联合国总部[④] 等多个外交场合，几十次谈到“命运共同体”。这一超越民族国家和意识形态的

---

① “中国智慧引领构建以合作共赢为核心的新型国际关系”，中国网，2017年7月1日，http://news.china.com.cn/world/2017-07/11/content_41193305.htm。

② “习近平在坦桑尼亚尼雷尔国际会议中心的演讲(全文)”，中央政府网，2013年3月25日，http://www.gov.cn/ldhd/2013-03/25/content_2362201.htm。

③ “习近平在第七十届联合国大会一般性辩论时的讲话（全文)”，新华网，2015年9月29日，http://news.xinhuanet.com/world/2015-09/29/c_1116703645.htm。

④ “习近平主席在联合国日内瓦总部的演讲（全文)”，新华网，2017年1月9日，http://news.xinhuanet.com/world/2017-01/19/c_1120340081.htm。

"全球治理"新观念，表达了中国追求和平发展的愿望，体现了中国与各国合作共赢的理念。[①]

实现持久和平，关键在于相互尊重、平等协商，坚决摒弃冷战思维和强权政治，走对话而不对抗、结伴而不结盟的国与国交往新路；确保普遍安全，以对话解决争端、以协商化解分歧是必由之路；迈向共同繁荣，唯有推动经济全球化朝着更加开放、包容、普惠、平衡、共赢的方向发展；坚持开放包容，需要尊重世界文明多样性，以文明交流超越文明隔阂、文明互鉴超越文明冲突、文明共存超越文明优越；守护清洁美丽，必须坚持环境友好，保护好人类赖以生存的地球家园。[②]各国人民同舟共济、同心协力，推动构建人类命运共同体，必将共同创造人类的美好未来。

（三）秉持共商共建共享，完善全球治理体系

十九大报告指出，中国秉持共商共建共享的全球治理观；中国将继续发挥负责任大国作用，积极参与全球治理体系改革和建设，不断贡献中国智慧和力量。这为破解当今人类社会面临的共同难题提供了新原则、新思路，为构建人类命运共同体注入了新动力、新活力，具有深远历史意义与重大现实意义。[③]2015年10月12日，习近平总书记在中共中央政治局第二十七次集体学习时首次提出了"共商共建共享"的全球治理理念，指出"要推动全球治理理念创新发展，积极发掘中华文化中积极的处世之道和治理理念同当今时代的共鸣点，继续丰富

① "石建勋：人类命运共同体思想的世界贡献思想理论"，人民论坛网，2017年10月2日，http://www.rmlt.com.cn/2017/1002/498374.shtml。

② "新华社评论员：与世界携手构建人类命运共同体"，人民网2017年11月3日，http://theory.people.com.cn/n1/2017/1103/c40531-29625391.html。

③ "共商共建共享的全球治理理念具有深远意义"，人民论坛网，2017年9月21日，http://theory.people.com.cn/n1/2017/0912/c40531-29529079.html。

打造人类命运共同体等主张，弘扬共商共建共享的全球治理理念”。[①]

“共商共建共享”包含了以下三方面的内涵：一是全球所有参与治理方共同商议；二是各方共同建设，各自施展自己的才能和发挥自己优势；三是让参与全球经济治理的各方都能获得发展的成果，并且要更公平地惠及每一个参与方。基于“共商共建共享”的理念，2016年9月4日，习近平总书记在二十国集团工商峰会开幕式上首次全面阐述了中国的全球经济治理观。习近平总书记指出，落实“共商共建共享”的新理念应该坚持平等、开放、合作和共享的四点原则，并且将全球经济治理体制概括为：共同构建公正高效的全球金融治理格局，维护世界经济稳定大局；共同构建开放透明的全球贸易和投资治理格局，巩固多边贸易体制，释放全球经贸投资合作潜力；共同构建绿色低碳的全球能源治理格局，推动全球绿色发展合作；共同构建包容联动的全球发展治理格局，以落实联合国2030年可持续发展议程为目标，共同增进全人类福祉。[②]

二、统筹国际国内规则：中国参与全球经济治理的战略路径

通过对“配合完善”“内部提升”和“外部建制”三种中国参与全球经济治理机制改革路径的比较，发现中国在新时代的发展需要现有全球治理机制及其规则体系所维持的国际经济秩序，同时中国也需要促进现有治理结构和规则体系的变革，争取更多的制度性权力。[③] 换言之，中国参与全球经济治理，需要统筹国际国内规则，从国际规则国

---

① “中国首次明确提出全球治理理念”，新华网2015年10月14日，http://news.xinhuanet.com/world/2015-10/14/c_1116824064.htm。

② 王德蓉：“十八大以来习近平对我国积极参与全球经济治理的战略谋划”，《党的文献》，2016年第10期。

③ 赵龙跃：“全球价值链时代如何更好统筹国际国内规则——中国积极参与全球治理的战略路径分析”，《人民论坛·学术前沿》2017年第13期。

内化与国内规则国际化两个方面切入，积极吸收有利于自身发展的国际规则，同时将符合自身发展要求的国内经验和规则上升为国际规则，从而塑造对自己有利的国际环境。事实上，统筹国际国内规则已成为新时代中国参与全球经济治理的战略路径。改革开放以来，特别是加入世界贸易组织以后，我国以开放促改革、促发展，在国际规则国内化方面成就显著，但是在参与国际规则制定、国内规则国际化方面相对滞后。新时代中国参与全球经济治理还需要进一步提高我国国际规则国内化的效益，提升我国国内规则国际化的能力。

（一）国际规则国内化成就显著

1．加入世界贸易组织，主动与国际规则接轨。改革开放近40年以来，中国长期坚持“以开放促改革”，不断内化国际经济规则，根据参与国际经济活动的需要调整国内经济制度。一个鲜明的例子就是中国加入世界贸易组织（WTO）“学习规则”，主动与国际规则接轨。以国际贸易规则为例，中国主动与国际规则接轨，利用乌拉圭回合的斗争，使得欧盟、美国、加拿大和土耳其自2005年1月1日起取消对我国纺织品的配额限制。中国还积极运用国际贸易规则、WTO争端解决机制应对与其他国家的贸易摩擦。

2．制定和修订国内经济法规。入世以来，中国根据国际经济规则来调整国内经济治理制度，制定和修订了一批经济法规。中央政府30个部门共清理各种法律法规和部门规章2300多件，通过人大、国务院各部门修订325件，废止830件，范围涉及货物贸易、服务贸易、知识产权、投资等各个方面；地方政府共清理出9万多件地方性法规、地方政府规章和其他政策措施，并分别进行了修改和废止处理。①

3．加快自由贸易区建设。加快实施自由贸易区战略，是我国新一

---

① 孙振宇：“中国入世15年：从新成员到进入核心圈 已履行全部承诺”，《中国经济周刊》2016年第50期。

轮对外开放的重要内容。自2013年8月22日国务院正式批准上海自由贸易试验区设立以来，第二批（天津、福建、广东）、第三批（辽宁、浙江、河南、湖北、重庆、四川、山西）自贸区又相继设立。2017年3月31日，中国国务院正式对外公布了在辽宁、浙江等省市新设7个自贸试验区的总体方案，以及全面深化上海自贸试验区改革开放的方案。这些自贸试验区以制度创新为核心，以可复制、可推广为基本要求，是国际规则国内化的重要平台。

4．构建开放型经济新体制。习近平总书记在中共中央政治局第十九次集体学习时强调，加快实施自由贸易区战略，加快构建开放型经济新体制，以对外开放的主动赢得经济发展的主动、赢得国际竞争的主动。[①]《中共中央、国务院关于构建开放型经济新体制的若干意见》也进一步明确，“加快构建开放型经济新体制，进一步破除体制机制障碍……以开放促改革、促发展、促创新，建设开放型经济强国”，“构建互利共赢、多元平衡、安全高效的开放型经济新体制”。[②]

5．继续以开放促改革、促发展。2017年10月30日，国家主席习近平在人民大会堂会见清华大学经济管理学院顾问委员会海外委员和中方企业家委员时强调，中国正在以前所未有的决心和力度推进全面深化改革，将继续以开放促改革、促发展。[③] 这意味着，中国将继续推动国际规则国内化的实践，并进一步提高我国国际规则国内化的效益。

（二）国内规则国际化相对滞后

“以开放促改革”是中国过去几十年改革开放的“法宝”。随着中国特色社会主义进入了新时代，除了要继续坚持以开放促改革以外，还

---

① “加快实施自由贸易区战略，加快构建开放型经济新体制”，《人民日报》2014年12月7日，第1版。

② “授权发布：中共中央国务院关于构建开放型经济新体制的若干意见”，新华网，2015年9月17日，http://news.xinhuanet.com/fortune/2015-09/17/c_1116598050.htm。

③ “习近平会见清华大学经济管理学院顾问委员会海外委员和中方企业家委员”，新华网，2017年10月30日，http://news.xinhuanet.com/2017-10/30/c_1121879572.htm。

要以改革来带动开放，提升我国国内规则国际化的能力。2014年11月28—29日，习近平总书记在中央外事工作会议上指出，随着中国与国际社会的互联互动变得空前紧密，我们观察和规划改革发展，“必须统筹考虑和综合运用国际国内两个市场、国际国内两种资源、国际国内两类规则”。[①] 从“两个统筹”到“三个统筹”，是我国处理国内国际关系战略思想的重大创新。2014年12月5日，习近平总书记在中共中央政治局就加快自由贸易区建设进行集体学习时强调，“加快实施自由贸易区战略，是我国积极参与国际经贸规则制定、争取全球经济治理制度性权力的重要平台”。[②] 不可否认，在国内规则国际化方面，我国也已经做了不少工作。实施共建“一带一路”倡议，发起创办亚洲基础设施投资银行，设立丝路基金，举办首届“一带一路”国际合作高峰论坛、亚太经合组织领导人非正式会议、二十国集团领导人杭州峰会、金砖国家领导人厦门会晤、亚信峰会。我国积极参与国际规则制定，并在其中发出了更多中国声音、注入了更多中国元素，但与美国相比，仍做得不够。

在国内规则国际化方面，美国具有很丰富的经验。比如，新一代贸易规则谈判，涉及政府采购、劳工标准和国有企业等系列国内规则问题，美国在推动这些国际经贸规则时，正是以自己国内的相关规则为蓝本。“二战”后发展起来的主要治理机制在程序和理念等方面也更多地反映美国的意志。WTO的前身关贸总协定（GATT）就是在美国的主导下建立起来的，WTO中的不少规则都可以找到美国贸易法相关条款的影子，比如201条款、406条款、421条款，再如美国关税法337条款，等等。

美国未退出之前，TPP谈判被视为打造由美国主导的WTO升级版。一旦成功，这将是一个影响国际经济规则的有效工具，是美国版本的、

① “中央外事工作会议在京举行”，《人民日报》2014年11月30日，第1版。

② ”快实施自由贸易区战略，加快构建开放型经济新体制”。

高标准的贸易规则。无论是从过去还是现在来看，美国在国内规则国际化方面有着强大的能力，我国政府、智库等有关方面需要加大研究、借鉴美国的经验。此外，要按照习近平总书记在中共中央政治局第三十五次集体学习时所强调的那样，着力增强规则制定能力、议程设置能力、舆论宣传能力、统筹协调能力。[①]

三、国内规则国际化面临的挑战

习近平总书记在多个场合都强调要“统筹国际国内规则”，党的十八届五中全会通过的《中共中央关于制定国民经济和社会发展第十三个五年规划的建议》也指出，用好国内国际两类规则，实现规则有机衔接……我们在国际规则制定中不能当旁观者、跟随者，而是要积极做参与者、引领者……提高我国在全球经济治理中的制度性话语权。[②]然而，针对“统筹国际国内规则”，尤其是国内规则国际化方面，国内仍然存在着不同的声音和理论上的争论。为此，我们要防止片面极端认识，积极应对国内规则国际化面临的挑战。

（一）独特的政治经济体制

党的十九大通过的新党章指出，改革开放以来我们取得一切成绩和进步的根本原因，归结起来就是：开辟了中国特色社会主义道路，形成了中国特色社会主义理论体系，确立了中国特色社会主义制度，发展了中国特色社会主义文化。党的十九大报告也强调，“全党要更加自觉地增强道路自信、理论自信、制度自信、文化自信。”[③] 但仍有人认

① “习近平：加强合作推动全球治理体系变革 共同促进人类和平与发展崇高事业”，新华网2016年9月28日，http://news.xinhuanet.com/politics/2016-09/28/c_1119641652.htm。

② “实现开放发展必须坚持统筹国内国际两个大局”，新华网，2016年2月19日，http://news.xinhuanet.com/politics/2016-02/19/c_128734151_2.htm。

③ 习近平：《决胜全面建成小康社会 夺取新时代中国特色社会主义伟大胜利——在中国共产党第十九次全国代表大会上的报告》，见《人民日报（海外版）》2017年10月28日。

为，中国的政治经济体制太过于独特，无法在其他国家推广，甚至至今也未能获得其他国家，尤其是欧美发达国家的认可。然而，至今在国际上，已经开始出现了对中国体制的积极评价。美国白宫办公厅主任约翰·凯利在接受福克斯新闻网采访时就说，“中国是一个强国……中国的政府体系看来适用于服务中国人民”。[①]

长期以来，西方国家常借助“普世价值”抨击中国特色社会主义，但其“普世价值”并不具备普适性。首先，主张“普世价值论”的国家试图通过把他自己信奉或偏好的价值宣称为“普世价值”来加强自己的论证力量，以说服或迫使他人接受自己的价值观念和政治理想。[②]“9·11”事件后，美国等西方国家借口伊拉克有大规模杀伤性武器，悍然对伊拉克发动大规模战争，目的是为其推广“大中东计划”铺平道路，其所谓的“普世价值”给伊拉克人民带来了无尽的灾难。又如，20世纪70—90年代，以新自由主义理论为基础的“华盛顿共识”被美国精英在许多拉美国家推广，但“华盛顿共识”并没有使拉美国家的经济获得稳定和走出困境，反而在20世纪90年代使墨西哥、巴西、阿根廷相继出现货币危机和经济危机，并导致经济增长缓慢、失业增加、收入分配恶化、腐败蔓延，社会矛盾进一步激化。

反观中国，中国特色社会主义充满了生机与活力。正如十九大报告所指出的那样，“中国特色社会主义进入了新时代……意味着中国特色社会主义道路、理论、制度、文化不断发展，拓展了发展中国家走向现代化的途径，给世界上那些既希望加快发展又希望保持自身独立性的国家和民族提供了全新选择，为解决人类问题贡献了中国智慧和中国方案”。

美国政治学家约瑟夫·奈（Joseph S. Nye）认为，中国政治制度

① “白宫办公厅主任：中国的政府体系适用于中国人民”，环球网，2017年11月3日，http://oversea.huanqiu.com/article/2017-11/11353609.html?t=1509935033500。

② 钟卫华：“不应用西方‘普世价值’否定‘中国模式’——兼与秦晓先生商榷”，《马克思主义研究》2011年第6期，第127—135页。

和经济制度使得中国的经济增长对许多发展中国家都具有吸引力。在亚洲部分地区、非洲和拉美，所谓的“北京共识”比之前占主导地位的“华盛顿共识”更受欢迎。[①] 除了发展中国家外，中国独特的政治经济体制对于发达国家也具有借鉴意义。日裔美籍学者弗朗西斯·福山（Francis Fukuyama）在访谈中表示，中国具有西方社会所不具备的高水平的政府体系。美国因其自身实力强大，并不觉得要从别的国家身上学习什么，但是世界在变，美国却没有跟上变化的潮流。[②]《中国经济准备好赢得未来》一文指出，今天中国的政治和经济制度比二次世界大战结束后主导国际体系的美国模式更为完备，甚至更可持续。[③]

目前，尽管存在众多的国际组织和国际机制，但是在一些议题领域尚未建立有效的全球应对机制。国际社会对有效治理的需求与制度供给不足之间的矛盾是当今全球治理面临的重大挑战。[④] 中国作为国际社会新兴的建设性力量，奉行互利共赢的对外开放原则，不以实力的变动和格局变化冲击现有主流国际经济秩序,而是以一种相对温和的方式，恰当合理均衡稳步地释放自身影响力。未来，中国要继续逐步扩大在世界层面的公共产品供给，在议题设定、规则完善和制定层面发挥与自身力量相符合的作用，以不损害既有利益群体的“帕累托改进”的方式统筹推动国际国内规则协调发展，容易得到国际社会的认可和包容。

---

① Joseph Nye, “The Rise of China’s Soft Power,” *Wall Street Jourtnal Asia*, December 29, 2005.

② Michael, Skafidas, “Francis Fukuyama: Democracy Still Rules. But will US Catch up in a Changing World?,” https://www.csmonitor.com/Commentary/Global-Viewpoint/2011/0608/Francis-Fukuyama-Democracy-still-rules.-But-will-US-catch-up-in-a-changing-world.

③ Ian Bremmer, “How China’s Economy Is Poised to Win the Future,” http://time.com/5006971/how-chinas-economy-is-poised-to-win-the-future/.

④ 秦亚青：“世界格局、国际制度与全球秩序”，《现代国际关系》2010年第1期，第10—17页。

（二）国内规则还不够完善

另外还有一些学者认为，中国的国内规则还不完善，甚至没有国内规则，如何参与国际规则制定。但从实际情况来看，这一观点并不成熟也不客观。

首先，中国以国际先进规则、标准来要求自己，不断达到、对接国际先进水平。作为全球性国际标准化领域的非政府组织，国际标准化组织的数据显示，从1947年该组织成立至2000年，中国制定的国际标准数量为13项；但2001年至2015年，中国制定的国际标准数量实现跨越式增长，达到182项，且这一增长还在进一步加速。[①] 另外，中国标准对表国际标准的步伐越来越快。截至目前，我国家用电器、纺织服装、家具、玩具、鞋类产品等行业的国际标准转化率达到80%以上。[②]

2017年以来，中央高层多次发声要求扩大开放、稳定外资，陆续出台了取消或放开外商投资股比限制、税收优惠、支持落地等一系列措施，营造更加宽松有序的投资和营商环境，构建更高水平的开放型经济格局，让中国企业更深入地参与到国际市场的竞争中，实现更高质量，更有效率的发展。[③] 继2017年1月份《关于扩大对外开放积极利用外资若干措施的通知》之后，8月16日，国务院再度发布《国务院关于促进外资增长若干措施的通知》，从进一步减少外资准入限制、制定财税支持政策、完善国家级开发区综合投资环境、便利人才出入境、优化营商环境等5个方面提出要求。此外，中国先后修订了新的自贸区负面清单和外商投资产业指导目录，修改《外商投资企业设立及变更备案管理暂行办法》，推行外资领域“放管服”改革。例如，新版产业

① 牛瑾：“‘中国标准’成为‘通用语言’高铁、桥梁、港口走上国际市场”，中国一带一路网，2017年11月18日，https://www.yidaiyilu.gov.cn/xwzx/gnxw/33482.htm。

② 冯粒、袁勃：“振兴实业，挺起经济脊梁”，《人民日报》2017年10月30日，第19版。

③ 丑则静：“中国新时代 世界新机遇”，《光明日报》2017年11月4日。

目录中，服务业等准入限制减少，鼓励类政策范围进一步扩大，鼓励外商投资符合我国产业转型升级方向的领域。[①] 最近《中国国际经济贸易仲裁委员会国际投资争端仲裁规则》出台，于10月1日起施行。《投资仲裁规则》的出台，填补了中国国际投资仲裁领域仲裁规则的空白，丰富和发展了中国投资仲裁实践，为中国企业提供解决与东道国投资争端的制度化保障，为营造中国更加国际化、法治化、便利化的营商环境迈出了坚实一步。[②]

事实证明，国内规则已经在不断完善，甚至中国规则还积极引领世界规则的制定。在国际经贸规则方面，中国服务“一带一路”倡议，与国际发展法律组织签订谅解备忘录，研究启动“法治与可持续发展”合作项目，研究“一带一路”争端解决中心建设；牵头参与联合国贸易法委员会（贸法会，NUCITRAL）项下各工作组会议，推动《电子可转让记录示范法（草案）》《关于网上争议解决的技术指引》审议通过；参与OECD投资自由化圆桌论坛相关活动，提出中方建议。其中，《关于网上争议解决的技术指引》是联合国贸法会首次以中国方案为基础制定的指导性法律文件。[③] 在中国资本市场深度融入国际金融市场的过程中，中国证券期货监管部门积极参与该领域各项国际规则和标准的制定。现在，中国证监会是国际证监会组织理事会常任理事，同时担任亚太地区委员会副主席。中国资本市场投资者保护和“看穿式”监管的实践与经验赢得国际组织和境外监管机构的关注。2017年9月，上海证券交易所吴清理事长成功当选世界交易所联合会主席，显示了我国资本市场在国际组织中的话语权和影响力进一步提升。[④] 此外，中国

---

① 李婕：“中国吸引外资仍具优势”，《人民日报（海外版）》2017年8月8日。

② 曹家宁：“中国首个国际投资争端仲裁规则十月施行”，中国一带一路网，2017年9月20日，https://www.yidaiyilu.gov.cn/xwzx/gnxw/28585.htm。

③ 中华人民共和国商务部：“商务法治建设日臻完善”，商务部网站，2017年10月20日，http://www.mofcom.gov.cn/article/zt_dlfj19/fbdt/201710/20171002657439.shtml。

④ 刘慧、许晟：“中国资本市场开放步伐稳健 成为全球资本配置重要目的地”，新华网，2017年10月30日，http://news.xinhuanet.com/2017-10/30/c_1121879140.htm。

积极推动世贸组织反倾销反补贴规则谈判。2017年1月达沃斯论坛经贸部长会上，提出推动贸易救济规则谈判的主张和初步构想。先后就中方总体立场和设想、提高贸易救济调查透明度和加严纪律、服务中小企业等议题提交多份具体提案。在国际规则的制定中发出中国声音。[①]此外，中国积极参与国际税收规则的制定。2017年6月，包括中国在内的67个国家和地区的政府代表共同签署《实施税收协定相关措施以防止税基侵蚀和利润转移（BEPS）的多边公约》。这是国际税收历史上浓墨重彩的一笔，也是中国方案纳入国际税收治理体系的重要成果。[②]

以上案例充分说明中国规则不仅具有完善性，还具备引领作用。中国作为一个崛起的大国，不希望国际经济的新秩序、新治理模式是排他的、遏制中国经济继续发展的规则。同时，中国主张世界命运应该由各国共同掌握，国际规则应该由各国共同书写，全球事务应该由各国共同治理，发展成果应该由各国共同分享。最明显的一个案例就是亚洲基础设施投资银行，它一方面吸收了国际通行的一些规则，还有一方面就是大家都参与进去以后“共享规则”，如果从共享经济这个角度来说的话。中国将改变书写规则的方法和过程，这是一个开放、包容、参与的过程。[③]目前，“共商共建共享”理念正在为国际社会所广泛接受，成为全球治理的一项重要共识。

（三）还需不需要国际规则

当前，有学者认为世界不再需要国际规则。实际上，这种观点过于冒进。规则治理是全球经济治理的主流方式，国际及区域制度在当

① 中华人民共和国商务部：“凝心聚力 克难奋进翻开贸易救济工作新篇章”，商务部网站，2017年10月17日，http://www.mofcom.gov.cn/article/ae/ai/201710/20171002656594.shtml。

② 国家税务总局办公厅：“深度参与国际税收改革 书写大国税务责任担当”，国家税务总局网站，2017年10月11日，http://www.chinatax.gov.cn/n810219/n810724/c2853451/content.html。

③ 宰飞：“‘一带一路’倡议改变国际规则书写方式”，《解放日报》2017年7月27日。

代国际关系中发挥主要作用。[①] 无政府条件下的合作是通过国际规则来管理世界的，没有国际规则，便无从治理，全球治理面临的一个挑战便是国际规则供应在数量和质量上都滞后于需求。[②] 规则治理针对特定的国际问题，通过正式谈判形成约束力的条约、协定等规则，并建立第三方机构去保证规则的执行和争端的解决。[③] 在国际社会，规则包括正式的国际条约和非正式的国际惯例等。根据秦亚青的观点，与关系治理相比，规则治理强调规则在治理过程中的核心作用，以个体单位为治理对象，以利益为核心概念，主要治理机制是规则的实施，具有结果导向的特征。[④] 约翰·伊肯伯里（G. John Ikenberry）认为，以规则来治理国际关系要求通过国家之间的谈判建立多边制度以制定规则来协调国家之间的关系。[⑤] 尽管以规则来治理存在规则有效性脆弱和治理成本较高等问题，但它是全球经济治理实践中国家，尤其是大国的一般选择。比如美国领导的全球经济治理机制及其支撑的国际经济秩序，以其在基础、理念和制度安排以及包容性等方面的特点，使得该治理体系具有可持续性[⑥]。此外，规则与权力密切相关。规则治理路径有助于理解国内外行为体围绕规则形成的权力关系。比如，“二战”以来，美国一贯以自贸协定、双边投资协定作为载体进行贸易与投资的外拓，强化其在区域及多边环境下的规则治理权，以规则治理推动多元分散

---

① 王正毅：“亚洲区域化：从理性主义走向社会建构主义？--从国际政治经济学的角度看”，《世界经济与政治》，2003年第5期。

② 秦亚青：“全球治理失灵与秩序理念的重建”《世界经济与政治》，2013年第4期。

③ Paul J. Davidson, “The Role of International Law in the Governance of International Economic Relations in Asian,” *Singapore Year Book of International Law*, Vol. 12, 2008, pp. 213-224.

④ Qin Yaqing, “Rules, Rules, and Relations: Towards a Synthetic Approach to Governance,” *The Chinese Journal of International Politics*, Vol. 4, No. 2, 2011, pp. 139-143.

⑤ G. John Ikenberry, *Liberal Leviathan: The Origins, Crisis, and Transformation of the American World Order*, Princeton: Princeton University Press, 2011, pp. 82-91.

⑥ G. John Ikenberry, “America's Imperial Ambition,” *Foreign Affairs*, Vol. 81, No. 5, 2002, pp. 48-49.

型契约法治[①] 的形成。

国际规则和国内规则所处的基本环境不同，因而其在产生方式、适用对象、效力和执行方式等基本方面均不相同，但两者基本的功能都是调节行为体之间的互动关系。其中，国际规则一般基于国家之间的条约产生，依托和表现形式也存在明显的差异，国际社会中活跃的各种国际组织，经常被引用的各类国际规范，以及灵活多样的国际惯例，其实质都是规则。一般观点是，国际规则与国内规则在适用对象和效力上存在不同，国内规则的适用对象主要是法人，国际规则的适用对象主要是主权国家，因而两类规则属于不同的研究体系。实际上，国际规则具有非中性，即指规则对参与者的影响不同，由于每个参与者实力地位和利益诉求存在差异，实现目标的手段也不同，即便是“公平”的制度设计实际上影响也是不公平的。因此，中国在参与全球经济治理的过程中，要根据国内规则需要来设计或改造国际规则，并着重于国内规则国际化。

四、重视总体战略布局：政策的调整与选择

（一）制定统一的战略思想、指导方针和政策措施

战略事关全局，观念问题的存在实际上与没有清晰明确的战略有关。一些西方学者也认为我国“对许多国际问题目的性和战略性不明确，或者是相互矛盾，往往缺乏连续一致的目标和战略”。虽然这样的评论未必准确，但是很值得我们重视和反思。[②] 因此，针对新时代如何更好地统筹国际国内规则这一重大现实问题，亟需制定统一的战略思想、方针和政策。

首先，需要统一学术研究和政策研究。要制定统一的方针与政策，

---

① 黄文艺：“全球化时代的国际法治——以形式法治概念为基准的考察”，《吉林大学社会科学学报》，2009年第4期。

② 赵龙跃：“中国参与国际规则制定的问题与对策”。

需要将学术研究与政策研究的相结合。学术研究的着眼点在于把理论搞清楚，而政策研究的核心则是把事情做好，只有将两种研究紧密结合起来，才能在制定统一的方针政策上迈出坚定的步伐。

其次，亟需对国内与国际规则进行更加系统的理论研究。美国学者Hedley Bull认为，"规则就是要求或准许某一类人或团体以某种特定方式行为的一种指令性原则"。[①] 按照这个逻辑来说，国际规则是指要求或准许世界各国以一套公认的指认性原则来约束自己的行为，国内规则亦然。国际规则作为约束国家行为的规定、原则、规范和制度，不仅对于世界秩序的维持、国际体系的稳定，而且对于国家利益的实现，都是非常重要的。[②] 因此，我们不仅要熟悉本国国内规则，也要加强对国际规则的理论研究，对国内国际规则都有了系统地研究后，才能做到统筹国际国内规则。

（二）新时代更加注重国内规则国际化

新时代要更好统筹国际国内规则，不仅需要进一步提高国际规则国内化的效益，更需要进一步提升规则制定能力，更加注重国内规则国际化，以为全球治理不断贡献中国智慧和力量。

改革开放以来，我国在国际规则国内化方面取得了显著成就。虽然我国在国内规则国际化方面相对滞后，但也做了不少工作，并取得了一定的成效。比如，2017年10月26日，中国海关起草的《世界海关组织"经认证的经营者"（AEO）互认实施指南》，在世界海关组织"全球贸易安全与便利标准框架"工作组会议上通过，这是中国海关首次在世界海关组织AEO领域引领国际规则的制定；又如，"构建人类命运共同体"经2013年习总书记首次提出后，立即在全球范围内得到了广泛的积极回应，"巴基斯坦愿不断充实巴中命运共同体内涵"；"联合国

---

① Hedley Bull, *The Anarchical Society: A Study of Order in World Politics*, New York: Columbia University Press, 1977.

② 潘忠岐："广义国际规则的形成、创制与变革"，《国际关系研究》2016年第5期。

愿同中国共同推进世界和平与发展事业，实现构建人类命运共同体的伟大理想”等概念纷纷被提出，并最终于2017年2月10日，联合国社会发展委员会第五十五届会议协商一致通过“非洲发展新伙伴关系的社会层面”决议，“构建人类命运共同体”理念首次被写入联合国决议中。[①] 再如，2016年在二十国集团杭州峰会，我国借助举办国的契机提出中国议题，向世界各国展示了中国智慧，也为全球治理体系的变革和完善提出了中国方案。习近平总书记表示，在这次峰会上，我们首次全面阐释我国的全球经济治理观，首次把创新作为核心成果，首次把发展议题置于全球宏观政策协调的突出位置，首次形成全球多边投资规则框架，首次发布气候变化问题主席声明，首次把绿色金融列入二十国集团议程，在二十国集团发展史上留下了深刻的中国印记。[②]

（三）从经贸规则入手构建国际规则体系

1．强化国际规制合作。国际贸易是当今世界各国参与全球经济、促进国内经济发展的重要途径。我国目前是世界上出口第一大国，参与新一轮国际经贸规则制定对我国经济发展意义重大。一方面，全球价值链的深入发展更加要求进一步更新国际经济贸易规则，具体表现为多边贸易谈判进展缓慢、WTO多边贸易谈判步履维艰，反之区域自由贸易协定却不断达成，各国之间达成的自由贸易协定出现严重重叠，国际经贸规则呈“碎片化”现象，进一步更新国际经济贸易规则迫在眉睫。另一方面，也可以通过完善更新经贸规则入手，更好地切入其他国际规则体系中，带动其他领域的规则进一步更新与完善。

2．推动全球多边投资协定。投资是促进国际贸易的重要引擎，我国已经并在今后相当长的时期兼具全球最大外资流入国和主要投资输出国的地位。全球多边投资协定如《G20全球投资指导原则》的达成标

① “人类命运共同体理念成为广泛共识”，《人民日报》2017年2月14日，第3版。

② “习近平：加强合作推动全球治理体系变革 共同促进人类和平与发展崇高事业”，《人民日报》2016年9月29日，第1版。

志着全球多边投资协定走出了第一步，其与我国加快外资管理制度的改革相辅相成，这对我国参与新一轮的国际规则体系重构具有至关重要的作用。对此，应尽早达成与欧美等发达国家地区间的多边投资协定，借此提升我国在参与国际经贸规则构建中的地位和话语权。

3. 建立数字经济规则。近年来，数字经济异军突起，成为全球经济复苏和带动创新的重要推动力量。目前中国的信息通信和互联网产业发展迅速，但无论是核心技术的研发还是科技水平都与发达国家存在较大差距，尤其在网络设施、技术、安全、人才等方面。互联网、电信和电子商务企业开拓国际市场和“走出去”步伐的加快为中国深入参与数字经济规则制定提出了新的要求。鉴于此，中国需要在更高层面上参与国际规则制定，通过致力于研究领先的数字经济发展理念和模式来创造数字经济的“中国规则”，并籍此走向世界和参与全球经济治理，提高在国际竞争中的话语权，进而强化中国互联网、通信和电子商务企业的国际化经营能力，以推进信息通信行业的全面发展。

（四）坚持高举可持续发展的旗帜

一直以来，西方国家倡导的民主、自由、平等、人权等价值观，被奉为“普世价值”。然而，西方宣扬和推行“普世价值”的实质是推销西方的所谓“民主国家体系”和“自由体制”，也是其和平演变策略的重要一环。无论是从西方国家的国内实践还是国际实践来看，“普世价值”长期被践踏，掩盖了种种罪恶。美国1776年《独立宣言》声称“人人生而平等”，但直到1965年，才允许黑人享受与白人一样的民权。近几年，美国国内爆发“占领华尔街”运动，深陷持续的枪支暴力。西方在一些国家，尤其是广大发展中国家操纵的“颜色革命”“阿拉伯之春”“街头政治”，导致相关国家陷入政治动荡、社会混乱、难民流离、经济衰退。如今欧洲的难民问题又何尝不是自食其果？越来越多的事实证明，西方的“普世价值”越来越不被非西方国家认同，终将被历史抛弃。

2017年11月7日，联合国经济和社会事务部发布《可持续发展目标2017年自愿国家审查综合报告》。报告显示，越来越多的国家将可持续发展2030议程列为国家发展计划的核心，自愿进行年度审议的国家数量由2016年的22个国家增加至43个国家。迄今为止，已有64个国家自愿报告了2030议程和可持续发展目标的执行情况。[①] 这表明，越来越多的国家认同可持续发展的价值观。事实上，中国本身过去近40年的发展就体现了可持续发展的一个方向，中国经验对2030可持续发展目标的形成和落实具有重要的示范作用。

党的十九大报告指出，我国坚定实施可持续发展战略。习近平总书记也在多个场合就可持续发展做出重要指示："发展必须是遵循经济规律的科学发展，必须是遵循自然规律的可持续发展"[②]；"必须牢固树立并切实贯彻'创新、协调、绿色、开放、共享'的发展理念"[③]；"落实2030年可持续发展议程，促进包容性发展"[④]；"坚持不懈落实可持续发展议程"[⑤]；"新兴市场国家和发展中国家应加强团结协作，共同落实2030年可持续发展议程"[⑥]；等等。在国际上，联合国秘书长古特雷斯曾这样评价"一带一路"倡议，他说"一带一路"倡议将成为落实2030可持续发展目标的全球努力的重要组成部分。由中国发起的全球能源互联网发展合作组织也提出了《全球能源互联网落实联合国2030

① "联合国经社部发布《可持续发展目标2017年自愿国家审议综合报告》"，网易新闻，2017年11月8日，http://news.163.com/17/1108/13/D2NM7O7L00018AOQ.html。

② "习近平：遵循经济规律科学发展 遵循自然规律可持续发展"，新华网，2014年7月8日，http://news.xinhuanet.com/politics/2014-07/08/c_1111518411.htm。

③ "习近平谈"十三五"五大发展理念之三：绿色发展篇"，人民网，2015年11月12日，http://cpc.people.com.cn/xuexi/n/2015/1112/c385474-27806216.html。

④ "习近平：落实2030年可持续发展议程 促进包容性发展"，新华网，2016年9月4日，http://news.xinhuanet.com/world/2016-09/04/c_129268985.htm。

⑤ "习近平：中国将坚持不懈落实可持续发展议程"新华网，2017年8月22日，http://news.xinhuanet.com/mrdx/2017-08/22/c_136544831.htm。

⑥ "习近平：共同落实2030年可持续发展议程"，人民网.2017年9月5日，http://world.people.com.cn/n1/2017/0905/c1002-29516313.html。

年可持续发展议程的行动计划》。[①] 联合国负责经济和社会事务的新任副秘书长刘振民也于2017年8月1日在纽约走马上任，并表示将致力于落实2030年可持续发展目标。[②] 无论是从理念上、政策上，还是从实践上，中国将可持续发展作为自己的普世价值观是恰逢其时。所有这些都将使西方的“普世价值”黯然失色。

（五）积极参与国际组织的管理与改革

作为国际社会日益崛起的角色，中国参与国际组织的程度日益加深，在国际组织中也发挥着越来越重要的作用。但从现实情况来看，目前国际组织仍主要是欧美发达国家在主导，中国在国际组织中的地位以及作用亟待进一步的突破。

1．中国国际组织人才短缺问题亟待解决。中国是联合国成员国中最大的发展中国家，是世界第二大经济体，是安理会五个常任理事国之一。2016—2018年，中国分摊的联合国会费占7.92%，在成员国中列第三位。但在联合国秘书处，中国籍国际职员总数少，只占1.18%，中高级管理人员就更少。[③] 从中可看出，中国从事国际组织人才匮乏，中国要想积极参与国际组织的管理与改革，必须全面打通国内用人渠道，积极向国际组织输送管理人才。

2．中国要更积极参与国际组织的管理与变革。虽然当前的国际体系由发达国家主导，国际规则大多由发达国家所制定，体现的是发达国家的意志，不过随着近年来我国经济的不断发展，我国积极调整国际合作战略，踊跃参与国际组织工作，在国际社会树立起了负责任的大国形象，我国在国际组织的话语权得到了显著地提高。比如，2015

---

① “中国方案助推全球可持续发展”，新华网，2017年11月4日，http://news.xinhuanet.com/world/2017-11/04/c_129732858.htm。

② “专访联合国新任副秘书长刘振民：致力于落实2030可持续发展目标”央视网，2017年11月9日，http://news.cctv.com/2017/08/04/ARTIVkK8TUczjWsCt0k1CpdJ170804.shtml。

③ 张贵洪：“‘引领性参与’：中国与国际组织关系亟待转型”，《中国社会科学报》2017年8月10日，第4版

年，我国在IMF的投票权由第六位提升至第三位；我国倡议和组织成立的一些国际组织也得到了国际社会的高度认可，如上海合作组织、亚洲基础设施投资银行、金砖国家新开发银行等。反观美国，特朗普自上任以来，带领美国多次“退群”：2017年1月23日退出TPP、2017年6月1日退出《巴黎协定》、2017年10月12日退出联合国教科文组织。此外，特朗普还扬言要终止或者重新谈判北美自由贸易协定，甚至声称还要退出伊朗核协议。特朗普总统高调“退群”，并不意味着特朗普政府要放弃美国政府在新一轮的国际规则制定方面的主导地位，而是一种“以退为进”，强调“美国优先”，进一步巩固美国超强地位的战略选择。[①] 在此背景下，中国更要积极地参与国际组织的管理与改革，要努力培养参与国际管理的综合型人才，研究疏通国际组织与国内机构人才的互动机制，积极为国际组织输送管理人才，为新时期国际经济新秩序的构建，承担起历史应有的责任。

（六）加强全球治理专业人才队伍的建设

在2016年9月中共中央政治局的第三十五次集体学习上，习近平总书记强调，我国参与全球治理需要一大批熟悉党和国家方针政策、了解我国国情、具有全球视野、熟练运用外语、通晓国际规则、精通国际谈判的专业人才。[②] 党的十九大报告指出，人才是实现民族振兴、赢得国际竞争主动的战略资源。新时代中国参与全球治理，要“做实”习近平总书记的重要批示精神，“要加强全球治理人才队伍建设，突破人才瓶颈，做好人才储备，为我国参与全球治理提供有力人才支撑”[③]。为此，各级政府部门要把强化全球治理专业人才队伍建设的工作放在

① 赵龙跃：“全球价值链时代如何更好统筹国际国内规则——中国积极参与全球治理的战略路径分析”，《人民论坛·学术前沿》2017年13期。

② “习近平：加强合作推动全球治理体系变革 共同促进人类和平与发展崇高事业”，《人民日报》2016年9月29日，第1版。

③ 同上注。

首位。

首先是创新国内人才培养机制，打破常规，增加国际化战略人才在政策制定部门、实务部门和涉外部门中的历练机会，加大在海外高校、智库和研究机构的学习交流力度，加强在国际贸易、金融等重大谈判场合的实际锻炼，培养出一大批理论基础扎实、实践经验丰富，具有宽广的国际视野和深邃的战略思维能力的高层次综合型、复合型人才，为统筹国际国内规则提供良好的人才和智力支撑。其次是疏通国内国际机构用人的渠道，[①] 促进国内国际用人机制的良性互动，建立完善人才双向进出的培养和使用机制。一方面要将熟悉国内事务、通晓国际规则、了解全球治理变革趋势，以及具有实战经验的高素质综合型人才输送到国际组织任职，参与国际规则的制定；另一方面，也要把那些经过在国际组织历练的优秀人才，引进充实到国内的有关机构，提高国内规则的建设能力和国际化水平。

---

① 赵龙跃："中国参与国际规则制定的问题与对策"，《学术前沿》2012年第12期，第84—94页。

论新时代中国民间外交

上海国际问题研究院研究员　俞新天

经过改革开放以来近40年的奋斗和积累，中国已迅速成为全球大国，国际地位空前提高，国际作用显著增强。随着中国政府对外关系的全面发展，民间外交也水涨船高，进入了新时代。本文旨在理清对民间外交概念的认识，探索民间外交的新特点和新内涵，民间外交所面临的主要外部挑战，以及提出推动和完善中国民间外交的思考。

一、澄清中国民间外交概念的认识

对于民间外交的定义，本文认为：民间外交是由非官方的机构、组织和个人所从事的对外交往活动；其交往的对象主要是外国的非官方机构、组织和个人；其活动配合官方外交的发展，或符合官方外交的趋势，促进人民之间的友谊、理解与合作，为官方外交赢得国际民心民意的支持，通过参与全球治理从而促进世界的和平与发展。

要强调的是，民间对外交流尽管丰富多样，纷纭复杂，但不是所有的活动都可归入民间外交的范畴，要防止对于民间外交定义的“泛化”和“逆化”。例如，绝大多数出国留学、跨国婚姻、出国旅游、跨国贸易经商等都是私人行为、商业行为，至多属于对外交流，不能随意定为民间外交。只有其中能够配合官方外交，或符合官方外交趋势的活动才可以归入民间外交的范畴。因此，所谓的“留学外交”等概念，是不准确的。[1] 把留学、婚姻、经商等纯属私人的行为冠之以“外交”之名，既不符合事实，也会产生误解。

在中国，对民间外交认识的“逆化”，有“历史逆化”和“现实逆化”两种错误。在“历史逆化”方面，有人把近代以来西方国家向中国派出传教士，在中国建立红十字会等行为，称之为民间外交，并称“中方与这些具有政治色彩的民间团体所进行的民间外交，在中国近代历史上扮演着重要的角色”，[2] 实在大谬不然。西方派出传教士是一种殖民主义扩张行为，当时中国外交往往处于屈辱状态，中国与西方的“民间团体”所进行的交往，具有文化交流的内容，但决不是主权独立国家之间的民间外交，与新中国成立后的民间外交不可相提并论。在“现实逆化”方面，当下敌对势力和敌对分子如“法轮功”“持不同政见者”、分离主义分子、恐怖分子等，利用中国开放的政策，与国外反华势力勾结，损害国家利益，破坏中国人民与世界各国人民之间的了解和友谊，与民间外交的宗旨完全背道而驰，应当在法律和维护国家主权安全的原则下进行处理。

中国民间外交源自于新中国成立初期的“人民外交”“国民外交”，在特定的历史条件下取得了辉煌的成绩，发挥了巨大的无可替代的作用。当然，由于各种主客观条件的限制，当时的“人民外交”也存在其局限性。今天，中国的民间外交已经超越了历史，站在了新起点之上。

中国民间外交进入新时代有如下三点原因：

一是中国已经成为全球大国。习近平主席说，中国人是讲爱国主义的，同时我们也是具有国际视野和国际胸怀的。随着国力不断增强，中国将在力所能及的范围内，承担更多国际责任和义务，为人类和平发展作出更大贡献。[3] 显然，承担更多的国际责任和义务，作出更大的

① 见苗丹国：“出国留学与留学外交”，《世界教育信息》，2015年第22期。

② 见可莉莎：“试析影响民间外交的因素”，《边疆经济与文化》，2015年第12期。

③ “习近平：坚定不移走和平发展道路 坚定不移促进世界和平与发展”，新华网，2013年3月19日，http//news.xinhuanet.com/world/2013-3/19-115083820-z.htm。

贡献，不仅是官方外交的任务，而且也必须呼唤广大民众的参与和投入。习近平还说，国之交在于民相亲，民相亲在于心相通。人民之间的心灵沟通和亲密友善，就是国家外交的基础。这就对民间外交提出了新的要求。

二是世界各国期待中国民间外交更上层楼，以便更好地理解中国人民的生活、思想、行为和梦想，准确地预测中国的未来。许多人对中国仍有误解或不了解，国际上某些力量对中国进行“妖魔化”，加上中国人自身也未及时澄清和介绍自己，外界给中国贴上标签或者已经形成刻板印象，这些都是中国外交的无形障碍。仅靠中国政府或官方外交来消除误解是不够的，更重要的是依靠中国民间机构、组织和个人的国际交流沟通和言行举止，去直接影响外国社会和人民。

三是中国人民生活不断提高，面貌发生了前所未有的变化。十九大报告指出，中国的贫困发生率已降到百分之四以下。教育事业全面发展。城乡居民收入增速超过经济增速，中等收入群体持续扩大。[①] 中国人民的素质和能力空前提高，投入民间外交的热情和意愿空前高涨，如旭日喷薄，江水奔流。

综上所述，中国民间外交已经站在了新的历史起点之上。民间外交与公共外交两个概念最能反映当前人民参与对外交流的状况。两者之间有相同之处：客观对象相同，要面向外国社会民众做交流沟通、争取人心的工作，从性质上也都负有配合官方外交的使命和任务。然而，两者又有一定的差异：从主体上看，公共外交既可由政府、官员、政要来进行，也可委托中国民间或外国民间进行，而民间外交则完全由民间进行；从性质上看，公共外交的战略目的性更强，而民间外交则因其民间性和广泛性，出现自觉配合官方外交和自发符合官方外交等多种情况。两者在很多情况下可通用，也在特定环境下可分别使用。

---

① 习近平：《决胜全面建成小康社会 夺取新时代中国特色社会主义伟大胜利——在中国共产党第十九次全国代表大会上的报告》，见《人民日报（海外版）》2017年10月28日。

这两个概念成为研究热点，反映出中国成为大国、强国的需要，中国人民参与对外交往的广度、深度空前，标志着新时代已经开启。

二、中国民间外交的新特点和新内涵

今天，中国的民间外交不仅具有世界各国"公民外交""公共外交""多轨外交"的共同特性和表现形式，而且具有全新的时代特点和中国特色。中国民间外交的新特点不仅由许多客观存在的因素而决定，而且也是由中国共产党的领导、中国政府与民间的互动而不断塑造的。

（一）民间性：社会与个人的迅速成长和空前的参与热情

现代化进程促进了中国社会和个人的迅速发展，当代的民间性与计划经济体制下的民间性大不相同，除了政府、官员之外，还包括广大的具有相当自主性的民间机构、组织和个人。中国人民配合支持官方外交的积极性始终存在，然而今天的民间外交已经具有与历史完全不同的基础、规模和作用。中国人的素质和要求已经发生了翻天覆地的变化，为民间外交提供了全新的基础。改革开放近40年来，中国的经济总量已升至全球第二，人均GDP水平也从世界最不发达国家提升到发展中国家的中等收入水平。九年义务教育惠及40岁以下人群，在城市中大学教育已经普遍化。中产阶级迅速成长，据估计有2—3亿人口。消除绝对贫困和城市化的政策还在促进新的中产阶级的扩大。投入民间外交不仅是中产阶级工作和生活的需要，而且也是满足其精神需求、贡献社会、实现自我价值的渴求。

中国的企业（包括国营企业和民营企业）、社会组织和公民的国内外活动如火如荼，为民间外交提供了不竭的动力。新中国成立之初，民间组织的数量屈指可数，而且在很大程度上与政府有着特殊的联系。改革开放以来，国营企业和民营企业如雨后春笋般诞生和发展，在市场经济中独立搏击，近年来更大批走向国外，开展合作、并购，开拓海外市场，为“中国制造”向“中国创造”树立了世界形象。根据民政部2017年8月3日发布的《2016年社会服务发展统计公报》，截至2016年底，全国共有社会组织70.2万个，比上年增长6.0%。[①] 中国的非政府组织在国际活动中十分积极，并在其中发挥了越来越大的作用。中国的智库在各领域对话中都十分活跃，极大地促进了中国与世界各国的了解和理解。中国公民个人的独立性和自立性增强，许多青年成为国际志愿者，到贫困的国家和地区去送医送药，帮助开展教育，不仅推介了中国的形象，而且提升了自己国际的视野。

（二）开放性：中国全方位开放与人民的开放态度

民间性本身也意味着广泛性，它包括中国广大的多样性的地域，包括各行各业各领域，包括男女老少不同人群，包括不同民族不同宗教的成员。中国幅员辽阔，人口庞大，世所少见，其广泛性是客观存在的。然而客观存在的因素并不必然转化为民间外交的行为，还需要一定的条件。例如许多客观因素在中国一直存在，然而在改革开放前后它的效果却截然不同。改革开放前中国相对封闭，民间外交十分有限。邓小平打开了开放的闸门，把对外开放定为中国的基本国策。中国实行了全方位的开放，从沿海到内地，从经济到文化，从参与地区合作到支持全球治理，从国际体系外的“造反者”变成国际体系内的参与者和建设者，这才为民间外交带来了无限的可能性。

民间外交的主体是人民，而人民对于世界局势和对外交往的态度是至关重要的。近40年来，中国人民站在改革开放的前沿，对于开放的意义和中国融入世界的必要性认识空前提高。对外开放锻炼锤打了中国人，中国人也从对外开放和国际合作中获得了实际收益。对外开放的道路并非一马平川，然而无论是亚洲金融危机、全球金融危机，

① “民政部发布《2016年社会服务发展统计公报》截至2016年底全国共有社会组织70.2万个”，公益时报网站，2017年8月8日，http://www.gongyishibao.com/html/zhengcefagui/12210.html。

还是中国从高速经济增长到今天中速发展的“新常态”，中国人对于开放的肯定态度未曾改变，而且更加积极。中国人明白开放也是双刃剑，也会带来许多副作用，但是不开放的危险性和危害性更大。中国人吸取了历史教训：封闭导致落后，落后就要挨打。中国现代化的发展大大改善了人民的生活，中国人把这些成就归功于改革开放，因此他们持有拥抱全球化的立场，支持中国更深地融入国际体系，承担大国、强国的责任与义务。在近年来“反全球化”浪潮高涨的国际氛围下，中国人的开放立场极大地支撑了中国外交，并且使中国民间外交的热情兴盛不衰，十分难能可贵。

（三）基础性：民心永是外交的基础

有学者认为民间外交具有“稳定性”的特点，因为政府可能更迭改变，但民心民意比较“稳定”。[①] 本文认为，“稳定性”一词应改为“基础性”更准确，因为外国的民心民意也决非一成不变，但它始终是官方外交的基础。在国际局势变化、热点问题频生的今天，民意的变化更加迅速，新媒体的普及也加速了民意的变化。例如，据美国《芝加哥论坛报》报道，特朗普上台以来，全球公众对美国总统的信任度急剧下降。美国皮尤研究中心对37国民众进行的调查显示，只有22%的人对特朗普有信心，49%的人对美国抱有好感。[②] 据全球民调机构益普索对25国民众进行的调查显示，只有40%的受访者对美国持正面看法，比2016年下降了24%。对中国持正面看法的受访者为49%，比2016年下降6%。[③] 当然，民调不能完全反映民心民意，但可以作为参考。无论民意是变好还是变差，它永远是外交和国际关系的基础。正因为欧盟民众对美国的观感变坏，默克尔才能明确讲出，欧盟不能在安全上完

① 见蔡拓、吕晓莉：“构建“和谐世界”的民间力量—关注中国民间外交的发展”，《学习与探索》，2006年第6期。

② 《皮尤说美国国际形象大跌》，《环球时报》2017年6月28日。

③ “25国民调：中国国际形象好于美国”，《环球时报》2017年9月30日。

全依赖美国。由于国际民意对中国持正面看法在增加，中国推进“一带一路”建设才更有底气。

（四）灵活性：方法多样，深入人心

民间外交可以充分发挥民间机构、组织和个人的优势，采用灵活多样的方法，开展中外交流沟通合作，与官方外交形成互补。民间外交扎根基层，潜移默化，润物无声，直击人心，为中国赢得国际民众的支持。总部设在上海的民营企业中国华信，十多年来积极开拓在捷克的业务。长期以来，捷克舆论对华并不友善，民众疑虑严重。然而华信迎难而上。例如华信在控股捷克的一家特种钢公司后，采取了不裁员、不减薪的政策，使当地民众得到了实惠。华信还斥资千万收购了濒临倒闭的捷克斯拉维亚足球俱乐部，使其重获新生。这就赢得了捷克众多球迷的支持。2017年2月28日，由华信出资一千万欧元建设的中国—捷克中医中心大楼正式启动，将为捷克及其周边国家提供中医治疗，为推动中医中药在捷克合法化作出了贡献。

印度文豪泰戈尔曾访问上海，如今不仅他的雕像树立在上海街心花园，而且他创办的香蒂尼克坦国际学校与上海晋元中学正式签订了校际交流友好备忘录。2009年两校开通了视频教学课程，其中包括瑜珈、太极和书法等传统文化课程，为培育两国人民的友谊代代相传探索了道路。

（五）独特的理论性：以中国特色社会主义理论为指导

许多学者认为，中国民间外交的理论研究仍然不足。本文十分同意，深化理论研究确为当务之急。但是，与世界各国的公共外交和民间外交相比，中国的民间外交具有鲜明的理论性，即中国特色的社会主义理论指导。西方发达国家的公共外交和民间外交受到现实主义、自由主义和建构主义理论的影响，民间组织和个人往往秉持民主、自由、人权等价值观投身于此。十九大报告对于中国外交提出了“坚持

和平发展道路，推动构建人类命运共同体”的要求，并对中国公共外交和民间外交提出了指导原则。对于中国民间外交的目标，它指出，“各国人民同心协力，构建人类命运共同体，建设持久和平、普遍安全、共同繁荣、开放包容、清洁美丽的世界”。[①] 这就团结和鼓舞中国人民投身于这一伟大事业。对于民间外交的沟通理论，它指出“要相互尊重，平等协商，坚决摒弃冷战思维和强权政治”；“维护国际公平正义，反对把自己的意志强加于人，反对干涉别国内政，反对以强凌弱”。[②] 它要求中国人民在国际交往时，尊重别人，平等待人，对话协商，以便共同维护国际公平正义。对于民间外交的文化价值观理论，它提出，“要尊重世界文明多样性，以文明交流超越文明隔阂、文明互鉴超越文明冲突、文明共存超越文明优越”。[③] 它要求中国人民学习和吸收世界一切文化的优秀价值观，也贡献中华文化的优秀价值观，形成人类命运共同体的共享价值观。对公共外交和民间外交提出了指导理论。

三、中国民间外交面临的外部挑战

时代的主题仍是和平与发展。中国将抓住机遇，在未来全面建成小康社会，与此同时，对外交流与合作也会更上层楼，民间外交必定乘势而上，开创更辉煌的局面。但是，也必须清醒地分析和预见不利条件，正视未来所面临的主要挑战。

（一）“中国威胁论”及狭隘民族主义

改革开放以来，中国崛起的速度越快，实力越增强，国际影响力越大，“中国威胁论”的声音就越响。“中国威胁论”首先在美国诞生。

---

① 习近平：《决胜全面建成小康社会 夺取新时代中国特色社会主义伟大胜利——在中国共产党第十九次全国代表大会上的报告》，见《人民日报（海外版）》2017年10月28日。

② 同上注。

③ 同上注。

根据西方列强在国际体系中竞争的规律，新兴大国必然挑战既定大国，最后以武力达到权力更替的结果。由此形成的现实主义理论广为传播，不仅在西方国家根深蒂固，而且对于发展中国家的精英和民众有着巨大的影响。在2008年全球金融危机爆发后，美国、欧洲和日本的经济受到重创，与中国和新兴国家的增长相比，西方国家的力量相对下降，于是“中国威胁论”更加甚嚣尘上。特朗普上台后，大讲“美国优先”，推动了狭隘民族主义的声势。

广大发展中国家在第二次世界大战结束后陆续争得了民族解放和国家独立，人民为此而感到自豪，其民族主义具有合理性和必然性。然而，一些人头脑中的狭隘民族主义也在滋长，盲目自尊自大、排外、不宽容等情绪出现。如，中国与一些周边国家的领土和海洋争端，以及现实利益矛盾，不时激起对方国家狭隘民族主义的反应，而且通过媒体（特别是新媒体）加以放大。“中国威胁论”并非只表现在政治、军事、安全问题上，也表现在一些中小国家民众担心“中国控制经济命脉”，在文化上忧虑“中国文化殖民主义”等。这些错误的认知不仅因西方某些势力和媒体的渲染而加剧，而且也因历史形成的误解而根深蒂固，短期内很难消失。

（二）“中国危害论”与新民粹主义

民粹主义是现代社会中始终存在的一股思潮。它认为统治阶级具有颓废腐朽没落的特性，因而必然会被人民的崛起而取代。与真正推动社会和历史前进的人民运动不同，民粹主义是假借“人民”的名义而进行的反对历史前进的思想和运动。它具有以下新特点：

首先，在全球化的中心反全球化。美国和欧洲是全球化的领导者和推动者，30多年来全球化狂飙突进，与此同时问题也堆积如山。全球化和自由化加速了各国内部和各国之间的经济和社会差距。近20年来，新兴国家富裕阶层收入的中间值在渐进式增长，而发达国家中产阶层的收入平均值却未增长。发达国家的政府本应加大投入改变现状，但是美欧多国债台高筑，财政捉襟见肘，使人民灰心失望。

其次，空前的反建制与反精英情绪弥漫。新民粹主义反对“进步主义”，即知识精英和政治精英联手为人民指方向找出路，认为不如依靠自己。这与现代化的科层制（官僚制）和理性主义背道而驰。由于新媒体的广泛应用，草根精英和网络领袖的号召力大增，传统精英的影响力相对下降，更使民粹主义如虎添翼。民粹主义尽管能煽动广大民众情绪，却不能为国家和人民带来真正的进步和良好的结果。例如美国金融危机后组成的茶党，对“占领华尔街”起了很大作用，但是并没有解决美国债台高筑、虚拟金融高涨的危机。

最后，左翼和右翼民粹主义合流。左翼民粹主义历来以工人、农民、少数族裔等底层民众的代表自居，主张平等、公正和人权。右翼民粹主义持有保守的保护主义和强烈的民族主义倾向，经济政策上突出反对移民、维护国内就业、鼓励产业和资本回流等。目前在反全球化、实行保护主义方面却左右合流，声势更加浩大。

中国在全球化中受益多，又在推动改革开放与全球化，因而成为世界各国民粹主义的众矢之的。左翼民粹指责中国“破坏环境”“输出社会不公”，“破坏劳工待遇和人权”；右翼民粹则在主权安全问题上发难。在亚洲、非洲和拉丁美洲，许多中国企业精心经营，不但为促进中外经贸关系作出贡献，而且更加重视企业的社会责任，严格遵守所在国的环保、劳工法规，加快员工和管理人员的本地化步伐，培养了当地人才，改善了人民生活。然而，在各国都有一些非政府组织和“民间力量”，以有色眼镜盯着中国企业，指责本国劳工的待遇不如中国员工，“破坏环境”，没有尊重当地文化，甚至以“主权”“安全”为由阻挠能为本国人民造福的重大工程。在它们背后，经常能看到西方势力的插手。各国的反华势力往往把中国作为“替罪羊”，以转移国内民众的不满和指责，而民众容易轻信误判。

（三）认同危机与极端主义、恐怖主义

目前世界各国认同危机突现，成为紧迫而严峻的课题。认同是从个人身份开始，进而达到群体的归属，包括文化认同、民族认同、政治认同和国家认同等丰富内涵。认同涉及价值观的赞同，但比文化和价值观更加广泛深刻。英国与欧盟各国、美国的白人和少数族裔，在价值观上并无太大差异，然而却因认同分歧产生矛盾冲突，甚至分道扬镳。大多数发展中国家民族众多，宗教多样，它们经漫长的历史而形成，具有持久性。但在现代国际体系中，民族国家（nation state）成为基本的单位，因此各国政府都将领土内存在各个民族集团（ethnic group）整合成国家民族（state-nation）。例如，印度大力构建"印度民族"。国家民族这一现代化的产物，与具有历史文化传统的民族集团之间，存在着矛盾与张力，既表现在政治的、法律的，也表现为文化的、宗教的和心理的。[①] 今天所有国家都在国际体系中相互联系和相互依存。于是又出现了第二对矛盾与张力，即国内问题与外国的影响（包括政治、经济、军事安全和文化等）的紧张。其中占世界主导地位的西方文化的影响尤其巨大，跨境民族、跨国宗教也有不可忽视的作用。所有的国家政府都面对着认同问题的挑战，努力通过各种措施促进国内的认同与融合。

然而认同与整合的失败往往为极端主义与恐怖主义建造温床。在不少发展中国家，民族、宗教、阶级或地区的差异造成身份的鸿沟，形成了互相排斥甚至充满冲突的状况。失败的国家使人民丧失了信心。经济停滞不前，失业严重，青年人看不到希望。理想破灭的人群是孕育极端分子和恐怖分子的温床。叙利亚、伊拉克、黎巴嫩、埃及、土耳其、也门和巴林等国都出现了愤怒的青年。再加上西方国家的干预，

---

① 安东尼·史密斯：《文化、共同体和领土：关于种族与民族主义的政治学》，见李义天主编：《共同体与政治团结》，社会科学文献出版社，2011年，第83页。

使情况雪上加霜，积重难返。例如，美国2003年发动伊拉克战争，造成了政治动荡、经济衰退的可怕后果。西方国家摧毁了卡扎菲政权，使利比亚长期陷入混乱、暴力和内战。这就是“伊斯兰国”组织为什么能影响和吸引如此多的中东青年的原因。极端分子和恐怖分子又借着全球化的便利而渗透到世界各地，制造了许多骇人听闻的恐怖主义事件，造成了大量无辜平民的伤亡。

当然，社会文化思潮的影响超越国界，以上思潮也蔓延至中国，部分中国人也会有意无意地被其俘获，破坏健康发展的中国民间外交。其中，有的人追随错误思潮，与境外的敌对势力沆瀣一气，反对中国；有的人自诩正义，倡导“以恶制恶”，不但不能有效制服敌对势力，反而败坏了中国民间外交的声誉；还有的人接受错误思想，发泄自己的不满和怨气，结果却不利于中国民间外交的大局。我们同样应当警惕和批判这些错误思潮。

四、推动和完善中国民间外交的思考

尽管中国民间外交已经取得了相当的成绩和经验，然而相对于时代的要求、国家的发展和各国的期待，仍然有巨大的成长空间。中国的民间机构、组织和个人走出国门时日较短，对于世界各国的了解和理解仍然不够，参与全球治理的机制和活动刚刚开始，不仅应当在加强实践和国际合作中学习提高，而且也必须客观认识自身的弱点与不足，克服内部存在的困难和问题。

（一）深入了解和理解世界，提升大国国民风范

世界上众多的民族、宗教、文化，丰富多彩，千姿百态，要了解和理解十分不易。俗话说，眼见为实。现在大量中国人走向海外，确实眼见外国情况，但是离深入地了解与理解还有很大距离，甚至还可能存在严重的误解。例如，人们一般认为发展中国家贫穷落后，实际

上它们在发展程度上大相径庭，有的在人均收入上远超中国。中国自1975年起连续派遣医疗队到摩洛哥，2013年派出的第13批医生全部来自上海，医生们发现摩洛哥属于中等发展中国家，除本国医疗人员外，还有大量国外政府和非政府组织提供的医疗援助，并不属于“缺医少药”的最不发达状态，问题在于医疗资源集中于城市等条件较好的地区。于是中国医疗队便主动去条件艰苦的地方，为贫困人群服务，受到了热烈的欢迎和赞扬。但是，摩洛哥人不承认接受医疗“援助”，只肯讲“合作”关系。上海医疗队尊重当地人的心理，多赞扬摩洛哥的成绩，使双方的友谊越加深厚。医疗合作为2016年建立中摩战略伙伴关系作出了贡献。人们只能通过自己的文化去认识其他文化、宗教和行为，在某种程度上，误解不可避免，或曰误解是走向理解的桥梁，问题是要意识到自己存在误解，并准备克服它，走向真正的理解，特别要强调去理解别国人民的心理。

由于中华文化博大精深，数千年一脉相承，对于邻国乃至世界有重大的影响，因此有些中国人自高自大，唯我独尊。应当看到，邻国受到中华文化的滋养，但在很多方面发挥了自己的创造性，也取得了辉煌的成绩。例如韩国的“端午祭”申请到世界文化遗产，有些中国人不问青红皂白加以反对，其实它与中国的端午节不同。前韩国驻华大使金夏中曾写道，“自诩博大”是中国人普遍的心理写照，认为中国是世界文化的中心，中国文化优于其他文化。[①] 旁观者清。他的批评一针见血。有些中国人看待事物的立场源于中国文化中心论，尽管它不同于西方殖民主义的文化中心论，但也同样是错误的。它不仅损害民间外交的平等交流，而且也阻碍中国的创新与前进。

各国之间的差异除了文化本源以外，还有历时性差异，即是否具有现代化所带来的工业文明、城市化，以及大众流行文化等。中国在过去近40年现代化取得了巨大进展，人们的衣食住行和文化娱乐，与

---

① ［韩］金夏中：《腾飞的龙》，世界知识出版社，2012年，第49页。

以往迥异。有些中国人具有暴发户心态，轻视现代化后进的国家，而对西方发达国家则盲目崇拜追随。应当看到，新兴国家如金砖国家，发展中国家如越南、老挝、柬埔寨、孟加拉国，甚至非洲许多国家都在现代化道路上快速奔跑，前景光明。而且各国有自己的特殊优势和禀赋，已经或未来有可能在某些方面超过中国，中国人应当充分赞扬和肯定别国的进步，并且虚心学习，互相促进。

民间外交面临参与全球治理的新任务。中国民间机构、组织和个人必须树立全球视野，学习借鉴国际非政府组织参与全球治理的经验，配合中国官方外交，积极投入各项活动。其实，中国的非政府组织已经积极走向世界，并在各个专业领域内取得越来越多的成绩，赢得了更好的口碑。问题在于，在参与全球治理时，民间机构、组织和个人不仅要发挥和依托本身的优势和专长，而且要扩大眼界，参与到世界重大项目的推进事业中去。例如，上海国际问题研究院作为知名智库，已经在北极研究方面颇有建树。为了参与全球治理的进程，上海国际问题研究院又配合中国政府，制定参与北极治理的政策，参加国际上官方与民间关于北极治理的对话讨论，做出了贡献。又如，自2002年起，上海先后派遣了8批共87名青年志愿者参加援助老挝计划。这些青年在英语教学、体育、电脑、医疗卫生、农业方面学有专长，然而参与联合国倡导的扶贫援助计划，他们还必须了解老挝的状况和政策，联合国的原则和要求，以及提升自己的组织能力、交流沟通能力等。

（二）拓宽交流对象，广交深交新朋友

传统的人民外交、民间外交接受政府委托的任务，一般来说交流沟通的对象是精英，例如，前政要、智库专家、大企业家、社会名流等。而政府开展的官方外交和公共外交，其主要对象仍是各国精英。处于新时代的民间外交则应大大拓宽交流的对象，以便与官方外交形成更大的互补。民间外交的主要对象是外国的民间机构、组织和个人，从理论认识上来说，今后交流沟通的主要对象是国外中产阶级。第二

次世界大战后，在西方国家中，中产阶级占人口的半数以上，形成了两头小中间大的橄榄型社会，使得消费增长、经济发展、政治稳定。中产阶级的定义不同，但基本上包含以下三要素：一是中等收入，生活优裕；二是从事非体力劳动；三是受过良好的教育。在过去30年中，发展中国家很多人脱贫，中产阶级的规模和增长速度十分惊人。著名专家霍米·哈拉斯在最近的研究报告中估计，占世界总人口的42%的32亿人，现在已跻身于全球中产阶级。由于发达国家的人口不过十几亿人，因此发展中国家的中产阶级总数超过发达国家中的中产阶级。中产阶级每年增加1.6亿人，再过几年世界多数人将成为中产阶级，这在历史上还是首次。当然，中产阶级的增长因地而异，亚洲将是主要的增长地区。哈拉斯预计，今后几年将有10亿人新跻身于中产阶级，其中88%在亚洲。① 中产阶级虽然被称为阶级，但与传统的阶级概念不同，它包含了广泛的社会阶层，很多阶层因与高科技和新产业联系而代表社会发展的方向，有些阶层因从事媒体、教育、医疗、法律、文艺、管理等职业，而对社会民意具有较大的影响。

中国人在开展民间外交时，应当更好地认识中产阶级的要求和中产阶级社会的特点。中产阶级既是社会政治稳定的基石，也可能因对现状不满、期望落空而成为动荡甚至暴力的根源。美欧发达国家的中产阶级连年收入停滞，不满愤怒，发展中国家的中产阶级也因期待过高而走向失望，容易产生前文所述的狭隘民族主义和民粹主义。中国民间外交进入新时代，以中产阶级作为主要交流对象是一大标志。然而，由于全球金融危机的负面影响未消，全球经济增长乏力，中产阶级处于巨变之中，失望挫败情绪增长，中国民间外交也会面对更加复杂的局面。在这方面中国人的思想认识和准备仍然不足。

中产阶级阶层很多，人口巨大，工作从何入手，才能事半功倍？

---

① Moisés Naím, "The Uprising of the Global Middle Class," The Atlantic, Aug 25, 2017, https://www.theatlantic.com/international/archive/2017/08/global-middle-class-discontent/535581/.

答案是从草根精英入手。在中产阶级社会中，一个显著的特点是传统精英的地位相对下降，草根精英的地位相对上升。这不仅因为社会进步和民主制度鼓励民众更多地参与各项活动，而且因为中产阶级具有更强的自我组织和自我治理的意识和能力，于是产生了大量的新精英或草根精英。新媒体的应用也催生和扩展了草根精英。新精英或草根精英主要包括网络领袖、社区领导、非政府组织创始人、中小学教师、中小企业主、律师、演艺界人士等。他们直接联系民众，拥有成千上万的粉丝，具有强大的号召力和影响力。中国人在开展民间外交时应当广交深交草根精英这样的新朋友，同时这些新精英多半也都是中青年，而争取中青年的人心也是获得未来的保证。传统精英仍然有其重要意义，也需要不断工作，达到可持续发展，但那可由官方外交和公共外交来承担。民间外交如果能做好草根精英的工作，进而辐射广大中产阶级，不仅对于官方外交是极好的配合与互补，而且能为中国软实力的升级做出贡献。

（三）政府与民间建立互动新模式

中国民间外交具有两种基本形式，一种是自觉配合中国官方外交，即由各级政府发动民间机构、组织和个人，委托它们从事特定的对外交流沟通活动；另一种是民间机构、组织和个人自发的活动，符合中国官方外交发展的潮流和趋势，也被纳入民间外交。所谓民间外交进入新时代的标志，即两种形式都蓬勃发展，各显其能，充分展示中国人参与国际交流和全球治理的热情、才能和力量。然而，现在政府和民间对这一新情况的认识不足，缺乏准备，还未摸索出官方与民间互动的新模式。

政府具有领导、组织和引导的重要作用。政府委托民间机构、组织和个人从事特定的对外交流沟通的任务，由来已久，经验丰富。但是，面对今天空前广度和深度的争取国际民心的紧迫任务，以及国内民间机构、组织和个人井喷式地繁荣兴盛及参与意愿，各级政府经常显得手足无措，难以应付。例如民间外交的重镇上海有16个区，目前仅有3个区设有区对外友好协会。在空缺对外友协的区，民间外交工作与外交外事界限不分，甚至被取代或湮没。即使在已设对外友好协会的区，没有明确的编制，缺乏相应的资金，扶持政策和措施很少。

对于自发的民间外交如何组织和领导，是摆在各级政府面前的新课题。民营企业走出国门创业，在商言商，人们跨国定居结婚，学生老师求学任教海外，他们肯定是文化交流的使者。各级政府应当敏锐地发现他们，充分地肯定他们，并在法治条件下给以适当的精神鼓励和物质支持。这种形式过去少见，今后将层出不穷，各级政府如何对待这一新现象，还没有成熟的做法和机制。应当看到，中国外交是党领导下的伟大事业之一部分，凡能从事民间外交活动，符合中国外交潮流和趋势，拥护中国共产党领导下的国家强盛、人民友好、和平发展的华人华侨，都应获得尊重和肯定。

当民间外交发展到队伍庞大、领域众多、涉及各国之时，传统意义的完全整合、绝对步调一致是相当困难的，而且可能不利于新生事物发挥主动性和创造性。因此可以采用宏观引导和分管部门具体支持相结合的方式。中央政府把公共外交和民间外交纳入大外交的视野，定期发布外交总结和趋势报告，让海内外中国人更加明了中国外交的方向和趋势，以便更好地加以配合。可以成立各种基金会，奖励和鼓励公共外交和民间外交的优秀成果、组织和个人，为民间外交树立典范和榜样。分管部门可以根据自己的职责，联络和支持相应的民间外交机构、组织和个人。工商联和行业协会应当联络企业（包括国营和民营企业），支持企业走出去的活动。各级地方政府可以更多地关注本地区走出去的智库、学校师生、友城活动中的民间往来等。中国使领馆最了解第一线情况，最有权威和优势整合在该国开展的民间外交活动。近年来中国举办的“中华文化之光”等活动，表彰在世界上传播中华文化的优秀人物和感人故事，产生了巨大影响。丰富多彩的民间外交正如火如荼地进行，值得表彰褒奖的领域不可胜数，亟待关注。可以预见，民间外交这样人民性、群众性的事业，难免会出现些许问题，但是瑕不掩瑜，只要依法处理，不会影响全民广泛参与的民间外交新局面的早日到来。